LEMURIA

Das Land des goldenen Lichts

Dietrich von Oppeln-Bronikowski

LEMURIA
Das Land des goldenen Lichts

ch. falk-verlag

Erstveröffentlichung
© ch. falk verlag, seeon 1997
4. Auflage, September 2006

Umschlaggestaltung und Illustrationen: Dietrich von Oppeln-Bronikowski

Satz: Plejaden Publishing Service, Neetze
Druck: Druckerei Sonnenschein, Hersbruck

Printed in Germany
ISBN 3-89568-029-X

Lemuria ist eine Haltung des Geistes.
Es ist der Grund deines Hungers
und der Grund deines Durstes.
Die Erinnerung an Lemuria kann dich verändern.

Lazaris

So voll Freude
ist deine Brandung, geliebtes Land,
die an die Klippen meiner Seele schlägt.

Da stehe ich
auf dem Hochland und schaue dir
Himmel in die Augen

so weit …

… das Glockenklingen des Lachens unserer Kinder
wollen wir uns bewahren
und den Gesang der Wale

und einen Augenblick des ungetrübten Glücks.

Shanshanar

gewidmet den

Visionären und Realitätsschöpfern,
den Kartenmachern und Träumewebern,
den Mutigen und Beharrlichen, denen wir alles verdanken –
ob sie im Rampenlicht stehen oder im Verborgenen wirken.

Ihnen gilt meine Achtung und meine Liebe.

Inhaltsverzeichnis

Vorwort zur 2. Auflage

Bald 3 Jahre sind seit dem ersten Erscheinen dieses Buches vergangen – und was ist doch alles inzwischen geschehen! Viele haben mir geschrieben, viele haben meine Seminare besucht. Seminare mit allgemeinen Themen über Lemuria, lemurianischer Kristallkunde, die „Aluah-Trance-Massage" oder das „Reality-Creating" der Visionäre von Lemuria. So viel habe ich gefunden seither, so viel entdeckt in und über Lemuria, es könnte viele Bände füllen. Dennoch ist dieses Buch nach wie vor offensichtlich der „Klassiker". So viele Menschen haben daraus ihre persönliche Inspiration geschöpft und sind dem Einssein mit „Gott/Göttin/All dem, was ist", Jashuah, soviel nähergekommen. Das goldene Licht von Lemuria ist auch ein Licht der Wahrheit, das unsere Wahrnehmung und unsere Arbeit mit uns, der Schöpfung und mit Gott belebt und unterstützt. Mit meinen Seminarteilnehmern war ich an so wunderschönen lemurianischen Orten wie Sedona (Arizona), Kauai (Hawaii), Mt. Shasta (Nordkalifornien). Und im Jahre 2001 werden wir im Sommer auch noch zum Kailash in Tibet gehen. Dies sind alles heilige Plätze, denn nach der Hinwegnahme von Lemuria hat sich dieses Land wie eine Haut um die Erde gelegt und segnet, und segnet immer noch unsere Erde.

Viele ehemalige Lemurianer sind mir begegnet auf meinen Reisen, in meinen Seminaren, auf Vorträgen. Viele haben ihre lemurianischen Namen gefunden und erfahren, wer sie auf Lemuria waren und wie sie ihr dort erworbenes Wissen heute wieder anwenden können. In meiner Musik-CD „Die Gesänge Lemurias" versuchte ich, etwas von dem Zauber der lemurianischen Musik bzw. der Musikauffassung Lemurias einzufangen.

Die Tage, die wir jetzt erleben, in denen die Welt und die Menschheit durch so eine enorme Veränderung gehen, werden warm und gut in den goldenen Strahlen Lemurias. Über dem Meer des Friedens auf einem warmen Felsen Platz zu nehmen, ist nach wie vor wunderbar kräftigend und erneuernd. Lemuria will uns zeigen, wer wir wirklich sind: kraftvolle spirituelle Wesenheiten, die immer wieder im Körper kamen, um an der Schöpfung zu arbeiten und sie zu genießen.

Nun wünsche ich allen meinen lieben Lesern weiterhin viel Freude mit Lemuria und seiner tiefen majestätischen Liebe und seiner berührenden Sanftheit, die uns an das Paradies erinnert, das wir alle irgendwoher kennen und nach dem wir uns sehnen. Zukunft ist nicht das Paradies, aber Zukunft ist eine Erde, auf der wir alle in Freude, Fülle und Glück leben, weil wir uns darauf besonnen haben, daß es in aller Komplexität des Lebens eine einfache Wahrheit gibt: wenn Gott uns nach seinem Bild geschaffen hat, dann können wir auch die Meisterschaft in unserem Leben erringen und gute Sachwalter dieser Erde sein.

Im Juli 2000

Dietrich von Oppeln

Vorwort

Meine Suche nach Lemuria begann sicher schon als Kind. Wann immer ich die Gelegenheit und die Erlaubnis bekam – und die bekam ich fast immer – „verkrümelte" ich mich in den Wald. Ob das nun die tiefen Wälder Tirols waren, wo meine Eltern und die vier ersten von sieben Geschwistern mehrmals Urlaub machten, oder die Wälder der Löwensteiner Berge in der Nähe von Schwäbisch Hall – jedesmal zog es mich mit Macht dorthin. Da meine Eltern gerne weite Strecken wanderten, war dies eine Art, in den Wald zu kommen, zusammen mit den mehr oder weniger maulenden jüngeren Geschwistern, die diese Ausflüge oft nicht so mochten.

Am liebsten aber „büchste" ich aus und ging alleine los, und das schon mit fünf oder sechs Jahren. Damals war man noch nicht so ängstlich wie heute.

Jedesmal hatte ich einen Korb dabei, falls ich gute Pilze oder Beeren oder beides entdecken sollte. Ich kannte die meisten eßbaren Pilze schon sehr früh. Es war die Zeit, als es noch viele Pfifferlinge, Steinpilze und Champignons in den Wäldern und an den Waldrändern gab und es mein Entzücken war, diese körbeweise nach Hause zu tragen. Ich war aber auch scharf auf Pilze, die nur wenige Sammler kannten und die meistens noch stehen blieben, wenn die anderen schon „abgegrast" waren. Dazu gehörten Zigeuner, Stockschwämmchen, Blutreizker und die so guten grünen Täublinge mit ihren samtenen Lamellen.

Das Glücksgefühl, ganze Batterien von Pfifferlingen im Gras einer Waldlichtung zu finden (ja, im Gras!), die zwei Körbe füllten, war überwältigend. Interessant war nur, daß am nächsten Tage dort kein einziger Pfifferling mehr stand – obwohl ich sicher nicht alle gepflückt hatte – und mir jeder erfahrene Sammler sagte, daß Pfifferlinge gefälligst auf Tannenboden wüchsen und man im hohen Gras noch nie Pfifferlinge entdeckt habe. Ich fand Pilze und Beeren an den seltsamsten und, wie es schien, unberührtesten Stellen – obwohl der nächste breite

11

Weg und das nächste Dorf kaum 500 Meter weit weg waren. Es schien so, als sei der Wald eine Welt für sich, sobald man sich hineinbegab. Und „Wald" und „Wunder" gehörten für mich zusammen.

Das Sammeln war nicht der einzige Grund für meine stundenlangen Wald-besuche. Es war dort etwas, das mich magisch anzog. Ich hatte die Empfindung, daß der Wald mich umarmte, sobald ich ihn betrat, und seine Äste und Zweige, seine Büsche und Bäume, sein geheimnisvolles Dunkel, die farbigen Sonnen-kringel, die raschelnden Blätter, das Rauschen in den Baumkronen und in den Tannenzweigen sozusagen zwischen mich und die Welt „da draußen" schob. Ich wurde jemand anderes. Es war mir, als ob der Wald sich freute, wenn ich kam. Als ob er sagte: „Hallo, da bist du ja wieder …" Und ich hatte das Gefühl, als ob der Wald Hand in Hand mit mir durch den Wald ginge.

Er schenkte mir seine Liebe mit wunderbaren Bildern, die ich heute noch vor Augen habe:

Ein von weichem, haarigen Moos umrandeter Tümpel mit reglosem schwarzgrünen Wasser, in dem sich der blitzblaue Himmel mit ein paar kleinen weißen Wölkchen spiegelte; die wunderbar gezeichneten runden Steine, über die silbrig ein Bach plätscherte, während weiße Anemonen sich zum Rhythmus wiegten, weiße Anemonen, soweit das Auge reichte; knorrige Wurzeln mit selt-samen Gesichtern, Gruppen von Tannen, wie im Gespräch vertieft, abwägend die Köpfe neigend. Das zwischen die Bäume fallende Licht der Sonne spielte im Frühdunst wie die goldenen Saiten einer dunkelgrünen Harfe. Oder war es das Haar einer Fee, was da so funkelte?

Diese Bilder wollte ich in mir festhalten, als ob es sie eines Tages nicht mehr gäbe. Ich war im Wald, und der Wald war in mir. Ich sammelte nicht nur Bee-ren und Pilze, sondern auch Kräuter, Steine und merkwürdig geformte Hölzer. Besonders Steine hatten es mir angetan. Felsen, die die Hänge von Schluchten säumten, große Granitbrocken, die ihre Faust aus dem Gras hervorreckten, und die hübschen, nassen Kieselsteine im Bachbett. Jeder von ihnen hatte eine andere Färbung und Zeichnung. Und wenn man sie gegen die Sonne hob, glüh-ten sie.

Des öfteren hatte ich die Phantasie: Was wäre, wenn ich nicht mehr nach Hause ginge? Wenn plötzlich jemand vor mir stünde und sagte: Komm mit uns. Sie würden mich mit in ihre Waldstadt nehmen, deren Straßen, Plätze und Häuser man nur dann sieht, wenn man ganz genau hinschaut. Denn ihre

Dächer waren mit Moos gedeckt und mit Gras bewachsen, die Wände waren aus rohen Felsbrocken zusammengefügt, und es rankten sich dicht an ihnen Efeu, Kapuziner und wilder Wein. Vielleicht, so erschauderte ich, stand ich schon mittendrin in der Waldstadt. Gleich erscheinen braunhäutige, halbnackte Kinder, behängt mit silbernen und goldenen Ketten, mit blitzenden Augen und strahlendem Lächeln, Kinder, die mit Zwergen und Elfen spielen.

Vielleicht baden sie aber auch in dem kleinen Bach da drüben. Und manchmal legte ich dann mit klopfendem Herzen meine Kleider ab und spürte mit meinem ganzen Körper die Sonne, den Wind und das Wasser.

Heute weiß ich, ich habe damals schon Lemuria gespürt. Sobald ich lesen konnte, haben mich besonders Natur- und Indianergeschichten fasziniert. Nicht so sehr die Kämpfe und Kriege mit den Weißen, sondern eher die Gebräuche und Sitten. So zog ich Cooper („Der letzte Mohikaner") bei weitem Karl May vor. Das „Dschungelbuch" von Kipling war mein täglich Brot. Aber auch eine ganz andere Art von Büchern hat mich tief beeindruckt. Es hieß etwa „Das alte Zimmer mit den Märchentapeten". Dieses Buch handelte davon, daß ein Junge es verstand, sich nachts in die Bilder einer Zimmertapete hineinzuträumen und dort ganz real herumzuspazieren. Für mich war es herrlich, daß es solche Bücher gab – erinnerten sie mich doch an etwas, das ich wußte. Ich wußte, es gibt da noch eine andere Realität. Und diese ist so real wie der Tisch, auf dem mein Computer steht, in den ich gerade diese Sätze schreibe.

Von Lemuria hörte ich zum erstenmal bewußt 1989. Und zwar von Lazaris, einem Geistwesen, das von Jach Pursel in den USA gechannelt wird. Damals wurde auch eine Musik unter dem Titel „Lazaris remembers Lemuria" herausgebracht. Außerdem hatte Lazaris hie und da auf den Seminaren und Kassetten von diesem geheimnisvollen Land gesprochen, einem Land, das auf irgendeine Art und Weise die Urheimat des Menschen darstellt.

Ich verspürte zu diesem „versunkenen" Land im Pazifik eine geheimnisvolle Anziehung und wußte gar nicht so recht weshalb.

Das alles entscheidende Erlebnis hatte ich im September 1994, als ich an einem Lazaris-Seminar, einem „Intensive" mit dem Titel „The Mapmaker Event", in San Franzisko teilnahm. In einer Meditation führte Lazaris die Anwesenden nach Lemuria, einem Kontinent, der „out of the mist of imagination", also aus dem „Dunst der Imagination" herabgestiegen war. Es war das „erste Experiment der Göttin mit dem Menschen", wie Lazaris sich ausdrückte.

Ich, der ich oft Schwierigkeiten mit Visualisationen hatte, hatte diesmal gar keine – ich war mittendrin. Ich landete in Lemuria, und ich wußte, dies ist Realität, so wie meine Realität in USA und Deutschland im Jahre 1994. Ich sah jeden Grashalm, jeden Felsen, die Menschen dort. Ich konnte mich überall hinbewegen und mußte nur beschreiben, was ich sah. So begann ich dieses Buch sehr bald nach der Rückkehr aus den USA.

Auf meinen inneren „Ausflügen" nach Lemuria begegneten mir Lemurianer, die mir von sich erzählten. Sie kommen in diesem Buch zu Wort. Anscheinend war es für uns einfach, miteinander zu kommunizieren – obwohl die lemurianische Sprache, wie ich feststellte, sehr, sehr anders ist als die unsrige. Sie erinnerte mich an Hebräisch. Sehr offen, mit vielen verschieden gefärbten Vokalen und weichen, aspirierten Konsonanten, meist stimmhaft. Dazwischen gutturale Laute wie im Arabischen und eine Art Trällern, Glucksen, Juchzen.

Ich verstand dennoch jedes Wort. Die Poesie dieser Sprache, ihre Ausdruckskraft, ihre Bildhaftigkeit und Musikalität, ihre spirituelle Tiefe, ihre Symbolkraft, Plastizität und natürliche Erotik und Anmut sprengt bei weitem die Grenzen unserer eher verarmten Sprache. Ich bemühte mich, dieser gesungenen lemurianischen Sprache in den poetischen Teilen dieses Buches annähernd den ihr innewohnenden Ausdruck zu verleihen.

Während ich schrieb und schreibe, habe ich das Gefühl, sowohl vor meinem Computer zu sitzen als auch gleichzeitig auf meinem geliebten Felsen an der Pazifikküste, am Rande des Hochlandes. Rechts von mir der Blick über den unermeßlich sich nach Norden hinstreckenden Wald und vor mir das Meer in einem strahlenden Türkiston, durchzogen von silbernen und goldenen Lichtfäden, wo Delphine und Wale in den Wellen spielen. Hinter mir die prachtvollen hochaufsteigenden schneebedeckten Gebirge, die den natürlichen Schutzwall bilden zum „inneren" Land.

Seit der Meditation mit Lazaris im September 1994 lebe ich in zwei Welten zur gleichen Zeit.

Auf meinen vielen meditativen Besuchen auf Lemuria hörte ich von den Weisen und Wissenden immer wieder, daß es wichtig sei, daß ich die Kunde von Lemuria in die Welt des 20. Jahrhunderts trage. Besonders viele lemurianische Seelen würden sich gegen Ende dieses Jahrhunderts wieder inkarnieren und von diesem Buch inspiriert werden, sich an ihre Heimat und damit an ihr lemurianisches Wissen zu erinnern. Einige würden sich an die Arbeit machen und diese der Welt zur Verfügung stellen. Selbst viele der Weisen und Wissenden von Lemuria kämen wieder. Zum Teil müßten sie aber daran erinnert werden, wer sie eigentlich seien und was sie „wüßten". Sie hätten mich dazu ausersehen und mich „geträumt", daß ich dieses tue. Und hiermit tue ich es.

Es gibt über Lemuria nicht sehr viel Literatur. Dagegen gibt es über 20 000 Veröffentlichungen über Atlantis. Offensichtlich ist Atlantis das eigentliche „Problem". Es war bisher der Fokus – dies ändert sich aber.

In meiner Auseinandersetzung mit Atlantis – auch in der Arbeit mit anderen – habe ich oft große Traurigkeit, mitunter sogar Verzweiflung erfahren. Das kommt wohl daher, daß viele von uns auf die eine oder andere Art in Atlantis schuldig geworden sind bzw. glauben, schuldig geworden zu sein – und gerade die Besten und Integersten dieses Karma nur schwer durch die Zeiten hindurch haben abbauen können oder wollen. Andere wiederum sind von den atlantischen Schwingungen so unauflösbar gefangen, daß sie sich immer wieder dementsprechende Lebenssituationen schaffen. Das deutsche Land repräsentiert das unerlöste Atlantis auf vielfältige Art. Ich gehe im Verlauf des Buches darauf ein.

Hier können uns die Schwingungen Lemurias helfen. Diese wunderbare heilsame Naivität und Frische, diese in sich ruhende Liebe ohne Doppeldeutigkeit, ohne Fallstricke oder Egoprobleme. Diese leichte Vergebung, dieses Lachen, Jauchzen, diese unbändige und unschuldige Lebensfreude!

Die Flower-Power-Hippie-Bewegung der 60er und 70er Jahre war ganz bestimmt ein etwas verzerrter, unbewußter, aber nichts desto weniger enthusiastischer und engagierter Versuch, Lemuria ein wenig aufleben zu lassen. Das berühmte Festival in Woodstock lebte von der unbewußten Erinnerung vieler an die Musik-, Tanz- und Gesangsfestivals auf Lemuria.

Menschen in ökologischen Bewegungen und im Naturschutz geben unbewußt ihrem lemurianischen Streben nach. Es gibt viele traurige Menschen in diesen Organisationen, solche mit viel Zorn und solche mit viel verzweifelter Liebe und großem Engagement. Denn sie wissen darum, „wie es sein könnte."

Viele Menschen wurden in den letzten Jahren zu Vegetariern – viele aus Protest gegen die Art und Weise, wie wir Menschen mit den Tieren umgehen.

Die Delphinbewegung, begonnen in den sechziger Jahren von John Lilly (Jo = Gott der Former; die Lilie war eine der häufigsten Blumen in Lemuria, stand für Transzendenz und war die Blume der Elfen), war in den Anfängen ganz und gar lemurianisch. Die Delphine waren verehrte Wesen auf Lemuria und wurden viel um Rat gefragt. Sie waren die Vermittler zur Göttin und ihre Sendboten im Wasser. Die Delphine wurden „die Elfen der Meere" genannt. Sie waren ursprünglich männliche Elfen und bewohnten das Land, bis sie sich in das Wasser begaben, um den Menschen das Terri-torium zu lassen und dem Element Wasser die spirituelle Bedeutung zu geben und die Meere zu bevölkern. Dem delphinischen Charakter entsprach und entspricht das Wasser mehr als das Land.

Delphine und Menschen waren von jeher spirituelle Brüder bzw. Schwestern und waren im Reich der Androgynen (einer Epoche „vor" Lemuria) völlig in Harmonie und telepathischer Übereinstimmung.

Auf den nachfolgenden Seiten wird öfters eine Beziehung hergestellt zwischen den Namen heutiger Menschen und Worten/Silben aus der lemurianischen Sprache. Das ist insofern legitim, da ich davon ausgehe, daß Seelen, die geboren werden wollen, sich bestimmte Namen aussuchen, um sich im Laufe ihrer Inkarnation durch diesen Namen mit einer bestimmten für sie wichtigen Resonanz/Bedeutung zu verbinden. Dies ist auch der Sinn neuer Namensgebungen durch Meister und Gurus. Der Name eines Menschen hat einen unterbewußten paradigmatischen Einfluß, der nicht zu unterschätzen ist.

Die Aufarbeitung des atlantinischen Karmas nähert sich ihrem Ende. Das Lemuria der Zukunft mit dem Bewußtsein des erlösten atlantinischen und nachatlantinischen Zeitalters ist nicht das Lemuria, das vor ca. 90 000 Jahren entstand und vor 30 000 Jahren von der Erde weggenommen wurde. Es ist ein Lemuria mit all den Erfahrungen der letzten 90 000 Jahre der Menschheit. Aber es ist auch das Lemuria von „damals", das Grundmuster des menschlichen Lebens, wie es eigentlich immer gemeint war.

Es ist die Hinkehr zum Blauen Planeten mit all seiner Schönheit und seinen Wundern; bevölkert mit Menschen, die wahrhaft weise Seelen sind.

Dieser Blaue Planet – das Original – nähert sich der Kopie – unserer Erde – so wie sich unser Original uns annähert, wenn wir zu ihm erwachen.

Möge dieses Buch uns helfen, mehr die zu sein, die wir eigentlich sind.

ॐ ॐ ॐ

Dieses Buch wurde eher in Spiralen geschrieben als von einem Kapitel zum anderen. Deshalb kann es da und dort vorkommen, daß etwas mehr als einmal beschrieben oder erzählt wird.

Einige Lemurianer, besonders die Wissenden der weißen Städte, wissen um die heutige Zeit des 20. Jahrhunderts und warteten nur auf die Gelegenheit, daß jemand so „in ihren Raum" eintauchen kann, daß sie ihm von „damals" erzählen können. Auf einer anderen Ebene existieren Lemuria und die heutige Zeit simultan. Das vorliegende Buch ist ein Tor, eine Öffnung in die Realität von Lemuria auf unserem Planeten.

Es werden die poetischen, fast „schwülstigen" Passagen in diesem Buch auffallen. Dazu eine Bemerkung: Die lemurianische Sprache war von einer Blumigkeit und Mehrdeutigkeit, von einer Bildhaftigkeit und fast ekstatischer Ausdruckskraft und beschrieb Seinsweisen, Gefühle und spirituelle Zustände in einer Art und Weise, die für uns sprachlich kaum nachvollziehbar ist. Ich versuchte also das, was ich hörte, fühlte und sah, in Worten und Wortverbindungen zu beschreiben, die wir nicht haben, und mußte dafür Worte finden, die wir haben. Indem ich diese Worte dann benutzte, versuchte ich, durch ihre Verbindung eine neue Bedeutung zu schaffen, obwohl ich mir über die gelegentlichen Oxymera (Unmöglichkeiten) im Sprachgebrauch klar bin.

Lieber Leser, laß dich vom Gesamteindruck leiten und versuche nicht jedes Wort – besonders in diesen Passagen – zu verstehen. Höre auf die Melodie, auf den tieferen Sinn.

Der Rat der Lemurianer an uns: Im Un-Sinn „öffnet sich der Spalt zur Wahrheit".

In dem vorliegenden Buch sind natürlich bei weitem nicht alle Geheimnisse von Lemuria offenbart. Es wurde mir auch nur das offenbart und gezeigt, was ich aufschreiben sollte. Einzelheiten über Vorgänge in den Kristallstädten und über die Geheimnisse des Wissens ihrer Bewohner ist einem späteren Buch vorbehalten.

Manche Dinge, die hier gesagt und beschrieben werden, scheinen vielleicht schwer verständlich, möglicherweise läuft es völlig dem zuwider, was du glaubst oder was die Wissenschaft sagt. Auch in diesem Fall ist es wichtig, das Buch nicht ärgerlich aus der Hand zu legen, sondern sich von seiner Melodie, seiner Schwingung tragen zu lassen.

Und auch hier gilt das Wort: „Prüfet alles und das Gute behaltet …"

Als ich im Februar 1996 einige Passagen dieses Buches Freunden vorgelesen hatte, wurde der eine oder andere traurig, sogar verstimmt. Beim anschließenden Gespräch kam heraus, daß der Grund dafür war, daß sie das Leben in Lemuria mit ihrem heutigen Leben verglichen und ihnen das Leben in der gegenwärtigen Zeit wenig erfüllt vorkam, gemessen an der Lebendigkeit, Vitalität, Erfülltheit des Lebens auf Lemuria.

Bitte, bedenke, lieber Leser, daß Lemuria in dir ist und die Visualisierung von Lemuria und seinen Segnungen in deinem Leben viel bewirken kann. Es geht nicht darum, wieder so zu leben wie in Lemuria. Es geht darum, sein Leben bereichern zu lassen von den Schwingungen, den Bildern, den Klängen von Lemuria.

Es geht darum, ein NEUES Lemuria zu schaffen: ein Lemuria in der Einheit mit Atlantis, mit all den Erfahrungen und karmischen Verarbeitungen der älteren und jüngeren Menschheitsgeschichte. Ein neuer Mensch auf der Basis des Besten in ihm, *des Besten aus all seinen guten Erfahrungen aller seiner Inkarnationen.*

Nicht zurück zu den Ursprüngen, sondern hin zu etwas Neuem, das die Segnungen der Ursprünge integriert.

Daher heißt dieses Buch auch im Untertitel: Die Zukunft, die vor 90 000 Jahren begann.

Es gibt keine Vergangenheit. Sie ist die veränderliche Bühnenkulisse, auf dem die Gegenwart ihr Schauspiel aufführt, das in der Zukunft geschrieben wird.

Dieses Buch kann dir helfen, denn es beschreibt dieses herrliche Land und ist zugleich eine Metapher – eine Metapher für etwas Wunderbares, das in dir schlummert und gelebt werden möchte. Denke daran, du bist nicht allein mit deiner Sehnsucht! Denke daran, du wirst gehört!

Es gibt möglicherweise Passagen in diesem Buch, die dir so fremd sind, daß du sie am liebsten überspringen möchtest. Dann tu das bitte. Denke immer daran, daß die Sprache, die Worte, nicht das Wichtigste an diesem Buch sind.

Ich versuchte in Worte zu fassen, was ich sah und hörte. Es sind *meine* Worte, durch *meine* Muster und Anschauungen gefiltert – es ist nicht die ganze Wahrheit über Lemuria.

Die ganze Wahrheit über Lemuria kann mit den Mitteln eines Buches nicht beschrieben werden! Auch nicht mit tausend Büchern. Sie ist in dir. Ganz persönlich.

Warum wir Lemuria und nicht Lemurien sagen, Lemurianer und nicht Lemure, lemurianisch und nicht lemurisch, hat einen einfachen Grund: Wir wollen dieses Buch absetzen von den bisherigen „Forschungen" über dieses Land und auch von Darstellungen in der Literatur (z.B. den „Lemuren" in Goethes „Faust 2. Teil").

Die im Text eingerückten Passagen sind Kommentare. Es mag ratsam sein, diese beim ersten Lesen des Buches zu überspringen, damit der Erzählfluß nicht gestört ist. Diese Kommentare sind nicht notwendig zum Verständnis.

Januar 1997   *Dietrich von Oppeln-Bronikowski*

Vorwort zur 3. Auflage

Was ist nicht alles geschehen in den letzten sieben Jahren seit der ersten Auflage dieses Buches! Was für eine Zeit des Übergangs, des Aufbruchs, was für eine Zeit der Sehnsucht, der Hoffnung und beginnender Erfüllung! Tausende haben sich seither von den Schwingungen Lemurias berühren lassen, Hunderte kamen in meine Seminare und Jahreskurse, um mehr über sich und Lemuria zu erfahren. Ihnen allen möchte ich von Herzen für ihre Bereitschaft danken, Lemuria in dieser Welt einen festen Platz zu geben. Wie sehr wir doch hoffen, dass die ganze Welt weiss, dass Lemuria nahe ist, so sehr von uns gelebt und erlebt werden will. Denn die Schöpfung in ihrer Vollkommenheit - und dafür steht ja Lemuria - ist nach wie vor die Sehnsucht unserer Welt. Lemuria zeigt uns den Weg nach Hause.

Zwei weitere Bücher sind inzwischen von mir über Lemuria im Ch. Falk-Verlag erschienen: Einmal die "Kristallstädte von Lemuria", eine Fortsetzung des vorliegenden Buches, und ein weiteres, ein mehr praktisches Buch über eine Massageform, die ich in Lemuria gefunden habe, die Aluah-Ashamah ("LEMU-RIA-ASHAMAH - die Aluah-Trance-Massage aus Lemuria"). Näheres dazu auf der letzten Seite dieses Buches und auch im Internet unter www.lemuria.de.

Lemuria hat mein Leben verändert. Ich sehe vieles mit anderen, mit lemurianischen Augen, fühle es mit lemurianischem Herzen. Mitunter erscheinen einem Dinge noch trauriger als zuvor, aber andere sind voll Hoffnung und Freude.

In diesem Sinne widme ich diese dritte Auflage meiner kleinen süssen Tochter Noa und ihrer Mutter, meiner Frau Natalie.

In Liebe für Euch alle!

Im August 2004   *Euer Dietrich von Oppeln*

Wie du herausfinden kannst,
ob du schon einmal in Lemuria gelebt hast

1. Du bist ein „sinnlich" orientierter Mensch, d.h. mindestens einer oder zwei deiner Sinne sind sehr ausgeprägt und machen dir Freude oder helfen dir bei deinem Beruf. Sie sind daher auch manchmal Gegenstand deiner Sorge.

2. Du hast jetzt oder als Kind große Nähe zu Tieren oder Pflanzen (bestimmte Formen und Arten von Bäumen, Blumen, Früchten) verspürt und dich mindestens einmal „unsterblich" in ein Tier oder eine Pflanze verliebt und warst „eins" mit ihm/ihr.

3. Das Spielen mit Freunden und Freundinnen war dir sehr wichtig. Du konntest dich in ein Spiel sehr vertiefen. Du warst irritiert, wenn ein Spiel gestört wurde. Streiten im Spiel war dir zuwider.

4. Du lachtest gerne, mochtest und magst aber schadenfreudiges und hämisches Lachen überhaupt nicht. Du bist unglücklich, wenn du es selber tust.

5. Du liebst Landschaften, Naturschauspiele, besonders Sonnenuntergänge am Meer oder auf Bergen. Du kannst sie lange betrachten. Du bist unwillkürlich von Bildern schöner Landschaften angezogen, auch von älteren Meistern, wie den Präraffaeliten oder den Romantikern wie Caspar David Friedrich. Du bist sogar manchmal von solchen Darstellungen angezogen, die andere für kitschig halten.

6. Du liebst Brandung, Sturm oder ein anderes starkes Wetter. Du möchtest am liebsten hinauslaufen und dich ganz damit verbinden.

7. Du kochst gerne oder ißt gerne oder beides. Du bist oft ungehalten, weil du „dein" Essen noch nicht gefunden hast, das dir wirklich gut tut und dir wirklich schmeckt. Du erlebst Essen als etwas, das mehr ist, als nur zu essen.

8. Man sagt von dir, daß du ein verträumtes Kind warst und dich mit viel Phantasie völlig in ein Spiel vertiefen konntest.

9. Du hast mitunter die Zunge zwischen den Lippen, wenn du etwas besonders Kniffliges oder Interessantes tust.

10. Du konntest dich als Kind leidenschaftlich in einen gleichgeschlechtlichen oder andersgeschlechtlichen Freund verlieben (ohne an Sex zu denken).

11. Deine Pubertät ist nicht besonders gut verlaufen, du hast dich einsam gefühlt. Du sehntest dich nach mindestens EINEM Menschen, dem du

erzählen konntest, was du fühltest. Du warst enttäuscht von den Erwachsenen, die dich so gar nicht begriffen.

12. Du warst gerne draußen in der Natur und bist es noch gerne. Du würdest alles manchmal am liebsten umarmen. Bist manchmal irritiert, daß du dich zu bestimmten Zeiten getrennt fühlst, wärst noch am liebsten viel mehr drin in allem.

13. Gutes, frisches Wasser ist für dich sehr wichtig.

14. Die Art, wie Tiere oft gehalten, geschlachtet und gegessen werden, Tierversuche etc. sind dir ein Greuel.

15. Die Art, wie oft mit Pflanzen verfahren wird, Massenanbau, Züchtungen der Idealtomate, hybride Züchtungen, chemische Eingriffe aller Art etc. erfüllen dich mit großem Unbehagen.

16. Du bist wahrscheinlich Vergetarier oder hast immer wieder versucht, einer zu werden. Bist aber auch mit dem Vegetarismus, wie er praktiziert wird, nicht immer ganz glücklich. Es fehlt dir etwas.

17. Die Geschichte der Indianer und Naturvölker interessiert dich oder hat dich interessiert, insbesondere auch ihre spirituellen Gebräuche.

18. Das Abholzen von Regen- und Urwäldern, insbesondere die Zerstörung von heiligen Kultplätzen, erfüllt dich mit Zorn.

19. Religion, religiöses Singen, Tanzen – egal, von welcher Kirche oder Glaubensrichtung – inspiriert dich. Überall, wo Menschen mit Herz etwas zusammen tun, fühlst du dich angezogen.

20. Du hast dich schon einmal dabei ertappt, daß du dich für jemand gefreut hast, der gestorben ist. Du machst dir deine sehr eigenen Gedanken über Geburt und Tod.

21. Du hast oder hattest eine Beziehung zu Festen und Ritualen.

22. Song- und Musikfestivals haben für dich eine direkte oder indirekte Bedeutung (z.B. Woodstock).

23. Du haßt Lügen, reines Wortgeplänkel und Klatsch, bei dir selbst und anderen.

24. Geistige und spirituelle Freiheit geht dir über alles.

25. Es gab immer wieder Zeiten in deinem Leben, wo du etwas Besonderes erwartetest und etwas Besonderes erlebtest, etwas, das du anderen Menschen so gar nicht mitteilen konntest, was aber dein Leben prägte. Möglicherweise bist du diesem Erlebten immer wieder auf der Spur.

EINFÜHRUNG

Kapitel 1

Die Geburt des Menschen

Aus dem gewaltigen LOGOS von Gott/Göttin strömt die Energie, die unseren Raum, unser Universum, „aufbläst" und stabilisiert. Wie eine große, schillernde Blase, aber eher in der Form eines Wurfringes oder Donuts, hängt unser Universum in einem anderen Universum und dieses wiederum in einem anderen. Alles gehalten im Seinswillen von Gott oder, wie der Lemurianer sagt, von Ja-Shu-ah. Ein Kosmos der Universen und Dimensionen, unendlich groß, unendlich klein, in dem die gewaltigsten Galaxien genauso viel Beachtung finden wie das Staubkorn auf dem Flügel eines Schmetterlings.

Gespeist und stabilisiert werden wir von dem gewaltigen Herrscher der Sterne, zugleich Tor zu dem Universum, das unser Universum einhüllt. An diesem Tor hängen wir, wie eine Seifenblase am Strohhalm hängt. Durch dieses Tor empfängt unser Universum die Energie, um zu leben und zu wachsen.

Dieses Tor ist Sirius.

Ungeheure Kraft, aufgesplittert in Milliarden von Strahlen, Strahlenbündeln, die wiederum durch Tore hindurchfallen, halten die einzelnen Milchstraßen, die Sonnensysteme, die Sterne und Planeten am Leben.

Solch ein Bündel hält unser Sonnensystem in der Balance, speist und nährt seine Schöpfung. Zwölf Strahlen aus diesem Bündel, wieder fallend durch ein „Tor", sind die zwölffache Helix, der Vortex, Wirbel, Strudel, der unsere Erde erschafft und erhält. Angereichert, gefiltert und moduliert durch die Ebenen des Bewußtseins, mental, kausal und astral, ist dieser Vortex die DNS unseres Planeten, er enthält alles – unsere Vergangenheit, unsere Zukunft und unsere Gegenwart, alle Leben unseres Planeten, alle unsere persönlichen Leben. Er schafft die formgebende „Energie dazwischen", die Energie, die das schafft, was wir sehen – die Physis. Sie legt sich um die zu gestaltende Realität und besteht aus einer Haut aus Atomen und Molekülen. Eine schillernde „Illusion", eine Oberfläche wie auf einer Seifenblase, aber milliardenmal feiner. Denn das, was wir sehen, ist ein Bruchteil von dem, was ist.

Die Anima Gottes, die Göttin, schuf durch das Portal des Sirius und mit den zwölf Strahlen einen Planeten, den sie „ihren Augapfel" nannte.

Sie erträumte ihn.

Und in ihrer Liebe, ihrer Wildheit, Anmut und Verwundbarkeit erträumte sie ihn liebevoll, wild, anmutig und verwundbar, und so waren die Tiere und Pflanzen. Sie erträumte die kleinen Tiere und die großen, die Pflanzen groß und klein in ihrer Vielfalt und Pracht.

Ihr „Augapfel" wurde im Kosmos sehr bewundert. Die Kunde von diesem traumhaft schönen blauen Planeten drang selbst in entfernteste Galaxien.

Gelenkt und angetrieben von der so einzigartigen, brillant schillernden, so enorm ausgerichteten und kraftvollen zwölffachen Helix, dem Energiestrahl von Sirius, besuchten die Bewohner fremder Planeten und fremder Systeme die Erde, um diesen wunderbaren blauen Planeten zu studieren.

Der Vortex war insofern bemerkenswert, als er half, weite Entfernungen von Milliarden von Lichtjahren in „Sekunden und Minuten" zurückzulegen. Denn dieser Energiestrahl war reines Bewußtsein. Und so waren die Raumschiffe, die dazu nötig waren, die Erde zu besuchen, aus dem Material von der „Energie dazwischen", aus der Bewußtseinsenergie geformt. Die Materialisierung der Raumschiffe geschah erst auf der Erde oder auf erdnahen Planeten, von denen aus es „nur noch ein Spaziergang" auf die Erde war. So war der Strahl, der die Erde speiste, „Aufzug" und Autopilotstrahl in einem. So brauchte man äußerst wenig Energie, und man mußte sich um die Ortung nicht bemühen.

Auf diese Weise kommen noch heute und jetzt, nach der erneuten Öffnung des Portals, wieder wesentlich mehr „Ufos" auf unseren Planeten. Die meisten können wir nicht sehen, da sie aus „Bewußtseinsenergie" bestehen. Manche materialisieren sich oder teilmaterialisieren sich, sind aber von Bedingungen wie

Reibung und Schwerkraft nicht abhängig. Raumschiffe, die wir sehen können oder die gar zerschellen wie die „Roswell"-Ufos sind von primitiveren, erdnäheren Stationen gebaut. Deren Technologie ist der unseren nur um einige Jahrhunderte, vielleicht auch nur Jahrzehnte voraus. Die Erde ist ein sehr junges Gebilde. Vor ihr gab es schon milliardenfach „Leben" in den Universen mit den ausgeklügeltsten Technologien – meist konstruiert mit den Kräften „zwischen den Räumen", die man in jede erdenkliche Form und Aufgabe programmieren kann. Die jüngeren, noch primitiveren Lebensformen, wie wir und einige Extraterrestrische es sind, haben nur das Material programmiert wie die chemischen und organischen Grundelemente und deren natürlichen Vorkommen auf dem Planeten. Dann aber geht es darum, „im Schweiße des Angesichts" diese schwerfälligen Materialien zu Raumschiffen zusammenzubauen. Das ist so ähnlich, wie wenn man im Zeitalter des Computers noch einzelne Zahlen auf Papier ausdrucken, sie dann einzeln ausschneiden und zu den Zahlen, die man erhalten will, zusammenkleben würde. Eine absurde Idee! Aber dies ist der Stand unserer Technologie. Das Material des Roswell-Ufos hatte bereits Programmierungen in der „Energie dazwischen". Deshalb hatte es die für unsere Wissenschaftler unerklärliche Konsistenz, die ihm erlaubte, nach dem Zusammenknüllen immer knitterfrei in seine alte Form zurückzukehren.

Die Kollision kam zustande, weil ein Programmfehler und dadurch ein plötzlicher Energieabfall aufgetreten war. Dieser Programmfehler entstand durch die starke Radarstrahlung, mit denen die Militärs der U.S.A. in geheimen Projekten in dieser Gegend experimentierten. Es gab unter den Entscheidungsträgern auch Berater, die von diesen Zusammenhängen wußten. Daher mußte das Ganze (gewaltsam) unter den Teppich gekehrt werden.

Die positiven und nicht so positiven Besuche außerirdischer Intelligenzen auf unserem Planeten sind zu 99 Prozent für unsere Augen unsichtbar. Sie sind sichtbar in „luziden" Träumen, in Trance und anderen veränderten Bewußtseinszuständen, weil dort die „Energie dazwischen" angesprochen ist. So sind die meisten „Ufos" nur dann sichtbar, wenn sie gesehen werden wollen oder weil sich bei den Menschen, die sie sehen, ein inneres und ein äußeres Bild überlagert. Durch gewisse Voraussetzungen kann diese Beobachtungsgabe auch bei einer ganzen Gruppe von Menschen auftreten, da sie alle Bewußtseinsebenen erfaßt, auch die, die man „kollektiv" nennt.

Und die Göttin in ihrer Großzügigkeit ließ es zu.

Unter solchen Außerirdischen waren aber auch solche, die mit Eifersucht erfüllt waren. Sie fühlten sich von der Göttin benachteiligt. Sie seien viel früher erschaffen worden – als die Göttin noch „unerfahren" war –, ihr genetisches Material sei schlecht und stümperhaft, sie hätten keine Schönheit – und vor allem hätten sie auch keinen solch regenerierenden Sirius-Energievortex wie die zwölfstrahlige Helix, hätten auch nicht eine solch kontinuierliche Batterie wie die Sonne – überhaupt, sie waren unzufrieden und beklagten sich über den Zustand ihres Planeten bzw. ihrer Raumstationen oder was sonst die Gebilde waren, die sie bewohnten.

In der Tat war zu dieser Zeit eine große Anzahl von außerirdischen Zivilisationen in desolatem Zustand. Ihre Technologien waren zwar enorm weit vorangeschritten, aber ihr psychischer und körperlicher Zustand war ausgelaugt, oft hatten sie genetische Kollapse erlebt und brauchten dringend eine Regeneration. Daher haderten sie mit Gott und der Göttin, waren in Rebellion und entfernten sich mehr und mehr von ihrem göttlichen Ursprung. Aus diesem Grund war ihr Quell der spirituellen Regeneration versiegt – aber sie schoben es, wie üblich, auf ihren Schöpfer.

Bald kamen sie auf die Idee, daß der „blaue Planet" möglicherweise die Antwort auf ihre Probleme darstelle. Vielleicht, so philosophierten sie, war „der Augapfel" ein kleines schuldbewußtes Zugeständnis der Göttin an sie, und sie habe den blauen Planeten erschaffen, um ihnen zu helfen. Vielleicht habe die Göttin ganz bewußt diese Oase in der kosmischen Wüstenei geschaffen, um die zu kurz Gekommenen zu laben.

So begannen sie, auf ihren Besuchen auf der Erde da und dort Proben von Mineralien und Pflanzen zu nehmen und auf ihrem eigenen Planeten damit zu experimentieren. Sie versuchten, mit dem frischen Material die genetischen Muster ihrer eigenen Pflanzen zu verändern und zu erneuern. Sie fanden aber schließlich heraus, daß es oft günstiger war, Mineralien und Pflanzen von ihren Systemen mitzubringen, sie auf der Erde mit dem vorhandenen „Material" zu verbinden und dann die enstandenen neuen Formen auf ihren Planeten zu exportieren. Und in der Tat, die Regeneration auf ihren Planeten gelang mit erstaunlichem Erfolg. Irgendwie, so schien es, war das Erdenmaterial mit vielem kompatibel und, was noch wichtiger war, es hatte eigene Dynamik und Lebenskraft.

Dies sprach sich herum. Und nach einiger Zeit – sprich einigen Millionen Jahren der Erdenzeitrechnung – besuchten ganze Kolonien von Außerirdischen die Erde, um das genetische Material ihrer Pflanzen und die chemisch-physikalischen Muster ihrer anorganischen und organischen Grundbausteine zu erneuern.

Die Erde wurde zum „Bahnhof", „Flugplatz" oder wie man es immer nennen mag. Landebahnen wurden geschaffen. Erdnahe Planeten wurden zu beliebten Zwischenstationen, darunter besonders geeignet und beliebt der Mars. Der Mond galt als instabil und wurde, bis auf wenige Ausnahmen, gemieden. Diese Ausnahmen aber manipulierten die Mondmagnetik und -resonanz nach ihrem Gusto und machten eine Art Zwischenhaltestelle, Radiostation, Kommunikationsverstärker etc. aus ihm.

Von den gewaltigen Raumschiffen, die damals auf der Erde landeten oder starteten, kann man sich kaum einen Begriff machen. Manche waren so groß, daß sie einige hunderttausend Meilen entfernt „ankerten" und ihre Insassen dann mit kleineren Raumschiffen weiterfuhren. Die Lichtspiele, Formen und Muster am Nachthimmel, wenn sie von einem menschlichen Auge hätten wahrgenommen werden können, waren überwältigend.

Solche und ähnliche Licht- und Musterspiele, gepaart mit starken gerichteten Magnetstrahlen von außerirdischen Besuchern, beobachteten sowohl die Lemurianer als auch die Atlantiner in ihren letzten Tagen. Die Priester von Atlantis nannten sie „die gewaltigen Worte". Es waren Warnungen und Ratschläge, zum Teil sehr spezifische, von außerirdischen Intelligenzen, die sich um die Erde Sorgen machten. Sie brachten starke „Kanonen" von Magnet- und Laserstrahlen in Stellung, nicht um die Erde zu zerstören, sondern um sie zusammenzuhalten, falls sie durch die atlantische Selbstzerstörung außer Kontrolle geraten sollte. Einige dieser „Magnetnägel" in Form von magnetischen Vortexen, die durch das Innere der Erde gingen und „auf der anderen Seite" mit einem anderen Raum-Zeit-Universum verknüpft waren, sind heute noch in ihrer Kraft zu spüren. Ein Rest eines der gewaltigsten ist in der Gegend des heutigen Bermuda-Dreiecks zu finden. Nach meiner Einschätzung werden solche Gebilde sehr bald wieder am Himmel erscheinen. Sie werden zur Zeit vorbereitet durch Filme wie „Independence-Day" und „Startrek", leider oft auf negative Art und Weise. Immer dann, wenn auf unserem Planeten große Veränderungen „drohen", kommt außerirdische Hilfe – zunächst unsichtbar und dann sichtbar. Dieses Wissen ist in den Menschen von altersher verankert und in allen Mythologien zu finden.

In dieser Zeit vergriffen sich diese Abgesandten auf der Erde noch nicht an Tieren; der Respekt vor der Göttin war zu groß. Dennoch gab es Stimmen, die dafür plädierten, diese Grenze zu überschreiten. Vielleicht, so räsonierte man, werde die Göttin auch diese Übertretung zulassen, nachdem sie zu den anderen Raubzügen wohlwollend geschwiegen habe. Man machte Pläne, in ähnlicher Weise mit der terrestrischen Tierwelt zu experimentieren, wie man es mit Pflanzen und Mineralien getan hatte. Das genetische Material der Erdentiere war offensichtlich ganz hervorragend.

Diese Gedanken zogen ihre kosmischen Kreise und erreichten auch sehr kriegerische, gewalttätige „Zivilisationen", die dann und wann auf räuberischen Zügen waren, um auf anderen Planeten Arbeitssklaven zu rekrutieren.

Es dauerte nicht lange, und eine neue Flut von Besuchern erfaßte die Erde. Diese brachten genetisches Material ihrer „Tiere" und Bewohner mit und experimentierten zunehmend mit immer größeren Erdentieren.

Wir können hier nur kurz zusammenfassen, was geschah: Mutanten entstanden. Viele der sanften und friedliebenden Erdentiere mutierten in gewalttätige und blutrünstige Monster. Zum Teil waren diese genau das, was die Außerirdischen für ihre Planeten brauchten, und sie exportierten diese schrecklichen Geschöpfe dorthin. Immer wieder aber töteten und verbrannten sie das Erschaffene auch und experimentierten weiter.

Die einst zutraulichen Erdentiere wurden zu dieser Zeit außerordentlich scheu. Sie wurden systematisch gejagt und mit modernen Geräten aufgespürt. Dennoch war es für einige möglich, sich in ihrer Ursprünglichkeit zu erhalten. Manche der Tiere aus den genetischen Experimenten, die nur leicht verändert waren und dann fliehen konnten, wurden zu Raubtieren. Andere leicht mutierte Geschöpfe waren die Saurier und Riesenechsen.

Ursprünglich waren für unseren Planeten ausschließlich Pflanzenfresser geplant. Die Erde sollte ein sehr friedlicher Planet sein und bleiben, wirklich der Garten Eden. Eine Oase im Weltall. Durch die obengenannten Vorgänge war es damit vorbei, und Reste der Genmanipulationen blieben bis heute. Da sich der Zweck der Erde änderte und dadurch eine Parallel-Erde entstand, die zu einem Planeten des Wachstums, der freien Entscheidung und des Kampfes zwischen „gut und böse" wurde, blieben auch Reste des „Raubtieres", das sich auch gegen Menschen wehren konnte, erhalten. Diese „Vergiftung" der Erde gehört zu der kosmischen Tragödie, die die Göttin aus ihren Gründen zugelassen hat. Durch diese „Tragödie" wurden aber enorme emotionale Wirbel in den Sternensystemen erzeugt, und es entstanden Lebensmuster,

Lebensdramen auf vielen Ebenen, die wiederum eine neue Lebendigkeit, eine neue Herausforderung und eine neue Art von Liebe, Faszination und Ekstase erzeugten.

Die Riesenmonster und „Drachen", zum Teil monströse Kampfmaschinen, wurden auf die kriegerischen Planeten mitgenommen, wo sie heute noch ihre Aufgaben erfüllen. Die Datenbank der Erde, das kollektive Unbewußte, ist immer noch erfüllt von diesen Monstern, Urwesen etc., die heute wieder in Filmen und Büchern auftauchen. Besonders unsere Kinder reagieren stark auf diese Erinnerung.

Ein „Tier" unter den Tieren war für die außerirdischen Genmanipulatoren besonders interessant. Es war ein aufrecht gehender „Primat", der durch sein Geschick, seine Gutmütigkeit, seinen Mut und seine Vitalität auffiel.

Dieses Wesen war von der Göttin ganz besonders liebevoll erträumt worden. Es hatte ein kurzes Fell, sehr ausgeprägte Sinne und ein großes Feingefühl. Dieses „Tier" diente der Göttin als Auge, Ohr und Nase, damit sie die Erde erleben konnte.

Es war verwandt mit dem Geschlecht der Androgynen aus einer anderen Traum- und Schöpferzeit der Göttin. Nun aber war es getrennt in männlich und weiblich, da dies das Muster der irdischen Regeneration war.

Einige der extraterrestrischen Besucher sahen in diesen „Tieren" die ideale Möglichkeit, sich nun selbst genetisch aufzufrischen. Große Gruppen von männlichen und weiblichen Außerirdischen, in all ihren bizarren Formen, begannen, diesen Primaten aufzulauern und mit ihnen sexuell zu verkehren. Und da diese von großer Gutmütigkeit und Arglosigkeit waren, ließen sie es zu.

Andere Außerirdische, die eine fortgeschrittene Gentechnik hatten, manipulierten die Gene ihrer eigenen Föten mit den Genen der Erdenprimaten und umgekehrt.

Es entstanden monströse Gebilde: halb menschenähnlich, halb Maschine, halb pferdeartig, drachenähnliche Geschöpfe und gewaltige Kraftmaschinen. Meist bejammernswerte Geschöpfe, die entsetzlich litten.

Solche Versuche wurden auch mit Delphinen und Walen gemacht, die von der Göttin als intelligente, friedfertige Wesen erschaffen wurden. Auch sie sollten ihre Kinder säugen und waren den „Primaten" ebenbürtig.

Durch die Genmanipulationen wurden auch sie zu monströsen Gebilden, zu grausamen Seeungeheuern, die wir in unseren Mythologien wiederfinden. Haie und andere Raubfische sind harmlose Reste dieser Manipulationen. Für die hauptsächlich im Wasser lebenden außerirdischen Zivilisationen wurden auf unserer Erde Fischmonster konstruiert, die leuchteten und/oder elektrische Ladungen von großer Zerstörungskraft abgaben. Auch von denen haben wir noch harmlose Reste in unseren Gewässern.

Die so übermäßig beliebte Serie: „Der weiße Hai" (4 Folgen!) spricht von unserer „Faszination" und der Erinnerung an diese Zeiten. Besonders die Orion-Resonanz in uns liebt diese Filme, aber auch andere Reste in unserem Bewußt-seins-Material, das mit diesen Zeiten, verstärkt durch das atlantische Karma, noch keinen Frieden gefunden hat.

Durch diese Experimente breitete sich Leid aus auf der Erde. Und die Schreie dieser durch die Manipulationen auf der Erde Gequälten hallten durch den Kosmos und wurden von den Sternenwesen gehört.

Kapitel 2

Die Hilfe der Sternenwesen

Auf diese Hilferufe ganz besonders aufmerksam wurden die Wesen, deren Heimat Sirius und die Plejaden waren. Es waren gestalthafte, aber körperlose „Funken Gottes" mit höchstem Bewußtsein, großer göttlicher Liebe und Barmherzigkeit. Diese waren nicht materialisiert oder inkarniert. Dennoch verfolgten sie mit großem Interesse, was sich „da unten" so alles abspielte. Sie nahmen am Schaffen der Göttin in dem wunderbaren orgastischen Wirbeltanz der Energien teil.

Sie hatten sich an dem Traumschaffen der Göttin erfreut, hatten die Entstehung des blauen Planeten beobachtet und waren nun von tiefstem Mitleid ergriffen.

Von solchen Gefühlen bewegt, nahmen viele der Sirianer und Plejadier miteinander Kontakt auf. Sie berieten darüber, wie sie den ursprünglichen Wesen der Erde helfen und diesem schrecklichen Tun der Außerirdischen ein Ende setzen könnten.

Die Göttin, bewegt von der Hilfsbereitschaft, sagte ihre Hilfe zu. Sie beschloß, nach und nach das der Erde zugewandte Energie-Portal des Sirius bis auf ein Minimum zu schließen, um weitere Besuche auf der Erde zu verhindern. Auf seinem Strahl sollten keine Reisen mehr vorgenommen werden können. Der „Autopilotstrahl" wurde abgeschaltet.

🐸 🐸 🐸

Aus der intensiven Kommunikation zwischen den Sirianern und Plejadiern entstanden auch neue Wesen, solche mit beiden Anteilen: die Sirianer-Plejadier mit mehr Anteilen von Sirius und die Plejadier-Sirianer mit mehr Anteilen von den Plejaden. Auch Wesen aus dem Sternbild Orion wollten sich an der Mission beteiligen. Da sie exzellente Technologen waren, glaubten die Sirianer und Plejadier, daß man sie brauche, um auf die Technologie der Außerirdischen auf der Erde angemessen antworten zu können. Man war ihnen gegenüber aber nie frei von Zweifel.

Die Atombombe, die Spaltung der Atome, ist eine Sirianer-Orioner-Erfindung. Usprünglich war sie als Reinigung der Erde gedacht, von Sirianern konzipiert und von den Technologen, den Orionern, durchgeführt. Aus dieser engen Zusammenarbeit nur für solche Projekte, die die Sirianer für notwendig hielten, entstanden sirianisch-orionische Wesen. Zu diesen Menschen gehören da Vinci, Einstein, Nobel, Tesla u.v.a.

Diese seltene Verbindung tritt auch heute noch in all den Menschen auf, die zunächst Erstaunliches zum Segen der Menschheit erfinden. Zugleich aber haben viele dieser Erfindungen auch den Aspekt des zerstörerischen Einsatzes und werden oft als Waffen und Vernichtungsmittel für Kriege gebraucht, nicht selten unter dem Scheinmantel der „Integrität" oder um einen „Frieden" wiederherzustellen. So zum Beispiel die Bomben auf Hiroshima und Nagasaki, die die sirianische Seele der Menschheit aufs tiefste erschütterte und viele Außerirdische des sirianischen Kosmos auf den Plan riefen. Diese Bomben lenkten die Aufmerksamkeit verstärkt auf die Erde, und seitdem ist die Anzahl der Besuche auf und die Intensität der Aufmerksamkeit für den Planeten sprunghaft gestiegen. Sie ist auch ein Grund für die vermehrte Reinkarnation von Sirianern auf der Erde, die es als ihre Aufgabe ansehen, solche Katastrophen zu verhindern. Man macht sich gar keinen Begriff, welche emotionale Schockwelle kosmosweit diese in einen plötzlichen Tod gerissenen Menschen auslösten.

Der Plan war perfekt. Kurz bevor die Göttin das Portal schloß, reisten einige Sirianer, Plejadier und ihre Mischformen und eine Anzahl von Orionwesen – alle als körperlose Bewußtheiten – auf den blauen Planeten, suchten nach den versprengten, verängstigten, noch unmanipulierten oder nur schwach manipulierten Geschöpfen der Göttin, den Primaten-Erdlingen, und gaben ihnen ihren Geist.

Dies war die Geburt des Menschen auf der Erde. Dies war der Sprung vom Primaten zum Menschen, die Lücke, die unsere Evolutionstheoretiker nie zu schließen vermochten.

Die Wesen von Sirius, den Plejaden und den Orion-Sternen veränderten die Erdlinge nach und nach „nach ihrem Bilde". Die neuen Geschöpfe verloren ihr

Fell, und das Gehirn vergrößerte sich beträchtlich, um dem mitgebrachten Wissen eine Form, ein Gefäß, einen Vermittler, eine Data-Bank zu geben.

Bestimmte Gehirnpartien (Teile des zu 98 Prozent ungenutzten Gehirns) wurden von den Sirianern mit ihrem Wissen erfüllt. Diese Gehirnpartien schliefen im Zuge des Schließens des Siriusportales ein, da bestimmte Siriusenergien diese Partien nicht mehr mit stimulierender Resonanz versorgten. Andere „schlafende" Gehirnpartien haben auch das Wissen von Lemuria und Atlantis gespeichert.

Dieses für die jetzige Zeit so wichtige Wissen ist vornehmlich in den Schläfenlappen (Sternenherkunftswissen) und in den „ungenutzten" Teilen des Großhirns (Lemuria, Atlantis) gespeichert. All diese Gehirnpartien werden im Zuge der Öffnung des Siriusportals durch die Göttin seit etwa 1970 Zug um Zug wieder mit Resonanz erfüllt, sozusagen angesteuert. Sie wachen auf. Auch das uralte Wissen der Erde, von dem wir oben sprachen, wacht jetzt wieder auf und damit die Erinnerung an all die Scheußlichkeiten und Greuel der Manipulation, die Welten der Monster und Mutanten, der feindlichen Raumschiffe, der intergalaktischen Kriegs- und Beutezüge. Diese gewaltigen Vorgänge sind in den „Primaten-Data-Bänken" der Menschheit gespeichert und zeigen jetzt ihr Gesicht. Sie kehren wieder in Filmen, Büchern, Erzählungen und Träumen. Einer der gigantischsten Filme, die hierhergehören, ist: „Waterworld". Dieser Film streift die Urtraumata der Menschheit. Kein Wunder, daß er von demselben Kevin Kostner inszeniert wurde, der kurz vorher sein Eintauchen in die Tiefen der Menschheit mit „Der mit dem Wolf tanzt" und mit seinen Video-Dokumentationen über vergangene indianische Kulturen begonnen hatte. Auch der bekannte Hollywood-Regisseur Steven Spielberg ist am Puls dieser Bewußtseinsvorgänge und weiß dies meines Erachtens sehr genau.

Man könnte ganze Bücher darüber schreiben, wie „wahr" all diese Filme sind: „2001", „Jurassik Park", „Unheimliche Begegnung der Dritten Art", „Startrek", „Krieg der Sterne", „Stargate", „Independence Day" u.a.. Auch die alle Einschaltrekorde schlagende Kinderserie „Power Ranger" lebt von diesen Erinnerungen. In den Trickfilm- und Spielzeugmutanten wie Turtels (Mensch-Schildkröten), Gorgoyles (tief leidende Menschen-Mutanten), Streetsharks (Mensch-Haie) und dergleichen mehr schlägt sich die aus dem erwachenden Unter- und Unbewußten hervorquellende Erinnerung nieder. Mir ist bekannt, daß Drehbücher im Bereich Science Fiction und Fantasy von Hollywoods Filmexperten danach beurteilt werden, wie viele solcher „Archetypen" mit „archetypischen Handlungssträngen" im Skript vorkommen, damit die Filme nachher auch Erfolg haben.

Die Wesen von Sirius, den Plejaden und Orion besetzten also die Körper dieser gefährdeten „Menschenaffen" und gaben ihnen ihren Geist. Von da an bevölkerten bewußte Menschen die Erde.

Sie schauten durch deren Augen, hörten mit ihren Ohren, griffen mit ihren Händen.

Sie erfüllten die behaarten „primitiven Körper" mit der Kraft ihres Wesens und ihres Bewußtseins.

Sie schauten sich gegenseitig an und mußten lachen. Ein großes Lachen erfüllte die Erde, nachdem sie den Schock überwunden hatten, in einen Körper, in molekulare Dichte hineingeschlüpft zu sein und Materie zu erfüllen.

Dank ihrer Herkunft waren diese neuen Menschen den anderen Geschöpfen und den außerirdischen Besuchern, die sich inzwischen in großer Zahl auf der Erde angesiedelt hatten, weit überlegen. Sie näherten sich diesen allen freundlich, wurden aber meist mißtrauisch zurückgewiesen. Man sah diesen neuen Wesen an, daß sie ganz anders waren als die Primaten, die man vorher gekannt und ausgebeutet hatte. Dazu kam: Die menschgewordenen Sirianer und Plejadier hatten enorme Kräfte. Sie konnten Blitze erzeugen, laserartige Energien schleudern, sich und andere teleportieren, Materie schaffen und verwandeln. Die Energie dazu bezogen sie von ihrem Heimatstrahl aus ihrem Sternbild in Verbindung mit der Siriusenergie und den entsprechenden Code-Schlüsseln und Symbolen.

Die Orioner, die Techniker, waren besonders erfindungsreich. Sie umgaben ihre Körper mit glänzenden Rüstungen, bauten gepanzerte Streitwagen mit „Laserkanonen", die Energien schleuderten. Sie waren die einzigen, die dann und wann die physische Auseinandersetzung mit Monstern, Mutanten oder Extraterrestrischen suchten.

Trotz der Unterschiede existierte aber zwischen allen Sternenwesen ein freundschaftliches Einvernehmen. Man half sich gegenseitig, wo man konnte. Dennoch spielten die Orioner immer etwas eine Außenseiterrolle. Das freundschaftliche Band zwischen den Sirianern und den Plejadiern war stärker.

Menschen vom Sirius:
> die Reinen, Integren, Abstrakten, die Priesterlichen, die Kristallinen, die Luft- und Ätherverbundenen

Farben: blau, silberweiß, weißgolden, goldviolett

Zeichen: aufrechtstehendes Pentagramm

Macht: der Sturm, Taifun, Wirbelsturm, Gewitter mit Blitzen

Tendenzen und Talente: Kristallsucher, Wahrheitssucher, klare Linien, Sexualität und Integrität untrennbar verbunden, lieben Wachheit, streben nach reinen Gefühlen, suchen nach Reinheit und Charakter, Unversehrtheit. Sind stolz, mitunter unnahbar, nicht verzeihend, herrschsüchtig, deduktiv. Spirituelle Rebellen.

Kunst: Gotik, schillersche Klassik, Surrealismus, Bildhauerei à la Henry Moore, Glasfenster, Mosaike.

Menschen von den Plejaden:

die Hermeneuten, die Meinungs- und Bedeutungsbildenden, die Fließenden, die Feuer- und Wasserverbundenen, „die Goldenen"

Farben: hellrot, orange, rotgolden

Zeichen: Aum

Macht: das Feuer, Vulkanausbruch, Erdbeben aus dem Inneren der Erde

Tendenzen und Talente: Goldsucher, Alchemisten, Aromas und Essenzen, Kräuter, heilsames Essen und Trinken, Liebe zu Tieren, Trance, Tanz, Erotik, Emotionen als Kraft, induktiv, vermittelnd, vergebend. Psychisch orientiert.

Kunst: Romanik, Romantik, goethesche Klassik, Impressionismus. Goldschmiedekunst.

Menschen vom Orion:

die Technologen und Physiker, die Bearbeiter, die Macher, Aufklärer, erdverbunden, die „mineralischen", die logischen.

Farben: gelb, tiefrot, mineralgrün, ocker, schwarz und schwarzbraun

Zeichen: Pyramide

Macht: Das Erdbeben aus aufeinanderprallenden Formationen, Krieg

Tendenzen und Talente: Rechner, Konstrukteure, politische Rebellen, Strategen, mental orientiert, Aufklärer. „Der Mensch ist das Maß aller Dinge".

Kunst: Renaissance, Naturalismus, Kubismus, Bauhaus.

Selten waren Sirianer-Orioner, häufig aber Sirianer-Plejadier und Plejadier-Sirianer, häufig auch Plejadier-Orioner bzw. Orioner-Plejadier je nach Gewichtung der Anteile.

In diesen ersten Stunden, Tagen und Wochen auf der Erde sahen die, die bereits angekommen waren, die Aura-Lichter derer heranfliegen, die sich auf die Erde teleportierten, einen Körper besetzten und sich zu ihnen gesellten. Es war ein Augenblick großer Erhabenheit und großer Freude. Es war auch ein Augenblick großen Erstaunens für die ursprünglich körperlosen Wesen, nun ein solches physisches Vehikel zu bewohnen.

Zuerst inspizierten sie dieses Vehikel von innen, durchstreiften die Moleküle und Zellstrukturen, die Adern, die Organe, die Nervensysteme, das rudimentäre Gehirn (Stamm- und Teile des Mittelhirns) und machten Pläne, welche Veränderungen sie vornehmen wollten.

Sie sahen und begriffen auch die wunderbare Gelegenheit, neue Erfahrungen zu sammeln.

Der Austausch zwischen den „frischgebackenen" Menschen in diesen Stunden und Tagen geschah nur telepathisch, und immer wieder mußten sie sich gegenseitig darauf hinweisen, daß der eine oder andere seinen Körper verlassen hatte und plötzlich über sich oder weit außerhalb schwebte, weil die Schwere und Dichte dieser „feuchten Klumpen", wie sie die Körper empfanden, so ungewohnt waren. Sie waren noch nicht richtig zu Hause.

Sie begriffen sehr schnell. Sie verstanden die Rolle der Sexualität und des Gebärens und nahmen im Zeugungsakt telepathisch Kontakt mit weiteren sirianischen, plejadischen und orionischen Sternenwesen auf, die bereitstanden, die Föten mit ihrem Geist zu erfüllen.

Es wurde auch eine Ruhezeit vereinbart, nämlich den Körper nach einiger Zeit zu verlassen, ihn sterben zu lassen, um einen neuen, veränderten Körper bewohnen zu können.

Vor jeder Geburt wurde der genetische körperliche und seelische Code, nach dem sich der Fötus bilden sollte, überprüft und gegebenenfalls verändert.

Da bekannt war, daß sich das Erden-Portal des Sirius mehr und mehr schließen würde, wurden Zwischenreiche diesseits des Portals aktiviert. Das sind die Ebenen, auf denen sich „gestorbene" Sternenwesen erholen und sich auf eine neue Geburt vorbereiten konnten. Dies waren die Astralebene (Ebene der Ruhe), die Mentalebene (Ebene der Konzeption) und die Kausalebene (Ebene der Manifestation).

Auf der astralen Ebene ruhte man und komtemplierte das vergangene Leben, auf der mentalen Ebene wurden die Pläne für eine neue Inkarnation geschmiedet, und auf der kausalen Ebene wurde die Erscheinungsform des Menschen, der geboren werden sollte, genetisch zusammengesetzt und auf die Erde geschickt.

Damit war das Konzept der „Inkarnation" eingerichtet.

Das Konzept Leben und Sterben, mit einer Ruhe- und Neuplanungsphase zwischen Tod und Geburt, ist im Kosmos einzigartig und gibt es in dieser Form auf nur wenigen anderen zivilisierten Planeten. Viele von denen, die uns besuchen oder beobachten, sind nicht selten neidisch auf die Möglichkeit, sterben zu können und dann zu einem Neuanfang wiedergeboren zu werden. Es gibt Außerirdische, die Tausende von Jahren alt werden, weil sie sich permanent regenerieren. Sie müssen immer wieder große Anstrengungen unternehmen, um sich zu reinigen und zu erneuern. Sie nennen den irdischen Tod den „machtvollen Heiler, Reiniger, Erneuerer".

Im Verlauf der weiteren Geschichte des Erdendaseins der Sternenwesen bekam das Leben mehr und mehr ein „Außen", eine sich verstärkende Dichte. Die Vorgänge von Geburt und Tod wurden zunehmend spürbare Einschnitte, das heißt, die Welten, die ursprünglich durch einen energetischen Fluß nahtlos verbunden waren, trennten sich allmählich voneinander. Die Menschen lebten zunehmend in der „Illusion" der Materie und nicht mehr so sehr in der Realität ihrer Herkunft. Sie vergaßen diese im Laufe ihrer Inkarnationen, obwohl sie ihre spirituellen Kräfte in voller Stärke noch lange erhielten und lange Zeit ganz und gar in ihrer Göttlichkeit ruhten.

Dieses Vergessen war ein Akt bewußter Entscheidung und ein Teil des Planes, im Laufe der Zeiten zu einem „diesseitigen" Menschen zu werden. In dem Maße spielte Zeit- und Raumempfinden zunehmend eine Rolle, und man erlebte Dinge nacheinander und ausgedehnt im Raum. Mensch und Menschin wollten es so. Es machte ihnen Freude.

Kapitel 3

Die Geburt Lemurias

Nachdem also die Sirianer, Plejadier und Orioner ihre Körper gefunden und sich nach einigen Inkarnationen an sie gewöhnt hatten, bauten sie auf Anraten der Göttin große raumschiffähnliche Teleportationsmaschinen für sich selbst und die Restbestände der unmanipulierten Erdentiere.

Es war nämlich unerträglich geworden, mit den manipulierten und zum großen Teil gefährlichen und unberechenbaren Kreaturen und den schmarotzenden Außerirdischen gemeinsam auf der Erde zu wohnen. Diese und mit ihnen ihre Mutanten und Abkömmlinge hatten sich nämlich inzwischen auf der Erde verschanzt, sehr vermehrt und begannen fürchterliche gegenseitige kriegerische Auseinandersetzungen um die „Weltherrschaft".

Da der Sirius-Vortexstrahl noch relativ aktiv war, kamen außerdem weiterhin Außerirdische auf den Planeten und lieferten sich Gefechte mit den bereits Etablierten auf der Erde.

Der blaue Planet drohte ins Chaos zu stürzen, und auch die Plejadier, Sirianer und Orioner hatten alle Hände voll zu tun, die Übergriffe seitens dieser Mächte abzuwehren. Die Göttin beschloß also, den Vortexstrahl des Sirius bis auf ein Minimum zu schließen und die Erde zu reinigen.

So erhoben sich die Transportmaschinen der Sirianer, Plejadier und Orioner mit ihrer kostbaren Fracht aus dem Erdzeitraum und schwebten an einen besonderen Platz in der Astralebene, um dort die Reinigung der Erde abzuwarten und zu beobachten.

Eine große Anzahl der „gemäßigten" Außerirdischen spürte das herannahende Unheil und machte, daß sie fortkam. Zuvor erbauten sie einige große prismaartige Maschinen und pyramidenförmige Gebilde, mit deren Hilfe sie ihre Flugbahnen berechnen konnten und die sie auf der Erde in der Absicht zurückließen, daß diese ihnen eines Tages auf dem „Heimweg" zur Erde behilflich sein könnten.

Sie legten kraftvolle Symbole in die Pyramiden und um die Pyramiden herum. Die Konfigurationen mit ihren Bedeutungs- und Magnetfeldern sollten als Ortung und als Verankerung dienen: sozusagen als Station, in der sie ihre Resonanz zurückließen, um die Verbindung aufrechtzuerhalten.

Als relativen Berechnungspunkt nahmen sie andere Planeten, darunter den Mars, auf dem sie korrespondierende Pyramiden und andere Gebilde als Beobachtungs- und Verstärkerpunkte mit ebenfalls sehr kraftvollen Symbolen als Energieträger aufbauten. Dies taten sie, weil sie daran dachten, eines Tages wiederzukehren und ohne den Sirius-Vortex auf die Erde zu gelangen.

In diese Pyramiden, die sie zum Teil kopfunter tief in die Erde versenkten, zum Teil über der Erde erbauten, legten sie machtvolles Wissen, das sie in große Quarzquader einprogrammierten. Ortungsmuster entstanden auch durch die Zusammenstellung großer Steinbrocken, Ortungssymbole und „Landebahnen", die bis jetzt noch nicht korrekt interpretiert wurden. Diese „Landebahnen" sind in Wirklichkeit magnetisierte, gerichtete Materie in bestimmten Formen, die angesteuert werden kann.

Nicht alle Pyramiden hielten den folgenden verheerenden Klima-, Wetter-, Gravitations- und Magnetikkatastrophen der Erde stand. Aber einige blieben bestehen, besonders die, die unter der Erde lagen, und einige machtvolle in dem Raum, in dem das spätere Atlantis entstand.

Die Pyramiden kopfunter oder in Seitenlage (in den verschiedensten Winkeln zur Erdachse) wurden in der Gegend des heutigen Mexiko, Peru und Kolumbien errichtet.

Es gab aber auch eine noch größere Anzahl nichtmaterieller Pyramiden. Sie wurden durch starke Magnetfelder besonders im Bereich der Bermudas programmiert. Man gab ihnen zusätzlich gegenläufige Rotationen. Diese erzeugten und erzeugen eine „Pumpwirkung". Zugleich sprengen sie das Raum-Zeit-Kontinuum an dieser Stelle, damit auch solche Raumschiffe in großer Geschwindigkeit herangebracht werden können, die unter normalen Umständen eine Reisezeit von Millionen Lichtjahren brauchen.

Es sind also gewaltige energetische Spiralstrudel, die entweder Raumschiffe ausstoßen oder hereinziehen können: sozusagen Ersatzvortexe für den Vortex des Sirius. Durch das Bermuda-Dreieck kommen heute die meisten Raumschiffe. Das Zeit-Raum-Kontinuum ist dort „brüchig", so daß Raumschiffe den gewaltigen Sog des Zeitlecks benutzen können, um Millionen Lichtjahre auf ein paar Minuten zu verkürzen.

Es gibt aber noch andere „Lecks" auf dem Planeten, zum Teil von schwächerer oder von anderer Art. Solche gibt es über Teilen von England, im Grand Canyon in Arizona (Sedona), Peru, Bhutan, Tibet, den Philippinen, über Hawaii und Städten wie Berlin, Athen, Jerusalem, um nur einige wenige zu nennen. Dies sind heute meist Plätze, die politisch unruhig, dynamisch sind. Meist gibt es dort starke esoterische und religiöse Bewegungen aller Richtungen. Die englischen Kornkreise sind ein Abdruck dieser Energiestrudel, die in diesem Falle in die Erde hineinführen und wieder heraus. Philippinische Heiler setzen sich in Verbindung mit diesen rotierenden Energien und sprengen dadurch vorübergehend zusammen mit ihren Patienten die „Dinglichkeit", indem sie das Zeit-Raum-Kontinuum verlassen. Dies ist eine sehr starke Trance, die zum Beispiel auch durch künstlich hervorgerufene Rotation erreicht werden kann (Tanz der Derwische, Trance-Tanz, rhythmische Heiltänze, Schütteltänze). Was hier geschieht, ist, daß sich ein neuer Raum auftut, der Raum der Trance, der ein Hinausschlüpfen aus unserer normalen Welt ermöglicht. In diesem neuen Raum ist die uns bekannte Physikalität reine Illusion, eine Maskerade, und die wahren (gesunden) Körper werden sichtbar. In dieser Realität kann die Maske, der Körper, verändert werden.

Was die Zuschauer solcher Heilungen sehen, ist nicht das, was tatsächlich geschieht, außer sie gehen selbst in Trance. Aber so sehen sie nur, daß die Hand des Heilers in den Körper hineingreift und etwas herausholt, was dann der kranke Teil sein soll. In Wirklichkeit werden von den Heilern Energien und Schwingungen neu organisiert. Diese Transformationsvorgänge sind Projektionsflächen für den Verstand, der sieht, was er sehen will oder was ihm suggeriert wird. So müssen die Bilder von „ chirurgischen Instrumenten" herhalten, die „verrostet" sind, und das, was herausgeholt wird, sind „blutige Fleischlappen". Damit bleibt das, was wirklich geschieht, für die meisten Anwesenden einschließlich des Patienten im Verborgenen.

Beschleunigung jenseits von Lichtgeschwindigkeit ist nur durch das Aufbrechen des Zeit-Raum-Kontinuums möglich. Dies geschieht durch enorme Rotation und/oder Magnetkraft. Beides kann den gekrümmten Raum trotz Lichtgeschwindigkeit parallel=unendlich stellen. Diese Aktion befreit ungeheure Mengen Energie, die sich seit jeher in die Unendlichkeit ausbreitet. Dieser unendliche Raum ist wiederum in sich verschlungen und gebiert durch Spaltung/Wachstum immer neue in sich verschlungene Räume. Es gibt nur diese

Alternativen: Es ist nichts, und es ist alles. Beides existiert im selben Moment. Und nur durch das eine ist das andere möglich. Wer dies verinnerlicht, reist, wohin er will, im Bruchteil eines Bruchteils eines Augenblicks.

Die Göttin schloß also den stabilisierenden, energie- und lebensspendenden Vortex des Sirius. Die Folge war eine chaotische Veränderung der Erdenmagnetik. Die Rotation geriet außer Kontrolle, die Pole begannen zu schmelzen und zu wandern, und furchtbare elektromagnetische Stürme rasten über die Erdoberfläche. Die Rotation beschleunigte sich, und das Volumen der Erde vergrößerte sich. Die Landmassen rissen auseinander, tiefe Gräben entstanden, die sich mit Wasser füllten und zu den späteren Meeren wurden.

Gewaltige Erdbeben und Vulkanausbrüche folgten. Der einsetzende Magnetsturm löste das tierisch-organische Leben buchstäblich in der molekularen Hitze wie in einem gewaltigen Mikrowellenherd auf. Sämtliche Monster, Mutanten, Hybriden, Aliens, Außerirdische, die nicht in die Teleportationsmaschinen eingeladen waren, alle biologischen und quasi-biologischen Massen kamen um und wurden in den folgenden atomaren Explosionen zu Asche verbrannt.

Diese Stürme zerstörten aber auch alle Basen extraterrestrischer Kräfte und verwandelten sie bis auf Fundamente, bzw. die Schatten solcher Fundamente, in Asche. Tiefe Finsternis breitete sich auf der Erde aus, da die Asche in den höheren Luftschichten so dicht war, daß sämliches Licht der Himmelskörper absorbiert wurde. Danach setzte ein gewaltiger Regen ein, der die Asche in die Meere schwemmte. So wurde die Erde gereinigt.

Da war die Erde wüst und leer. Und der Geist Gottes Ja- schwebte über den Wassern.

Noch sehr lange umgaben die Erde gewaltige Dampf- und Dunstwolken, die sich erst nach und nach lichteten.

Diesen Nebel erfüllte die Göttin mit Imagination. Eine zweite Traumzeit begann.

Über der Erde, auf ihrer Astralebene, schwebten die Raumschiffe der Sirianer, Plejadier und Orioner und warteten auf ein Zeichen der Göttin, wann sie sich endlich wieder auf die Erde herablassen und von Bord dürften.

„Aus dem Dunst der Imagination", so sagt *Lazaris*, entstand Lemuria.

Nach der Reinigung des blauen Planeten erstrahlte er nach einiger Zeit wieder in seiner vollen Schönheit. Nun waren auch noch die herrlichen so viel größeren Meere dazugekommen.

Der Dunst und die Wolken hoben sich und gaben den Blick frei auf eine zauberhafte Insel in der Dimension eines Kontinents.

Die Sirianer und Plejadier waren außerordentlich entzückt von dem Anblick. Sie fühlten sich von der Göttin geliebt und steuerten ihre Raumschiffe in Richtung Erde, indem sie sich ebenfalls an den Pyramiden-Wegmarken orientierten und diese mit ihren Energien heiligten.

Dann steuerten sie auf die Insel zu und bevölkerten das neue Land Lemuriah: „Das gesegnete (le) Land (mu) des gurrenden, lachenden Glücks (ri), das alles hat (ah)".

Die Orioner aber, etwas rebellisch und eigensinnig von Natur, wendeten sich dem Rest des blauen Planeten zu und steuerten ihre Raumschiffe zu den anderen kargeren Kontinenten, um diese zu bevölkern.

Ihnen war Lemuria etwas zu paradiesisch. Sie scheuten außerdem die Präsenz der Göttin und ihre „Kontrolle". Sie hatten zu dieser Zeit auch schon weitreichendere Pläne. Der Keim von einem atlantinischen Weltreich war in ihnen bereits angelegt.

Lemuria war also ein Geschenk der Göttin an die Sirianer und Plejadier, die einen Körper angenommen hatten, um das Sein auf der Erde zu erfahren.

Die Vision der Göttin war es, in enger Kommunikation mit den sirianischen und plejadischen Menschen zu bleiben und mit ihnen zusammen die Schönheit der Schöpfung auf Lemuria zu genießen. Und auf Lemuria war all die Schönheit der Schöpfung der Göttin vereinigt. Es war der Paradiesgarten der Göttin, umspült vom Meer, das man das Meer des Friedens nennt.

Die Materie Lemurias war nicht so dicht wie die der anderen Kontinente. Felsen, Bäume, Wiesen, die Tiere und die Menschen – ganz Lemuria – leuchtete auch von innen. Denn alles war von dem Licht und dem Bewußtsein der Göttin erfüllt.

Ein Glanz lag über der großen Insel, ein goldenes Licht, das zugleich Schutz war. Es war eine abschirmende Schwingung, die sich wie eine riesige Glocke über Lemuria und das umgebende Meer stülpte und – bis auf das letzte Jahrtausend – keine negativen oder störenden Kräfte hereinließ.

Gewaltige Engel der Göttin bewachten diesen golden-transparenten Schutzschild. Der gewaltigste von ihnen: Uriel.

So erschien Lemuria in ein goldenes Licht getaucht. Am Tag schien die Sonne und in der Nacht leuchteten Mond und Sterne. Sie hatten immer diesen warmen, goldenen Schimmer. Hinzu kam das sanfte Leuchten von innen, das die Farbenpracht umso mehr verstärkte.

Auf den Bildern von Henry Rousseau und anderen fantastischen Realisten und sogenannten naiven Malern findet man mitunter Landschaften von solcher Leuchtkraft und Schönheit.

Das Leben auf Lemuria

Kapitel 4

Zeit und Raum

Zeitlich siedle ich die lemurianische Epoche zwischen 90 000 und 30 000 Jahren vor unserer Zeitrechnung an. Danach beginnt die atlantische Epoche bis ungefähr 9000 Jahre vor Christus.

Ich bin mir bewußt, daß in verschiedenen esoterischen Büchern und Schriften gerade die Zeitaspekte von Epochen weit auseinanderklaffen. Das mag daran liegen, daß in den Bereichen, von wo die Informationen stammen, die relative Zeit auf unserem Planeten nur schwer einzuschätzen ist. Außerdem sprechen wir hier von einem Lemuria in einer Parallelwelt zu der unseren. Und es gibt noch viele Parallelwelten, die, wie schon erwähnt, ineinandersteckenden Geschenkkartons entsprechen. Der Unterschied: Alle Welten sind gleich groß und sehen ganz ähnlich aus, manche sind spiegelverkehrt.

Dennoch umfassen wir, du und ich und alle die wunderbaren Wesen, die sich Menschen nennen, ALLE Parallelwelten, und wir können zu jeder Zeit in Meditation oder durch andere Mittel diese Parallelwelt besuchen und sogar in ihr leben. Solche Reisen werden mehr und mehr durchgeführt werden, um zu heilen. Menschen, die eine oder mehrere positive Parallelexistenzen auf Reisen dorthin erlebt haben, wissen, daß die Realität formbar ist und daß man selbst anders ist und sein kann, als man ist. Und wenn man weiß, daß man etwas verändern kann, kann man auf Dauer auch nicht depressiv oder mutlos bleiben.

Der menschliche Geist kann Simultanwelten und Parallelwelten erleben. Im Simultanwelt-Erleben ist der Raum derselbe, aber die Zeit ist eine andere, ich erlebe mich beispielsweise im alten Ägypten. Dazu muß ich durch ein Zeittor gehen. Im Parallelwelt-Erleben ist es umgekehrt: Die Zeit ist dieselbe, aber der Raum ist ein anderer. Man bewegt sich also durch das Raumtor, um dorthin zu gelangen. Das Lemuria, von dem ich erzähle, existiert parallel und dort simultan. Um also dorthin zu gelangen, muß man durch das Raumtor und das Zeittor. Diese Tore sind uns bekannt, wir haben sie unzählige Male durchquert.

Aus den oben angeführten Gründen sind die Debatten über: Wann war Atlantis, wann war Lemuria – und wer hat recht? äußerst müßig. Meine Zeitangaben und meine Bilder von Lemuria öffnen uns einen Zeit- und Raumrahmen, in dem wir uns mit unserem Geist bewegen können. Lemuria ist eine Tatsache. So real wie das Glas Wasser, an dem du momentan nippst.

In den 60 000 Jahren seiner Existenz hatte sich an der Schönheit und Pracht Lemurias nichts verändert. Seine Menschen hatten über diesen großen Zeitraum hinweg eine Kultur von hoher und sensibler Lebensqualität, feinster Natürlichkeit, großem physischen, mentalen, psychischen und spirituellen Reichtum und mit allen Nuancen des Gefühls verbundener Integrität entwickelt, die zur Schönheit Lemurias ein Vielfaches beitrug.

Von dieser Kultur soll nun die Rede sein.

Kapitel 5

Die Gestalt Lemurias

Es war eine Insel oder besser vielleicht: ein Kontinent. Sie umfaßte an Fläche ungefähr zwei Drittel Nordamerikas. Ihre Form verjüngte sich komma- oder trapezförmig nach Süden hin.

Sie lag im heutigen Pazifischen Ozean zwischen Ostasien, Australien, Neuseeland und Amerika. Zwei Drittel seiner Landmasse lag nördlich und ein Drittel südlich des Äquators.

Im Norden lagen die Fjorde, samtblaue Buchten kühlen Wassers, die weit hineinreichten in das Land, wo sich zwischen Kiefern, Tannen und Lärchen mächtige Felsen erhoben, die über und über mit Moos bewachsen waren, die in langen Girlanden herabhingen und das Wasser berührten. In diesen Felsen befanden sich riesige Kristallgrotten, deren Funkeln schon weit vom Meer aus zu sehen war.

In östlicher Richtung schloß sich dann ein sanftes ebenes Land mit einer flachen Küste an, äußerst fruchtbar mit einer üppigen Vegetation, die sich von Norden nach Süden immer tropischer ausnahm. Die Lemurianer nannten es das Land der guten Erde. Es war also im wesentlichen Farmland. Hier lebten Landleute, die Felder bestellten und kleinere Viehherden hatten.

Nach Süden zu erstreckte sich dann ein Gebiet, das man die Feuchtländer nannte, sumpfige, sehr wasserreiche Gebiete mit einer tropischen und subtropischen Vegetation von großer Vielfalt und Farbenpracht. Bunte papageienartige Vögel, schillernde Schlangen, Pumas, Jaguare, Wildkatzen und Affen aller Art und eine Artenvielfalt der Insekten, riesige Libellen, Schmetterlinge und Kolibris, gestalteten die Fauna wild und farbenfroh.

Hier wohnten nur wenige Lemurianer. Es waren dunkelhäutige, schlanke und gewandte Menschen, die am Rande der großen feuchten Wälder ihre Hütten hatten und eine Vielzahl tropischer Kräuter, Rinden und Wurzeln sammelten und trockneten. Diese waren in ganz Lemuria äußerst begehrt, und die Kräuterkundigen aus dem Süden wurden überall mit Ehren empfangen.

Im Südwesten, hochaufragend am Rande der Feuchtländer, das trockene Hochland. Es war ein hohes Platau mit weniger Vegetation, aber sehr seltenen Kräutern und Blumen, die immer von der Sonne durchwärmt waren. Hier gab es einen großen Reichtum an aromatischen, wohlschmeckenden Gräsern. Viele Hirten waren unterwegs, die ihre Herden hüteten und versorgten.

Hier wuchs auch der lemurianische Wein, eine kleinbeerige schwarzblaue Traube von einer schweren und wunderbaren Süße, aus der ein fast honigartiges dunkelrotes Weingetränk hergestellt wurde (ähnlich dem Marsala), den die Lemurianer auf ihren Festen, bei bestimmten Meditationen und anderen besonderen Anlässen sehr schätzten. Es war aber kein Alltagsgetränk, sondern galt als ein „heiliges Geschenk an die Seele und das Blut". Der Wein wurde auch „der Verbinder von Blut zu Blut" genannt.

An die Hochländer schloß sich zum Norden hin „das Land des Holzes" an. Hier erstreckten sich die riesigen Wälder Lemurias, dicht und üppig mit einer Vielzahl von Laub- und Nadelbäumen, bis hinauf in die kühleren Gegenden, wo die Fjorde begannen.

Hier wohnten die Holzkundigen mit ihren Familien. Von hier aus wurde ganz Lemuria mit Holz versorgt. Die Stämme wurden auf Flößen in die verschiedenen Gegenden gebracht. Manchmal dauerten solche Floßfahrten mehrere Tage.

Das Meer um Lemuria herum war im allgemeinen friedlich. Nur selten zog ein Sturm auf, der den Wetterkundigen schon Tage vorher bekannt war. Er wurde „gerochen".

Ein Ring von hohen Gebirgen schloß in der Mitte von Lemuria ein weitläufiges Tal ein, das fast ein Zehntel der ganzen Insel ausmachte. Dieses Tal war genannt „das Magische Land". Es war eine Hochebene, bewachsen von Büschen und Bäumen, Gräsern und Blumen der vielfältigsten Art. Hier fand man Tier- und Pflanzenarten, die man sonst auf Lemuria nicht antraf. Die Schönheit und Farbenpracht dieses magischen Landes war atemberaubend und überstieg die des Umlandes. Man hatte das Gefühl, durch ein Meer von Juwelen zu gehen, und überall lag der betörende Duft von Blumen und Kräutern in der Luft.

In der Mitte des Tales standen gewaltige Säulen von mehreren hundert Metern Höhe und zwei- bis dreihundert Metern Durchmesser. Dies waren glatte Säulen aus dunkelblauem bis dunkelgrünem leicht schillernden Obsidian.

Auf diesen Säulen waren die Städte der Wissenden erbaut. Die Lemurianer nannten sie die „Kristallstädte" oder „die weißen Städte". Diese „Lichtstädte" waren aus den edelsten feinstofflichen Kristallen in allen Farbtönen errichtet und glitzerten von ferne wie weiße Opale. Umgeben waren sie von großen schimmernden, leicht pulsierenden Auren, die wie Seifenblasen aussahen, durch die dann und wann gleißende Lichtstrahlen und Blitze zuckten und deren Oberfläche von ständig wechselnden Mustern aus goldenen Spiralen und Mäandern überzogen war.

Dreiunddreißig solcher Säulen standen im Tal. Auf der höchsten in der Mitte des Tales schimmerte und funkelte ein riesiger Kristall wie ein strahlender Leuchtturm, der Tag und Nacht weit ins Tal hinein leuchtete. Insbesondere nachts waren diese Säulenstädte und der Riesenkristall, den sie umgaben, ein besonders prächtiger Anblick. Es schien so, als ob es unter den „Blasen" keine Nacht gebe, so sehr funkelten und blitzten die Kristallgebilde in allen ihren Farben. Lemurianer, die, aus welchen Gründen auch immer, die weißen Berge um das Tal überquert hatten, waren von dem Anblick immer wieder zutiefst beeindruckt und bewegt. Sie sahen nicht nur so schön aus, diese Städte, sie schienen auch mit dem Betrachter zu sprechen, zu singen, zu lachen. Wer sie sah, war verändert.

Keine Treppe, kein Pfad führte in diese Städte. Sie ruhten auf den senkrecht in den Himmel hineinragenden glatten Obsidiansäulen, die unmittelbar und kerzengerade aus der Erde herausragten.

„Normale" Lemurianer betraten das Magische Tal nur dann, wenn sie von einem Bewohner der Kristallstädte dorthin eingeladen wurden. Ansonsten durchschritten nur die Wissenden und Eingeweihten, die Bewohner der Kristallstädte, das Tal, wenn sie in die umliegenden Länder hinabstiegen oder von dort zurückkehrten.

Lemuria war auch ein Land des Duftes. Die am meisten verbreitete Blume war die Lilie, und der betörende Duft der weißen Lilie erfüllte weite Gebiete der Insel. Aber auch die Wälder, die Wiesen, selbst die Wasserfälle hatten ihren eigenen Duft. So auch die Steine, der Regen, die Felsen, der Sand.

Das Land wurde von den Lemurianern als eine Vision Jashuahs empfunden. Sie hatten das Gefühl, daß sie in dem Traum der Göttin waren, in ihrer Vision, in ihrem Chakra der Schönheit, in ihrer „Bild- und Gedankenwelt". Und obwohl die Dinge fest waren, Materie besaßen, wurden sie nicht als so fest und dicht empfunden, wie wir unsere Realität empfinden. Lemuria war immer noch zugleich der Stoff, aus dem die Träume sind. Man bewegte sich in einem magischen, energiereichen Spiel von Licht, Farben, Gerüchen, Tönen, Formen, Geschmack und Berührungen. Und die Verbindung von allen Sinnen mit allem, „was ist", war direkt, ungetrübt und daher vollendet.

Die Lemurianer empfanden sich als Teil dieser Schöpfung, als rechtmäßige Erben. Alles gehörte jedem. Jeder empfand, daß Lemuria sein Lemuria war, individuell, persönlich. Sie waren eingebettet in den Fluß der Energie zwischen den Dingen außen und dem Empfinden innen, und alles sprach, sang, duftete.

Da es keine Schuld gab, gab es keine Trennung. Innen und außen waren eins.

Kapitel 6

Die Menschen Lemurias

Wenn ein Mensch des 20. Jahrhunderts einem Lemurianer oder einer Lemurianerin begegnete, wäre er davon überzeugt, ein Wesen von einem anderen Stern vor sich zu haben. Im selben Augenblick würde er denken: Den oder die kenne ich doch von irgendwo her … wenn ich es nicht anders wüßte, ich könnte schwören, es ist jemand aus der Verwandtschaft. Diese Paradoxie zwischen total fremd und total bekannt würde ihn, den Menschen (= das Ego) von heute, so konfus machen, daß er den Lemurianer ausblenden würde, als habe er ihn nie gesehen.

Aber einmal angenommen, der Lemurianer, die Lemurianerin blieben sichtbar. Dann würden sofort drei Dinge auffallen: die enorme Ausstrahlung dieses Menschen, der klare, direkte, fast durchdringende und doch anteilnehmende Blick und die äußerst anmutige Körperhaltung. Man hätte das Gefühl, daß dieses Wesen bis ins Innerste hineinblicken kann, alles sofort erkennt, aber dabei freundlich und gelassen bleibt und vor allem – ohne Urteil.

Der Lemurianer sieht, ohne zu urteilen.

Ich bitte meine Leser, von jetzt an davon auszugehen, daß ich, wenn ich „*der* Lemurianer" schreibe, sowohl Mann, Frau und Kind meine.

Man könnte nicht sofort ausdrücken, was nun eigentlich die Schönheit dieses Menschen ausmacht. Wenn es ein älterer Lemurianer war, war die Haut oft wettergegerbt und dunkel. Aus dem feingeschnittenen Gesicht mit einem edlen Mund und einer hohen Stirn schauten leuchtende Augen, die ziemlich weit auseinanderstanden und zur Stirn hin einen leichten Winkel zueinander bildeten.

In der Tat war es dem Lemurianer möglich, nicht nur geradeaus, sondern auch 30 bis 40 Grad seitwärts zu schauen – ohne Schärfeverlust oder Verzerrung. Er hatte ein wesentlich weiteres Gesichtsfeld als der Mensch von heute. Er sah die Umgebung mit größerer Plastizität und vor allem mit großer Tiefenschärfe.

Während die Ausstrahlung der älteren Menschen deren Weisheit war, war jene der jüngeren Menschen deren Reinheit und Fröhlichkeit – eine frische, natürliche, neugierige Naivität.

Das andere, was der Mensch von heute verspüren würde, wäre eine Art Kraft, die von dem Körper und besonders von den Augen ausgeht. Er würde vielleicht sogar ein gewisses Leuchten an der Stelle zwischen den Augen erkennen können, die man heute das „Dritte Auge" nennt. Vielleicht auch einen grünen Schimmer im Bereich der Brust.

Das Dritte Auge war bei den Lemuriern außerordentlich aktiv und sah immer mit. Ebenso das Energiezentrum des Herzens. Beide waren sozusagen feinstoffliche Echolote, die dem Auge halfen, einen Gesamteindruck vom Gesehenen zu erhalten. Über das Dritte Auge sah der Lemurier auch die magnetische Strahlung und die Aura seines Gegenübers. Er konnte diese Informationen aber noch tiefer in sein Bewußtsein hineinnehmen und augenblicklich den gesamten Charakter und die Geschichte des Menschen, der ihm gegenüber stand, erfahren – als ein Gesamtbild – ohne dafür im einzelnen zunächst Worte zu finden. Dabei halfen auch die anderen Chakren, die je nach ihrer Bestimmung weitere Aspekte zum Gesamtbild des Gesehenen beitrugen.

Kurz: Der Lemurier sah. Er sah im Geist der Wahrheit. Und er sah es mit seinem ganzen Körper.

Er sah, was im Menschen war.

Dies war für den Lemurier ein natürlicher Vorgang und so selbstverständlich, daß er davon kein Aufhebens machte. Er klatschte darüber nicht mit anderen – warum auch? Und er sprach über das, was er sah, nur dann, wenn er gefragt wurde, und dann nur mit großem Respekt. Und – wie gesagt – ohne Urteil.

Die Weisen unter den Lemuriern, insbesondere die Wissenden (Wizzards, Magier, Eingeweihten) aus den „Lichtstädten" wären für den Menschen von heute wahrscheinlich kaum zu ertragen. Ihre kristallene Wahrhaftigkeit, die enorme Energie, die von ihnen ausging, die eruptive Ausdruckskraft und die Magnetik, die aus ihren Chakras strömte, diese blitzenden, wissenden Augen der tiefsten Liebe, der Lauterkeit und des wahrhaftigsten Erkennens hat selbst die „normalen" Lemurier die Augen abwenden lassen.

50

Die Wissenden waren gefürchtet, im Sinne von „Ehrfurcht".

Mit ihrem Licht brachten die Wissenden, wenn sie es für angebracht hielten, im Nu in ihrem Gegenüber alles an die Oberfläche, „was nicht stimmte". Und so könnte ein einziger unvermittelter Blick eines Wissenden einen Menschen von heute durchaus töten. Das würden sie aber nicht tun, weil sie weise sind. So sind sie auch in der Lage, ihre Energie zu „drosseln" und ihren Blick zu „filtern", je nach denUmständen und der Art des Menschen, der ihnen gegenübersteht.

Außerdem besaßen und besitzen die meisten Wissenden die Gabe, sich zu materialisieren und zu dematerialisieren, manche sogar in jede Gestalt der Tier-, Pflanzen- und sogar der Mineralwelt. Durch die Übung und Autorität als Realitätsschöpfer, Realität aufzulösen und wieder zusammenzusetzen, konnten sie sich jede Form geben, die sie wollten. Dies nannten sie „träumen".

Es gibt eine ganze Anzahl Wissender aus Lemuria, die sich in frühere Jahrhunderte und in dieses unser 20. Jahrhundert „hineingeträumt" haben und heute durch unsere Straßen gehen. Sie haben, zu unseren Gunsten, ihre Energien abgeschwächt und erscheinen als „normale Menschen". Sie sind hier, um dem Planeten in den nächsten kritischen Jahren zu helfen. Sie helfen uns, mit den großen energetischen Veränderungen auf allen Ebenen besser umzugehen.

Manche Lemurianer sind in unsere Zeit als „normale Menschen" hineingeboren worden. Sie erkennen sich erst jetzt und wachen dieser Tage auf. Sie werden im Geiste Lemurias wirken, während sie ihre normale Arbeit tun. Andere werden ihren bisherigen Beruf aufgeben oder vernachlässigen und durch Musik, Bücher, Filme, Seminare, Vorträge und meditative und andere spirituelle Arbeit das Erbe Lemurias zu erwecken suchen.

Sie drängen sich dem Planeten Erde nicht auf, sondern wurden auf unseren Planeten gebeten. Darüber an anderer Stelle in diesem Buch („Botschaften der Lemurianer an uns").

Die lemurianischen Kinder waren fröhlich und unbeschwert. Sie spielten gerne, so wie die Kinder von heute auch. Die Ideen gingen ihnen nie aus. Sie bauten sich eigene Hütten in den Wäldern, legten Gärten an und bauten kleine Paläste und Hütten für die Zwerge, die Elfen und die Feen.

Sie machten Hüpf- und Singspiele, ahmten gerne Tiere nach und ließen die anderen raten. Die älteren Kinder sorgten sich immer um die jüngeren. Weil die

Ideen nicht ausgingen und weil die Kinder so gerne lachten, weil sie sich beschützt und geliebt fühlten und jedes von ihnen eins war mit der Natur und Gott, gab es kaum Streit. Es war eher eine Art fröhliches Debattieren, welche der Ideen man denn nun zuerst verwirklichen sollte. Und sie waren nicht zu stolz, Erwachsene dabei um Rat zu fragen. Und die Erwachsenen verschlossen sich den Kindern nicht.

Ein Grund war, daß die Erwachsenen schon in den kleinen Kindern anerkannten, daß sie große Wesen in kleinen Körpern waren. Sie erkannten die noch größere Durchlässigkeit und Offenheit der Kinder an, ihre große Nähe zu Gott/Göttin Jashuah und waren sehr gerne um die Kinder herum. Nicht selten sagte ein Kind etwas, mitten im Spiel, was eine göttliche Botschaft war: eine Ermunterung vielleicht, ein Hinweis, eine Weisheit.

Die Lemurianer liebten das jauchzende Lachen ihrer Kinder ganz besonders, und sie mußten oft mitlachen, oder es schossen ihnen die Tränen in die Augen aus Dankbarkeit für dieses herrliche Geschenk der Kinder.

Lachen, Lachen, Lachen, das war die Musik auf Lemuria. Alle Menschen lachten tief und herzlich, wann immer es etwas zu lachen gab. Lächeln war die natürliche Grundhaltung. Lemurianer lächelten immer. Daher war ein trauriges Gesicht ein Dorfereignis, das sofort die Runde machte. Viele ließen dann alles stehen und liegen, um dem Traurigen zu helfen.

Oft brachten sie sich gegenseitig zum Lachen, indem sie sich gegenseitig humorvoll nachahmten. Sie lachten aber auch, wenn sie draußen im Meer die Sprünge der Delphine beobachteten, wenn sie die Sterne blinken sahen oder wenn eine plötzliche Windbö sie an den Haaren packte.

Es war ein seltsames Spiel zwischen den Lemurianern und der Natur, das wir heute kaum nachvollziehen können. Es war, als ob die Umgebung eines Lemurianers immer an dem teilnahm, was er gerade tat. Nicht selten schien ihn der Ast eines Baumes zu necken, kreiselte ein Blatt auf seine Hand, hüpfte ein Vogel auffällig vor ihm auf und nieder, spielte der Wind liebevoll in seinen Haaren. Es schien, als sei der Lemurianer in einem ständigen absichtslosen Spiel mit seiner Umgebung, die ihm dauernd „feed back" lieferte. Und dies war oft sehr humorvoll. So konnte man Lemurianer oft vor sich hinkichern hören, ohne gleich ausmachen zu können, was sie so belustigte.

Der Grund war, daß der Lemurianer keine Trennung zwischen sich und der Natur kannte. Er befand sich in beständiger wortloser Kommunikation über die

Sinne, wobei hier der „sechste" Sinn, der magische Sinn des Lemurianers, eine große Rolle spielte.

Er war in allem und doch außerhalb von allem. Er spürte das Wesen eines jeden Steines, jeder Pflanze, jeden Tieres, jeder Erscheinungsform der Elemente. Er empfand jede Tageszeit anders, er empfand den Unterschied zwischen einem sonnenbeschienenen und einem mondbeschienenen Stein wie zwei völlig unterschiedliche Bedeutungswelten. Alles sprach mit ihm, und er sprach mit allem – ohne daß Worte gebraucht wurden. Hier gab es einen Prozeß des Sehens und Erkennens, der sich in einer meditativen Welt abspielte, die aber glasklar war, vollkommen real, mit allen Sinnen erfaßbar.

Die anderen Sinne waren bei dem Lemurianer sehr stark ausgeprägt und trugen ebenso magisch zu seinem Gesamtbild der Welt bei. Sie waren nicht so getrennt wie beim „modernen" Menschen, sondern bildeten eine Einheit, überlappten sich auch oft. So konnten Lemurianer die Farben riechen, Gerüche farbig sehen, Töne schmecken u.s.w., ohne daß sie dieses irritiert hätte.

Es ist bedauerlich, daß heutige Menschen, die diese Art Synästhesie besitzen, oft denken, sie seien krank. Die radikale Trennung der Sinne beim modernen, sogenannten aufgeklärten Menschen gehört mit zu seiner Unfähigkeit zu leben und zu seiner Tragik. Diese radikale Trennung wird früh schon eingeübt durch die immer nackter und abstrakter werdende Wissenschaft und „Logik", die mit „logos" nichts mehr zu tun hat. Je abstrakter ein Schulkind zu denken lernt, umso besser sind seine Noten. Diese Wissenschaftlichkeit ist nichts weiter als eine Beschreibungsmöglichkeit der Welt – aber für den atlantisgeschädigten Menschen wohl die unverfänglichste und die am wenigsten intime. Die Synästhesie des lemurianischen Menschen war ein ständiger „Kalibrierungsvorgang" der Seele, sie balancierte die Sinne aus, unterstützte sie und ließ die Seele voll an allem teilhaben, was „im Außen" passierte. Denn für die Seele des Menschen macht der Filter des Verstandes überhaupt keinen „Sinn". Die Seele des Menschen lebt und liebt die Paradoxie, eben auch die Paradoxie der Synästhesie. Die Synästhesie, ein Torweg zur Seele, ist aber auch zugleich ein Weg der Reinigung. Synästhetische Menschen verlangen immer wieder nach inneren Reinigungsprozessen. Und Menschen, die mit atlantischem Karma behaftet sind und sich weigern, dieses aufzuarbeiten, werden diese Synästhesie nicht akzeptieren. Auf der anderen Seite sind autistische Kinder und Erwachsene immer Synästhesisten. Viele Autisten haben bei der vorgeburtlichen genetischen Kodierung „vergessen", die Filter einzubauen, die man braucht, um in einer so seelenfeindlichen Welt existieren zu können. Kein Autist wäre Autist in Lemuria. Viele der Autisten von heute wären in Lemuria Weise und Seher. Es ist ratsam, darüber nachzudenken, ob heutige Autisten nicht eine wichtige Rolle spielen auf einer Realitätsebene, die wir nicht unmittelbar erkennen, die uns aber sehr wohl beeinflußt. Sie haben eine wichtige Aufgabe, und ich bin froh, daß seit einigen Jahren der Umgang mit Autisten so viel besser geworden ist und sie sich jetzt zu Wort melden. Ein Autist nimmt das Paradigma unserer Realitätserfahrung, „den gesunden Menschenverstand", aus gutem Grund nicht an. Hier wird es in den nächsten Jahren noch bedeutende Entdeckungen geben.

Jeder Sinneseindruck korrespondierte lebhaft mit den anderen Sinnen. Auf diese Weise schmeckte ein Lemurianer den frischen Morgen, und er hörte die Pracht eines weißen Lilienfeldes.

Die Sinne waren für ihn Portale in eine andere Welt, die magische Welt einer großen Bedeutungsvielfalt, Plastizität und Transparenz.

„Sharama tar sholan
jerma tan belon
sherta don tel ah me …

Shalem kashar jemon
tolen onshah jitan

Shimenja, shamenju

jelin rishirja
risharnju kashlon
Shinmaja eletun
Ririshan rimenja torla

Kelenan torma shejena
schejena halomana hartusha sharanjarshirji
schejena Shalomonji jiermi

* * *

Wir lieben Dich von weitem.
wir wissen von Dir.
Wir haben Dich erträumt,
wir kennen Dein Herz.
An Deinem Tag wirst Du Deinen Fuß
auf Dein Land setzen, Geliebter, Geliebte,
und wir werden singen.
Wir singen und Du hörst uns.
Die Lilien neigen sich vor Dir,
die Gräser spielen um Deine Füße,
der Wind ergreift Dein Haar.
Komm, schreien! Schreien in den Wind!
Schreie hinaus in das Meer, in die Brandung,
schreie hinaus in die aufgehende Sonne!
Rufe die Delphine und Wale!
Schreie und juble, höre nicht auf!

Wir haben ein Lager für Dich bereitet.
Wir haben Fenchel mit Sesam geröstet,
und der Festwein steht bereit.
Unsere Arme sind offen, wir strecken sie nach Dir aus
komm heim, Geliebter, Geliebte.

Dein kleiner Vogel Am
hüpft schon ungeduldig in Deinem Garten.
Er läßt Dich grüßen."

Wenn Sholoawana, der Fischer, aus seiner Hütte trat und in die aufgehende Sonne schaute, fühlte er die Strahlen der Sonne in seinem Herzen, und er hatte das Gefühl, daß er in das Licht hineinschwebte. Alles in ihm bebte und vibrierte, und sein Herz war von tiefer Dankbarkeit erfüllt. Seine Kinder liebten den Sonnenaufgang, und es war immer ein besonderes Erlebnis, den orangenen und feuergelben Schein der Sonne sich in den Augen der Kinder spiegeln zu sehen, die reglos dasaßen und in irgendwelche weit entfernte Landschaften und sagenhafte Abenteuer schauten.

„Ich, Sholoawana, spreche zu dir. Es ist mir eine Ehre. Ich bin hier. Ich trete jetzt aus meiner Hütte. Ich nehme dich an der Hand. Wir schauen in die aufgehende Sonne, wir blinzeln, wir lachen, weil der Wind unsere Lippen berührt. Ich kann dich sehen, dein Haar weht sanft im Wind. Ich kenne dich. Schau mit mir in das Gewölbe der Wolken, sieh den goldenen Schaum auf dem Wasser – hörst du die Wale, die sich dort gewaltig erheben – ihre feinen Stimmen? Trinke das Gold des Morgens, es segnet deinen und meinen Tag."

„Ich liebe den Tau
an Deiner Stirn
Mein Felsen, so umbrandet
vom weißen Wasserstaub,
in dem die Regenbogenfarben spielen.
Da stehe ich,
ich breite meinen Blick über das Meer
so weit bis zum golden Nebel
wo die Engel wachen

Ich möchte Dir sagen, daß ich hier bin,
ich warte, meine Arme sind ausgebreitet.
Ich weiß von Deinem Weg
Aber Du sollst wissen, wir sind Bruder und Schwester
Wir sind Geliebte
und alles ist gut.
Weißt Du, Shu erlöst so gerne
erlöst so gerne die Stimme Deiner Seele
die in Dir ruft seit Jahrhunderten
o, ich weiß, du bist weit fort
so ferne in einem anderen Land
– Glaubst Du das? –
Aber ich sage Dir
– ja, ich sage Dir wirklich –
Du bist hier!

Hör doch nur die Musik!
Höre doch, Geliebter! Geliebte!
Laß die Stimme an Dein Ohr!"

„Tramanja, Deine Schwester,
sie lächelt –
ihre honigfarbenen Augen wissen von Dir –
sie zählt die Perlen an Deinem Hals –
sie leuchten in den Farben Deiner Seele."

Kapitel 7

Die lemurianische Lebensauffassung

Die Lemurianer waren sich dessen bewußt, daß alles, was existiert, eine Form des göttlichen Bewußtseins ist. Daher bewunderten sie in allem das göttliche Bewußtsein. Sie empfanden sich selbst als das Auge, der Mund, die Nase, die Ohren und Hände und Körper Gottes bzw. der Göttin.

Für Gott und Göttin hatten sie einen gemeinsamen Namen: Jashu. Meist hängten sie noch ein langes und ausdrucksvolles „ah" an den Namen, der soviel bedeutete wie: Alles, was es gibt.

Jashuah bedeutete also: „Gott, Göttin und all das, was ist". Wobei das Schluß-„ah" freudig und lang betont und mit einem Ausbreiten der Arme verbunden war. Also Ja-shu-aaaaah!

Sie fühlten sich wie Jashuah und so reich wie Jashuah. Es kam ihnen nicht einmal in den Sinn, „asketisch" zu leben. Sie lebten in Dankbarkeit und Respekt der äußeren Welt, ihrem Körper und der inneren Welt gegenüber – ohne diese zu trennen.

Es wäre ihnen nie in den Sinn gekommen, sich in irgendeiner Form zu kasteien. Das hätten sie eher als Beleidigung gegenüber der Fülle angesehen. Und die Fülle war das Göttliche – Jashuah.

Es gab keine ängstliche Ehrfurcht vor Gott. Sie begegneten Jashuah in ihren Andachten mit Würde und Erhabenheit. Jashuah war die Quelle allen Seins, und man konnte überall seine Ausdrucksformen sehen. Bestimmte Felsen, bestimmte Lichtungen im Wald, bestimmte Hochebenen, bestimmte Hügel oder auch Stellen im Meer galten als die heiligen Lagerstätten Jashuahs. Sie durften zur Meditation betreten werden oder galten als Versammlungsorte für heilige Handlungen. Diese heiligen Plätze wurden von Wissenden aus den Kristallstädten erkannt und festgelegt. Manchmal wurden sie auch von den Ältesten oder den Weisen der Dörfer entdeckt und von den Wissenden bestätigt.

Jedes Dorf hatte „seinen" Wissenden oder seine Wissende, manchmal auch mehrere. Mit diesen standen die Dorfbewohner telepathisch oder über Kristalle in Verbindung. Über diese Kristalle konnten sie die Wissenden rufen oder – über ein Medium im Dorf – direkt Botschaften aus der Kristallstadt erhalten.

Sie fühlten Gott in jeder Ader, in jedem Nerv, alles war durchdrungen von dem goldenen Licht Jashuahs. Sie machten keinen Unterschied zwischen sich und Gott – nur: Gott war alles, was existiert, und sie waren ein Funke Gottes, der Gott wahrnahm. Und das begriffen sie als „das Entzücken Gottes", was auch ihr Entzücken war.

Ganz natürlich wußten sie auch, daß sie, wenn sie ihre intime Naivität mit dem Göttlichen und ihre Demut beibehielten, sie auch die Gnade und Freude erfuhren, *in* allem zu sein. Sich auch wirklich ganz *in* dem Wald zu fühlen und *wie* der Wald zu fühlen, durch den sie gingen. Zu fühlen, wie die Bäume fühlen. Sich wie der Wind zu fühlen, der durch die Baumwipfel streicht.

So konnten sie voll Entzücken einem Vogel nachschauen und spielten mit ihrer Gabe, das Bild des Vogels am Himmel in einen gleißenden Energiefunken übergehen zu lassen und dann mit diesem Funken mitzufliegen.

Die Lemurianer hatten die Fähigkeit, gleichzeitig die Form und das Wesen des Gesehenen zu erkennen. Das Wesen, die spirituelle Form, nahmen sie als Energiemuster, gleißende Energiefäden, als silbern oder golden schimmernde Funken wahr. Wenn sich die Funken „geordnet" hatten, sahen sie das Wesen des Baumes,einer Blume oder das eines Tieres als Gesicht oder Figur. Sie nannten dies seine „Feengestalt".

Menschen schauten sich oft lange an – mitten im Gespräch, im Liebesakt, im Spiel, bei der Feldarbeit oder wenn man sich etwas Wichtiges erzählte.

Dies waren Momente großer Nähe und „Ewigkeit". Man sah sich so lange an, bis man hinter der Erscheinung des anderen die wahre Gestalt des Wesens sah. Dieses Wesen, eingetaucht in goldenes Licht, eingebettet in Wellen von Energiemustern, wurde oft erst nach einer ganzen Abfolge von Gesichtern und Gestalten sichtbar. Was zum Vorschein kam, war der „Innere Magier", wie es die Lemurianer nannten. Nicht selten geschah es, daß dieser Innere Magier zu sprechen begann und eine Weisheit kundtat oder ein Wort des Dankes oder ein poetisches Wort sprach.

Wenn dieses wahre Gesicht, diese wahre Gestalt des anderen sichtbar war, war dies ein Augenblick großen Entzückens, großen Verstehens, großer Nähe und Liebe.

Stein- und Kristallwissende konnten auf diese Weise auch das Wesen eines Steines oder Kristalls erkennen und auch deren „Inneren Magier".

Den Lemurianern war klar und sie lebten damit, daß alles, was existiert, sowohl eine abgeschlossene Form hat, als auch ein Tor in eine andere Realität ist. So waren Pflanzen, Tiere, Menschen, Luft, Wasser, Erde und Felsen auch zugleich Tore. So waren auch Riechen und Schmecken, Hören und Sehen Tore in eine andere Welt. So waren Berührungen, Farben, Gefühle bis hin zur Sexualität Tore in eine andere Dimension. Tore, die durch Versenkung und Meditation noch weiter geöffnet werden konnten.

Das Rauschen des Meeres zum Beispiel war für Lemurianer ein gewaltiges und wunderbares Tor der Regeneration. Der Lemurianer saß auf einem Felsen und schaute in die Brandung. Er lauschte dem hin- und herwogenden Wasser.

Die erste Stufe des sich öffnenden Tores war erreicht, wenn ein Echo entstand und das Wasser glasklar und leuchtend wurde, durchzogen von goldenem und silbernem Glitzern, das sich dann auflöste in einen tiefen Raum aus Wasser, während sich das Echo in einen kosmisch weiten Raum verwandelte und so sich auch das Bild wandelte in eine weite Tiefe der sich bewegenden, strahlend hellen Glitzerpunkte, in eine unendliche Dimension. Dies führte den Lemurianer zur Ekstase, die seine Chakren reinigte, sein göttliches Bewußtsein wiederherstellte und ihn mit dem Allseienden, mit Jashuah und seiner *großen Liebe*, Mama-Ahanah, verband.

In diesem Augenblick fühlte sich der Lemurianer, die Lemurianerin im Zustand der Verzückung und der völligen Einheit mit der göttlichen Freude, vollkommen außen und vollkommen innen. Es war die Auflösung des Körpers und der Freiflug des Geistes hinaus in magische unendliche Räume von einer Schönheit und Majestät, die „kein Auge je gesehen und kein Ohr je gehört" hat.

Dies Erleben nannten die Lemurianer das „erhabene Kein-Hunger-und-kein-Durst-Gefühl".

In der Tat erschien der Körper eines Lemurianers nach einer solchen Meditation durchdrungen von Licht und so gesättigt von Energie, daß er lange nichts zu essen oder trinken vermochte und es auch nicht wollte.

Kapitel 8

Mama-Ahanah

Mama-Ahanah ist nach lemurianischem Verständnis der Geist Gottes und der Göttin, der Geist, der alles umfaßt und alles ist. Sie ist die Kraft, die zwischen den Räumen und Zeiten wirkt, den Kosmos ebenso zusammenhält wie das winzigste Staubkorn. Sie ist die Lebenskraft Chi, die Heilkraft Reiki, die Kraft des Geistes Orgon, der heilige Atem Prana, der heilige Wind Ruach, die Kraft des Chaos Nagual, die Macht des Wortes im Logos, die höchste Integrität Gottes im Heiligen Geist. Sie ist die strömende Liebe zwischen allem, die Heimat der kosmischen „Gesetze" und der kosmischen Integrität. Sie besteht aus den Mustern der Schöpfung, aus den Fraktalen des geordneten Chaos, aus dem unendlichen wirbelnden Ozean der Möglichkeiten, Wahrscheinlichkeiten und Wirklichkeiten. Sie ist Gedanke und Schöpfungskraft Jashuahs. Sie hält und wiegt Jashuah in ihren Armen, und Jashuah erschafft sie zugleich. In ihr träumt die Göttin ihren Traum, in ihr erschafft Gott die Welten. Sie nährt die zwölffache Helix des Sirius. Sie ist alles Bewußtsein und alle Liebe. Sie ist die Summe aller Dimensionen und jede einzelne.

Mama-Ahanah erfüllt Akshah, den Meisterkristall Lemurias vom heiligen Tal. Sie ist die Energie, die seine Blitze erzeugt. Sie ist die Muster auf den Zeit-Raum-Blasen um die Weißen Städte. Sie ist die Liebe zwischen Mann und Frau, zwischen Kindern und Eltern, zwischen Freunden. Sie ist die helfende Kraft bei Geburt und Tod.

Oft verbanden sich Menschen im Anblick des Sonnenuntergangs mit Mama-Ahanah. Sie öffneten weit ihre Arme und sprachen ihren Namen aus und spürten ihre Kraft aus der Erde und aus dem Himmel in ihren Körper strömen. Heiler bereiteten auf diese Weise Heilsitzungen vor, von der Arbeit Ermüdete gewannen auf diese Weise ihre Kraft wieder.

Kapitel 9

Das allgemeine Leben

Die Lemurianer lebten je nach landschaftlichen oder klimatischen Bedingungen in Hütten aus Holz, einer Art Häuser aus behauenen Steinen oder – seltener – in luxuriös ausgestatteten Felsengrotten. Immer waren die Behausungen Kunstwerke in ihrer Art. Keine war der anderen gleich. Alle hatten ihre individuelle Form und ihren besonderen Schmuck.

Sie wohnten in kleineren Gemeinschaften zusammen, die wir heute „Dörfer" nennen würden.

Die Familien lebten zusammen und bauten immer wieder an, um mehr Platz für die Söhne, Töchter, Enkel und Urenkel zu schaffen.

Mitunter heiratete eine Tochter oder ein Sohn in eine benachbarte Familie, mitunter in ein benachbartes Dorf. Manchmal kam es auch vor, daß sich junge Menschen auf den großen Sonnwendfesten kennenlernten und dann weiter von ihren Familien wegzogen. Sie freuten sich dann immer darauf, sich wieder auf den Festivals zu begegnen.

Jede Familie hatte große Gärten um ihr Anwesen. Diese Gärten bescherten ihr meist alles, was sie zum Leben brauchte. In den Farmländern an der Ostküste gab es auch so etwas wie Felder. Aber es gab keine Monokulturen. Meist wuchsen in den Feldern und Gärten bestimmte Pflanzen zusammen, die sich gegenseitig „liebten und unterstützten", wie die Lemurianer sagten.

Gärten und Felder waren nach ganz bestimmten Gesichtspunkten angelegt. Sie wurden ausgemessen, d.h. der Weise oder der Älteste eines Dorfes, der sich in Erdmagnetik auskannte, bestimmte, in welcher Weise die Pflanzenbeete angelegt und in welcher Richtung gesät und sogar geerntet wurde.

In die Ecken und Ränder dieser Gärten wurden Kristalle eingegraben, die von Kristallwissenden programmiert waren. Diese Kristalle wurden von den Weisen und Ältesten, die ein Gespür dafür hatten, so lange hin- und hergeschoben und

Lemuria · Häuser landschaft

lemurianisches Dorf

so lange in die verschiedenen möglichen Winkel gesetzt, bis die Magnetik des Gartens optimal war. Dann wurde gemäß der Linien von Kristall zu Kristall gesät und geerntet.

Dies tat man, damit sich die Pflanzen wohl fühlten und auf das beste gediehen.

Der Lemurianer ging davon aus, daß wilde Pflanzen immer ihren magnetisch richtigen Platz fänden. Und so wollte man diesem Bedürfnis der Pflanzen entgegenkommen.

Die Samen und Saatpflanzen wurden zu bestimmten Mondphasen ausgebracht, die wiederum mit der Gartenmagnetik harmonierten. Dies konnte man dadurch feststellen, daß man einen Kristall, den man in der Mitte des Gartens aufstellte, befragte. Wenn dieser in Harmonie mit dem Mond in einer bestimmten Vibration war und ein bestimmtes Leuchten zeigte, dann war die Zeit zur Aussaat oder Auspflanzung reif.

Die Lemurianer, die in den Wäldern wohnten und dort ihre Dörfer hatten, besaßen ebenfalls kleine Gärten in den Lichtungen um die Hütten.

Sie liebten es zuweilen, ihre Hütten so zu bauen, daß einer der Stützbalken ein lebendiger Baum war. Um diesen setzte sich dann die Familie beim Gebet oder bei der Meditation. Bäume galten als die Vermittler zwischen Mensch und Jashuah. Man sagte, daß die Gebete im Baum aufstiegen und über die Baumkrone an Jashuah weitergegeben werden.

Diejenigen Lemurianer, die Waldarbeiter waren und die Insel mit Holz versorgten, sammelten über die Hälfte der Nahrung, die sie brauchten, im Wald.

Die Wälder waren überaus reich an eßbaren Pflanzen, Knospen und Knollen. Außerdem gab es Pilze bis hin zu faustgroßen Trüffeln, riesige Morcheln und Parasole, die gebraten oder geröstet köstlich waren.

Das Sammeln von Pflanzen, Pflanzenteilen und Pilzen im Wald ging sehr respektvoll vor sich. Der sammelnde Lemurianer sprach mit den Pflanzen und sah an der Aura der Pflanze, ob sie bereit war, sich ganz oder in Teilen sammeln zu lassen. So auch die Pilze.

Die Walddörfer hatten Lieblingszwerge, die immer wieder ins Dorf kamen, um lange und ausgiebig mit irgend jemandem zu palavern, der sich gerade dazu hergab. Mitunter saß das ganze Dorf dann für ein paar Stunden um einen oder mehrere Zwerge, die mit ihren tiefen Stimmen mit trockenem Humor Geschichten erzählten, bis die Menschen so lachten, daß ihnen die Tränen herabliefen.

Die Waldzwerge waren nicht nur hervorragende Mimen und Rezitatoren, sondern auch überaus waldkundig. So führten sie gelegentlich Dorfbewohner in besonders pilzreiche Gegenden, darunter Plätze, wo besonders gute und große Trüffel wuchsen. Denn sie hatten Nasen, mit denen sie die Trüffel auf Hunderte von Metern riechen konnten. Trüffel war die Hauptnahrung und die Leidenschaft der Waldzwerge.

Im Süden des Waldgebietes, dort, wo die Hochländer begannen, waren auch die großen Minen Lemurias. Dort wurde Silber, Gold und Kupfer gefördert. Eisen gab es auf Lemuria nicht.

Diese Bergwerke wurden ausschließlich von Erdzwergen betrieben. Es kam keinem Lemurianer in den Sinn, ein Bergwerk auch nur zu betreten, geschweige denn darin zu arbeiten. Die Menschen brauchten die Luft und die Sonne, sie wären sonst sofort krank geworden. Anders die Erdzwerge, die gerne unter Tage arbeiteten. Sie liebten das Reich unter der Erde und hatten dort auch ihre prachtvollen

Stadtanlagen. Licht erhielten sie von Leuchtkristallen oder von Edelgasen, die von Kristallen zum Leuchten gebracht wurden. Die Augen von Zwergen waren aber schon von Natur aus gut. Die Nacht war ihnen so hell wie der Tag.

Die Erzzwerge schmolzen das geförderte Gold und Silber aus und verarbeiteten es zu Drähten und kleinen dünnen Platten. Kupfer wurde zu größeren Platten und Drähten verarbeitet.

Diese tauschten sie gegen Ware, wie zum Beispiel Tücher, Muscheln, Kristalle mit Lemurianern, die an den Rändern der Hochländer wohnten und dort als Gold-, Silber- und Kupferschmiede arbeiteten. Diese wiederum brachten den Schmuck und die Hausgeräte, die sie fertiggestellt hatten, zum sechsten und siebten Tag der Festivals und boten sie gegen andere Ware an.

Auf den Hochländern lebten die Hirten mit großen Schaf- und Ziegenherden. Rinder gab es auf Lemuria nicht. Es gab aber wilde Büffel, die in kleineren Gruppen über die Hochländer zogen. Diese wurden von den Lemurianern ganz sich selbst überlassen.

Die Hirten der Hochländer und die Lemurianer, die an den Fjorden lebten, waren die einzigen, die dann und wann Fleisch aßen. Die Fischer an den Stränden lebten von Fischen, aber auch von Algen und Seetang wie von bestimmten eiweißreichen Substanzen, die sie von Felsen ernteten, die im Meer lagen. Sie sahen aus wie kleine Pilze oder Flechten.

Die Hirten verarbeiteten die Milch ihrer Ziegen und Schafe zu Käse, den sie mit bestimmten Kräutern immer und immer wieder kneteten. Er wurde dann in die Blätter großer Knoblauchstauden eingewickelt, die durch ihr kräftiges Öl den Käse nahezu unbegrenzt haltbar machten.

Ein Lieblingsgetränk der Hochländer war leicht vergorene, mit Honig gesüßte und mit Wasser verdünnte Schaf- und Ziegenmilch. Dieses Getränk wurde in große Keramikkrüge gefüllt und in Höhlen und Steingrotten kühlgestellt.

Die Hirtenfamilien der Hochländer lebten meist in gemütlich hergerichteten natürlichen Grotten, von denen es in den zum Meer hin abfallenden Klippen eine Vielzahl gab. Aber auch mehr zum Landesinneren hin gab es ganze Höhlensysteme, die von den Lemurianern der Hochländer bewohnt wurden. Da viele der Festivalbesucher durch diese Gegenden zogen, hatten die Lemurianer der Hochländer dort regelrechte Hotels für die Gäste eingerichtet.

Die Lemurianer der Hochländer schlachteten zu gewissen Zeiten Schafe und Ziegen. Es wurden niemals Jungtiere geschlachtet. Das wäre ihnen ein Greuel gewesen. Nein, es waren Tiere, die durch ihr Benehmen andeuteten, daß sie in dieser Weise den Menschen dienen wollten. Die Ältesten der Großfamilien befragten in meditativer Haltung die Tiere, bis sie eine Antwort bekamen. Es gab Tiere, die gerne ihr Leben in dieser Weise gaben. Nie wurde ein Tier gegen seinen Willen getötet.

Der Lemurianer zeigte dem Tier seine Absicht, es zu töten. Und nur dann, wenn das Tier durch seine angstfreie Haltung andeutete, daß es bereit war, wurde es getötet. Dies geschah mit Hilfe zweier bestimmter Kristalle. Der eine Kristall wurde dem Tier feierlich auf die Stirn gebunden. Dann wurde der andere Kristall gebracht. In dem Augenblick, in dem der zweite Kristall den Kristall an der Stirn des Tieres berührte, war das Tier tot.

Dann wurden die beiden Kristalle wieder weit entfernt voneinander aufbewahrt, an Plätzen, die von den Kristallweisen angegeben waren.

Dann wurde dem Tier gedankt, und es wurde mit Kupfer- und Kristallmessern und Schabern kunstgerecht zerlegt, wobei das Blut ganz und gar der Erde übergeben wurde. Die Innereien wurden verbrannt. Das Fleisch wurde getrocknet, das Fell gegerbt. Niemals wurde auf Lemuria frisches Fleisch gegessen. Es wurde am Feuer und an der Luft getrocknet und galt als konzentrierte Kraft für die Lemurianer, die in den kärgeren Gebieten lebten.

Im übrigen war Trocknen auf Lemuria ein beliebtes Konservierungsmittel. Nicht nur Kräuter wurden in großer Menge getrocknet, nein, auch Gemüse, Früchte und Pilze. Dies war Vorrat für die kältere Saison oder Zeiten mit viel Regen; er ließ sich einfach aufbewahren und als Proviant leicht transportieren.

An den Küsten Lemurias lebten Fischer mit ihren Familien. Sie bauten ihre Behausungen aus riesigen Muscheln und Korallen, die an den Strand angeschwemmt worden waren. Die Zwischenräume stopften sie mit einer Mischung aus Seetang, Sand und Lehm aus. Diese Häuser glichen Palästen. Das Perlmutt der Muscheln leuchtete in allen Farben. Die Korallen waren rotorange, auch hellblau und türkis, und der Anblick vom Meer her war einmalig.

So waren ganze Architekturlandschaften in die Klippen und Dünen gebaut, und es gab Künstler unter den Fischern, die gewaltige Kunstwerke aus angeschwemmtem Material schufen.

Lemurianer kannten keine Boote, aber sie bauten großartige Flöße. Und da die Fischer oft tagelang auf dem Meer weilten, waren die Flöße mit Aufbauten versehen, in denen sie wohnen konnten. Sie kannten den Antrieb durch Segel, die sie aus Hanf herstellten.

Hanf war die Universalpflanze auf Lemuria. Sie wuchs überall, da sie klimaunabhängig und sehr stabil war. Sie konnte mehrere Meter hoch werden, und ihr Stiel konnte einen beträchtlichen Umfang annehmen.

Hanf lieferte:

- Fasern für Tuchweberei
- Solen für Sandalen
- Schnüre und Seile aller Art
- Knollen zur Desinfektion
- pulverisiert eine starke wirkende Medizin, insbesondere mit Öl gemischt, für die Geburtsvorsorge und -nachsorge, zum Heilen von kleinen Wunden, zur Wiederherstellung der nervlichen Balance, als Tropfen für angestrengte Augen und vieles mehr.

Als Droge wurde Hanf schon deshalb nicht benutzt, weil der Lemurianer keine Drogen benötigte. Er erweiterte sein Bewußtsein nicht, er erlebte es in seinen verschiedenen Aspekten auf viele Arten und Weisen: durch Gesang, durch rhythmisches Wiegen und Tanzen, durch den Anblick des Meeres und des Sonnenunter- oder -aufganges, durch die Kontemplation mit einem Kristall oder die tiefe Meditation, durch die Teilnahme bei der Geburt oder Tod, im Lieben des Partners, im Zuhören der Elfen, Feen und Zwerge, im Anblick eines Neugeborenen und im Spiel mit Kindern.

Und natürlich ganz besonders: im Gespräch mit einem Wissenden aus den Weißen Städten, beim bewußten Träumen unter deren Anleitung, bei Ritualen an den heiligen Plätzen und auf den Festivals.

Dennoch galt der Hanf wie alle Pflanzen als Tor. Sein Wesen war ein Tor in einen meditativen Zustand. So wurden aus Hanf Schnüre gewoben, die, zwischen den Händen hin- und herbewegt, zur vertieften Meditation führten.

Heilige Feuer wurden aus Holz von Hanfstauden entzündet. Das Feuer aus Hanf schien das Tor zur meditativen Trance besonders zu erweitern. Die Blütenpollen und Harze des Hanfes waren heilige und heilende Stoffe, die zu besonderen Anlässen auf den Festen den Getränken beigemischt waren.

Dein Gesang, Mershin,
Deine leichten Füße und Dein Traum
oh, wenn ich mich Dir nähern könnte
Du Schlafender

Ich sehe Dich
im Licht des Achats und des Amethyst
Du verbirgst Dich

Dort lächelst Du
Ich kenne Dich
Du neigst Dich mir zu
im Rauschen der Pappeln
im Surren der Libellen über dem Moor

Mershin, Geliebter
ich suchte vergeblich
nach dem Abdruck Deiner Füße
nach der Spur Deiner Hände

So viele Leben habe ich geträumt
so viele Gezeiten geschaffen
so viele Monde gingen auf und unter
und doch war alles so kurz wie
die Berührung Deiner Hand

ALS DU MICH ANBLICKTEST, SAH ICH DIE WELT
SAH ICH DIE ENDLOSIGKEIT DER BILDER
DER GEFÜHLE, DER LEBEN

UND ICH WUSSTE, DU LIEGST IN DIR
UND SCHLÄFST SANFT UND
TRÄUMST MICH
BIS ICH WIEDERKEHRE IN DAS LEBEN
MIT DEM ICH BEGANN

Wenn ich die Lichter sehe
in dieser kalten Welt
die blauen und silbernen
dann weiß ich
Du bist da
hinter den zwölf Schleiern und den Wasserfällen

Hab ich nicht im Aufstieg zu Deiner Hütte
kurz geruht
90 000 Jahre
Ich werde aufwachen und weitergehen
und dich rufen, bis ich Dich finde

Dann erblicke ich Dich und erkenne Dich
und ruhe in Dir

Schaue ich in Dein Gesicht, in Deine Augen
magisches Kind, so uralt und so jung
Deine Augen, klargewaschen, ewig unschuldig,
so verletzlich und so stark.

Kapitel 10

Geburt

Das Land liegt in Frieden. Der Sternenstrahl bricht durch, die Tannen neigen sich. Silbern und sacht öffnet sich das Tor. Erleuchtet ist die Hütte. Mashurana öffnet die Augen und sieht ihn. Keshuan, der da kommt. Der sich zu ihr neigt, sie küßt.

Und dann spürt sie die große Tat. Der große ernsthafte Wille ihres Körpers, ihres Bauches. Sie steht vor dem Tor. Sie ist das Tor, sie öffnet es weit, und Keshuan, in seinem Jubel dreht sich durch die Pforte, wie tausend Muster von Spiralen, er dreht sich im Blau und Gold, er tritt heraus, der Prächtige. Er ist bekleidet mit dem Gewand der vier Winde, er ist bekrönt mit dem Feuer des Sehens und der Barmherzigkeit.

Und Keshuan steht über seiner Mutter und hält das Kind in seinen Händen, das er ist.

Und Mashurana zittert. Sie zittert in der Wollust der Geburt, tief, sehnsuchtsvoll, während der Stern sich weit geöffnet hat.

Und Keshuan ging in das Kind ein, das die Augen öffnet. Die Augen, in denen sich die Milchstraßen drehen in ihrer eigenen Lust und Musik. In ihrer Wildheit und Anmut.

Und sie hörten den Ton, tief und weit. Es war der Gesang von Tarjamon, Abajarna und Meshiton, den Wissenden, die herabgekommen waren von den Weißen Städten. Sie sangen und tanzten schon von weitem im Anblick des Strahles. Und als sie Keshuan herabkommen sahen von seinem Stern, da lachten sie und jubelten.

Sie betraten die Hütte. Die Familie und Freunde verneigten sich vor den drei Wissenden. Sie hatten mitgebracht den Balsam, das heilige Wasser und den Kristall.

Und sie sahen die Mutter, sie sahen sie und umarmten und küßten sie. Dann sahen sie das Kind. Sie schauten ihm in die Augen und vergossen die Tränen der Freude.

Ach, sagten sie, ach, du bist so weit dahergekommen, hier zu uns, weiser Keshuan von Deinem Stern, du wunderbarer, berichte uns, berichte uns …

Und Keshuan öffnete seine Augen, und das Bild seines Sterns erschien. Und die Mutter und der Vater und die drei Weisen fielen in die Augen des Kindes.

Und dann schrie Keshuan. Er schrie mit der Kraft seiner Lungen, mit der Kraft seiner Seele und seines Geistes, und er schrie und schrie und erfüllte das Dorf mit seinem jubelnden Schreien, dem Schreien des Abschieds und des Beginns. Und die Bewohner des Dorfes lagen sich in den Armen und lachten vor Glück.

Und die Erde bebte, und die Elfen, die Feen und Zwerge traten heran und knieten nieder und küßten die Erde, den Himmel, die Luft, die Bäume, den Wind und das Gras.

Dann gab die Mutter Keshuan zu trinken, und er schloß seine Milchstraßenaugen.

Und Tarjamon salbte das Kind mit dem Balsam der Kräuter aus dem Magischen Land, Abajarna wusch das Kind im heiligen Wasser der Quellen der heiligen Säulen, und Meshiton schenkte dem Kind den Kristall im Ritual seines Sterns.

Die Geburt eines Kindes war ein großes Ereignis in Lemuria. Die engere und weitere Familie versammelte sich in der Hütte, in dem Raum, in dem die Geburt stattfand. Außerdem waren auch die Ältesten, die weisen Frauen und Männer, und die Geburtshelferinnen zugegen.

Um die Hütte herum versammelte sich nicht selten das ganze Dorf zu einer Art Fest. Sie zündeten Feuer an, brachten etwas zu essen und zu trinken und sangen und tanzten ihre feierlichen Tänze.

Die Erregung unter den Anwesenden wurde immer größer, je stärker der Schein in und um die Hütte herum wurde. Die Männer, Frauen und Kinder, die draußen waren, suchten den Sternenhimmel ab. Jeder wollte der erste sein, der den Stern entdeckt.

Dieser funkelte immer mehr, das Leuchten über der Behausung nahm zu, und der Sternenstrahl wurde sichtbar. Nun funkelte der Heimatstern des Neuankömmlings in allen Farben, und der Strahl des Lichtes, der sich auf die Hütte senkte, wurde heller und strahlender.

Viele der Männer, Frauen und Kinder verfielen nun in eine Trance, die sich mehr und mehr zur Ekstase steigerte, bis die Geburt vollzogen war. Nicht selten bebte die Erde, und der Strahl erzitterte, an dem das neue Wesen in die Welt Lemurias eintrat. Es kam zu Erleuchtungserlebnissen, viele beteten und sangen in fremden Sprachen.

Die Gebärende lag halb und hockte halb in einem Bett aus speziellen Kräutern. Dieses Bett wurde schon Tage zuvor vorbereitet, und die Hochschwangere schlief auch in diesem Kräuterbett die letzten Tage vor der Geburt.

Die Kräuter wurden feucht gehalten und fermentierten leicht. Dadurch konnten sich die Aromen und Essenzen besonders gut entwickeln, und das Lager war behaglich warm.

Um das Kräuterbett herum saßen am nächsten die Kinder der engeren und weiteren Familie, dann die Erwachsenen dieser Familien, sofern sie der Geburt beiwohnen wollten und konnten.

Der Mann oder Partner der Frau, deren Mutter und die Geburtshelfer saßen rechts und links direkt bei der Gebärenden. Der Mann hielt die Frau im Arm, ihr Rücken war durch seine Brust und seinen Bauch gestützt, und er wiederum wurde von seinen engsten Verwandten gestützt.

Obwohl sonst in Lemuria die Nacktheit etwas sehr Privates und Schützenswertes war, war diese Regel im Raum der Geburt aufgehoben. Nicht selten war der Mann, der seine Frau stützte, ebenfalls nackt, und auch die anderen Anwesenden waren oft nur knapp bekleidet. Das lag auch an der Wärme in dem Raum, behaglich wie ein großer Uterus.

Es waren auch immer Tiere im Raum, meist die liebsten Haustiere der Familie, das Lieblingsschaf und die Lieblingsziege. Die Wesen dieser Tiere halfen auf ihre Weise bei der Geburt, und sie rundeten den kleinen Kosmos ab, den der Geburtsraum darstellte.

Der Mann der Gebärenden, an dessen Brust und Bauch sie lehnte, umfing sie unter den Armen und stützte sie, wenn sie kurz vor dem Austritt des Kindes in die Hockstellung ging. Er massierte dabei ihre Brüste, um durch diese Massage dem Uterus zu helfen, sich zu entspannen. Außerdem achtete er darauf, daß er all seine Chakren öffnete, um der Frau seine Energien zur Verfügung zu stellen. Beide atmeten im selben Rhythmus, schrien und sangen, lachten zusammen in völliger Harmonie. Sie fühlten sich beide wie „ein Fleisch".

Die Frau erlebte die Geburt lustvoll, und es geschah häufig, daß der Mann bei der Geburt seines Kindes selbst einen Orgasmus erlebte.

Für den Neuankömmling war die Geburt sehr schön. Die Frauen, gewohnt, auf dem Feld und im Haus in Hockstellung zu arbeiten, konnten ihr Becken leicht erweitern. Außerdem hatten die Frauen keine Angst vor der Geburt und empfanden keine Abneigung gegen das Kind. So kam in den meisten Fällen das

Kind in der intakten Plazenta zur Welt, wurde dort sanft herausgeholt und der Mutter auf den Bauch gelegt, ohne die Nabelschnur abzutrennen. Dann wurden Kräuter auf den Schoß, den Bauch und das Kind gelegt, damit diese ihre heilende und wärmende Wirkung entfalteten.

Zu dieser Zeit betraten meist Wissende aus den Kristallstädten die Hütte. Einer der Wissenden, Mann oder Frau, würde, wenn es bestimmt war, später einmal das Kind in die Lehre nehmen; er brachte einen Kristall mit, der dem Kind geweiht wurde. Die anderen Wissenden brachten Kräuteressenzen, Kräuteröl und heiliges Steinwasser mit, das am Fuße der Obsidiansäulen im Magischen Land gesammelt wurde.

Mit diesen Essenzen wurde das Bad für das Baby zubereitet, in einer Wanne aus Kristall. Mit kundiger Hand wurde die Nabelschnur abgebunden und durchtrennt und dann das Kind von den Heiligen im Kristallbecken sanft gewaschen. Währenddessen sprachen die Wissenden Gebete und Weissagungen über dem Kind aus, denen die Umstehenden andächtig lauschten.

Die kleineren Geschwister des Neugeborenen durften auch mitwaschen, was sie unter Kichern und Lachen liebend gerne taten. Es war viel Heiterkeit und Liebe im Raum.

Dann wurde der Neuankömmling abgetrocknet und dem Paar in die Arme gelegt, das ihn herzte und küßte. Viele Kinder konnten sich schon eine oder zwei Stunden nach der Geburt an der Brust ihrer Mutter satt trinken. Sie waren im allgemeinen sehr kräftig, einige hatten sogar Ansätze von Zähnchen und dichtes Haar.

Der spätere Lehrer des Kindes trat an die drei heran und brachte den „Begleiter", den persönlichen Kristall des Kindes, in ihre Mitte. Mit diesem berührte er Lippen und Stirn des Vaters, der Mutter und des Kindes und weihte ihn mit einigen Tropfen der Plazentaflüssigkeit. Dann hielt er den Kristall über das Kind, bis der Kristall anfing zu leuchten und die Schwingung des Kindes aufgenommen hatte. Dann führte er den Kristall an sein eigenes Herz und seine Stirn, um sich mit dem Kinde zu verbinden. Er übergab dann den Kristall den Eltern, die ihn sorgsam für das Kind hüteten.

Über diesen Kristall hatte der Wissende immer Kontakt zu seinem späteren Schüler oder seiner Schülerin.

Die Kinder wurden lange gestillt, fünf Jahre lang und länger, bis das Kind „satt war". Da die Lemurianer eine selbstverständliche und reine Beziehung zur

Lust hatten, empfanden die Frauen das Stillen als sehr lustvoll und erstrebens-
wert. Sie massierten und herzten ihre Kinder beim Stillen, so daß da eine Inti-
mität, Liebe und körperlich-seelische Wonne entstand, was zum Lebens- und
Weltgefühl der Kinder erheblich beitrug.

In den südlichen Gegenden von Lemuria, bei den Fischern, wurde auch im
Meer geboren. Die Gebärenden hockten, an ihre Männer gelehnt, im warmen
Meerwasser und gebaren die Kinder unter Wasser. Diese Geburten geschahen
sehr häufig bei Sonnenuntergang oder Sonnenaufgang. Auf besondere Anwei-
sung auch bei Vollmond.

Auch hier waren die Familien, die Ältesten und Weisen zugegen. Der Sand
des Strandes oder die Felsen wurden tagelang mit Kristallen „programmiert",
das heißt, auf die Geburt vorbereitet.

Die Partner und Ehemänner der gebärenden Frauen bemühten sich sehr, vor
und zu den Zeiten der Geburt ihren Frauen zu helfen. Auch wenn sie mit ihren
hochschwangeren Frauen aus Respekt vor dem herankommenden neuen Wesen
nicht schliefen, bereiteten sie ihnen doch durch liebevolle Massage mit Kräuteröl und Essenzen viel Vergnügen. Dadurch wurden die Organe entspannt und
auf die Geburt vorbereitet. Es gab Paare, die diese Zeit ganz besonders liebten,
da ein besonderer Segen auf diesen zärtlichen Stunden lag. Die Beziehung
wurde vertieft, und die „starke Stunde" der Geburt wurde vorbereitet.

Kapitel 11

Tod

Wie die Geburt so war auch der Tod eines Menschen ein großes Ereignis auf Lemuria.

Sterben kam für die Lemurianer nie als Schock oder aprupt. Die Menschen wußten es vorher, wann sie starben, sie spürten es. Sie spürten es an einer inneren Entscheidung. Es kam aus dem Flüstern der Seele, oder sie beschlossen es in Meditation oder im Träumen, indem sie das Vorhaben mit ihrem Geist und ihrer Seele „besprachen".

Menschen, die alt waren, verbrachten viel Zeit in einer meditativen, träumenden Haltung. Wir sprechen hier von einem Alter zwischen 180 und 250 Jahren, manche Lemurianer konnten 300 Jahre und älter werden. Diese galten als die „weisen Alten". Sie waren sehr fein und durchlässig, und in ihrer Liebe und Weisheit halfen sie vielen Menschen, auch außerhalb ihrer Familien. Sie waren hochgeachtet und nahmen als „Älteste" in den Dörfern Ehrenplätze ein. Man konnte zu ihnen mit allen Fragen kommen.

Sie saßen oft unter den Bäumen in der Mitte des Dorfes und hatten die Augen geschlossen. Es war immer ein Leuchten um sie, und ihre mit vielen Runzeln überzogene Haut glänzte von einem inneren Licht. Sie hatten die Gabe zu reisen, wohin immer sie wollten.

Wenn jemand zu ihnen kam, ergriffen sie dessen Hände, erfühlten dort bestimmte Stellen und wußten schon Bescheid, bevor der Ratsuchende überhaupt sprach. Es wurde von den Alten gesagt, daß sie oft gar nicht im Körper waren und daß sie mit geschlossenen Augen besser sahen als mit offenen. Ihre leisen, bedächtigen Antworten mit wenigen Worten schienen gesprochen zu sein, aber sie wurden von den Ratsuchenden hauptsächlich körperlich empfunden.

Viele der Alten und Ältesten aßen sehr wenig oder überhaupt nicht mehr, tranken nur hie und da etwas Wasser, in das vielleicht ein paar Blütenpollen oder Honig eingerührt waren. Ihre Freude war nicht mehr der Körper, sondern das Reisen der Seele. Ihr Körper empfing die Lebensenergie aus anderen Bereichen. Das Konzept für Langlebigkeit ist damals wie heute tiefe Meditation und innere Reinigung (nicht Kasteiung!).

Im Gegensatz zu heute, da die Aura den sterbenden Menschen schon manchmal Tage vorher verläßt, verließ die Aura den sterbenden Lemurianer erst ganz kurz vor seinem Tod und schwebte auch noch eine Weile außerhalb des Körpers, sichtbar für die Familie und die Freunde.

Die Lemurianer verbrannten die verlassenen Körper und streuten die Asche ins Meer oder in den Wind. Sie übergaben sie Mama-Ahanah. Und Mama-Ahanah umarmte sie.

Das Feuer war bei den Lemurianern kein Medium der Zerstörung oder der „Entsorgung". Sie liebten das Feuer als Quelle von Energie und fühlten sich ihm sehr verwandt. Das Feuer löste auf, transformierte die Form. Das Feuer war ein Tor zu Mama-Ahanah. Feuermeditationen wie die Meditationen in das Feuer des Himmels, die untergehende Sonne, stärkten und kräftigten die Lebensenergie und regenerierten die magischen Fähigkeiten. Wissende, die sich auflösten, um sich zu verwandeln, schienen nicht selten lichterloh zu brennen. Sie strömten auch im „normalen Leben" meist eine große Hitze aus. Wissende, die starben, lösten ihren Körper selbst in Feuer auf. Sie hinterließen keine Asche.

Während dieser feierlichen Einäscherung mit Gesang und Tanz schwebte die Aura des Toten in all ihren leuchtenden Farben über den „Trauernden" und berührte deren Herzen.

Es herrschte immer eine ausgelassene Stimmung bei diesen Totenfeiern.

Die Aura von Toten war immer ganz besonders schön, oft durchwirkt von goldenen und silbernen Fäden, die sich manchmal auf ein Kind oder einen Seher oder eine Seherin senkten, die dann eine Botschaft des Verstorbenen an die Feiernden weitergaben. Es waren ekstatische Worte von großem Jubel. Der Geist versuchte zu beschreiben, was er sah: die Schönheit der Feiernden, ihre wahre Gestalt, die kristalline in allen Farben blitzende Natur, die Tore ihrer Kraft, das Licht ihres Sterns. Mitunter übermittelte er auch prophetische Worte, die sich auf andere, spätere Zeiten bezogen.

Diese Worte waren von solcher liebevollen Leidenschaft, so voller Poesie und Klang, daß die Menge stehenblieb und sich nur noch zu den Worten wiegte – um danach in laute Jubelrufe auszubrechen.

Manchmal sang auch ein Kind ein ganz neues Lied, oder ein Vogel oder ein anderes Tier erschien und begann zu singen.

Die Lemurianer liebten diese Totenfeiern sehr.

Abends aßen sie dann noch zusammen, im Freien, mit einem Feuer in der Mitte, an dem sie die Aprikosen- und Feigenkuchen rösteten, die sie mit sehr viel Vergnügen verteilten und verspeisten.

Dann begannen alle zu singen. Es war ein wiegendes, rhythmisches Singen, aus dem sich dann und wann eine Solostimme hervorschwang.

Der Raum öffnete sich, und goldene und silberne Lichtfäden erschienen kreisend ineinander verschlungen und nahmen die Aura des Verstorbenen auf.

ᘒ ᘒ ᘒ

„Ich, Majarnon, meditierte mit meinem Obsidian. Ich legte ihn in meine Achselhöhle, ich war ergriffen im Geist und genommen zu den Höhlen von Toshajana. Dort erschien im goldenen Licht Lajumar, die Seherin, und fragte mich, ob die Sonnenwende sei und wie viele Menschen schon zusammengekommen seien. Ich legte ihr die tausend edlen Steine zu Füßen, jeden Stein für eine Person, die kommen würde, und sie tanzte auf den Steinen und vergoß Tränen des Dankes über sie.

Mein Sohn, sagte sie, meine Liebe ist mit Dir, wie lange wirst Du bleiben?

Ich möchte Dich heute etwas lehren über die Säfte des Fanaun-Krautes – etwas, das ich hörte von den Feen der oberen Berge.

Ich sagte, ich bleibe, ich will es hören. Und so erzählte sie mir die Lehren der Säfte des Krautes und beschwor die Tiere der Kraft, die zu dem Kraut gehörten. Das waren der Hirsch, die Seekuh und der Pfau.

Einen Monat weilte ich bei Lajumar, die alt war. Täglich tanzte sie auf den Steinen und heilte die Menschen, die zum Fest kommen sollten. Und sie vergoß die heißen Tränen der Dankbarkeit und des beginnenden Jubels.

Am Abend des 33. Tages, an dem ich bei Lajumar war, bekam sie den Glanz. Ich sagte es ihr, und sie verstummte. Sie schaute in ihre Seele und sprach mit ihr. Dann wachte sie auf mit einem Seufzen oder einem Schluchzen. Sie breitete die Arme aus zum Meer und segnete es. Sie breitete die Arme aus zum Land und den Bergen und segnete sie. Sie nahm den Kristall und sprach die Worte zu den Weißen Städten im Land des Zaubers. Sie rief Koljun-Marshin, ihren Meister. Denn sie fühlte, daß sie gehen wollte in den Strahl, den „Mitnehmer und Begleiter". Noch einmal sprach sie mit ihrem Geist, der über den Flammen schwebte. Und der Geist jubelte und gab ihr Kraft.

Majarnon, mein Geliebter, es ist so, daß meine Seele gehen will, und ich will mit ihr gehen. Eine Stimme in mir singt den Gesang des Abschieds und des Wechsels. Und ich sah den Glanz in ihren Augen und auf ihren Lippen, und ich wußte die Wahrheit.

Ja, Lajumar, sagte ich, ich weiß.

Ich begleitete sie zu ihrem Felsen auf die Hochebene, wo ich ein Kissen von Farn und Eukalyptus für sie bereitete. So saß sie, aufrecht mit dem Blick in die Sonne, die ins Meer ging. Ich saß hinter ihr, um sie zu stützen. So legte ich meine Arme um sie, damit ich ihre Seele berühre und sie die meine.

Also starb Lajumar in meinen Armen, und als der Körper verlassen war, trug ich ihn ins Tal. Er war so leicht und fein, leicht und fein wie der Flügel eines Schmetterlings.

Und hinter mir sah ich Lajumar in ihrem Jubel. Ihr Licht erstrahlte in den schönsten Farben des Regenbogens. So trug ich sie ins Tal, wo mich die Menschen von Gormunsha begrüßten und mir die Last abnahmen.

Unter Singen trugen sie ihren Körper auf den Platz in die Mitte des Dorfes. Dort legten sie ihn auf einen Teppich aus weißen Lilien.

Auch im Tod bist du so schön, ach, Lajumar. Noch schöner bist Du, Geliebte.

Und ihr Geist schwebte über dem Platz und gab ihm Schutz und Trost.

Und Koljun-Marshin, der Wissende, der Gewaltige, der Blitze-Erzeuger kam von der Weißen Stadt. Seine Saphiraugen strahlten. Blitze auf seiner bronzenen Haut.

Er brachte Geschenke für das Dorf, kleine grüne Kristalle und einen Topf mit Salbe.

Dann ging er zur Hülle Lajumars. Er begrüßte ihren Geist, und ihr Geist schwebte über Koljun-Marshin und liebte ihn.

So sammelte Koljun das Holz vom Eukalyptus und die Blätter vom Ginko-Baum und schichtete das Feuerholz auf.

Am Abend des 35. Tages versammelte sich das Dorf, festlich gekleidet. Sieben Feuer errichteten sie um das Feuer in der Mitte. Und Koljun-Marshin entzündete die sieben Feuer mit dem Strahl seines Geistes und begann zu singen.

Und Koljun hieß die sieben Ältesten, von den sieben Feuern die Glut zu bringen und das Feuer in die Mitte zu tragen, dort, wo Lajumar auf den Zweigen des Euka-lyptus und den Blättern des Ginko lag. Und der Friede der Göttin war auf dem Platz. Und der Geist Lajumars schwebte trunken vor Freude über den Feuern, und der Himmel der Sterne wölbte sich über dem Land.

Lajumar, schrie Koljun-Marshin, Lajumar, schrie er – er schrie es mit der ganzen Liebe seiner Seele. Es war wie das Donnern der Brandung, wie der Schrei des Alba-tros, es war so tief aus der Seele wie aus einem Vulkan. So schrie Koljun. Und Koljun schrie, und seine Augen waren wild vor Barmherzigkeit und Liebe, und er schrie, und die Erde bebte, und er schrie, und der Himmel erzitterte.

ALSO SCHRIE KOLJUN AUS DER FREUDE SEINES HERZENS.

Und Lajumar antwortete mit dem Wind. Sie brauste in den Bäumen, sie jagte die Äste, sie fegte die Blätter des Herbstes hoch hinauf in die Berge. Und dazu waren ergriffen die Kinder des Fischers Jajanu, und sie sangen in den Sturm. Sie sangen die Worte der Seele Lajumars, so voll des höchsten Jubels, von Entzücken der streifenden Sterne, der glitzernden Perlen der Sonnen hinter den Monden, der mächtigen Delphine Sprünge aus dem Meer.

Ich, Lajumar, so sang der Sturm, bin die Gesegnete. Ich sehe den Schimmer der Göttin, ich sehe ihre Hände und ihre Augen, ihren Blick, der so weit schweift über den Horizont, ich sehe die smaragdenen Urgründe der Bäume, die blauen Tiefen der Felsen, die goldfunkelnden Höhen der Sonnen. Oh, gebt mir den Mund, es zu sagen, und Worte – gebt mir die stürmende Brandung des Meeres, gebt mir die Schreie der tausend Adler des Magischen Tales.

Und still wurde der Wind, und die Sterne begannen zu tanzen und die Muster an den Himmeln, so sanft, Teppiche aus Blau und Gold, aus Magenta und Purpur, Violett und Rosa – Schweife aus glitzernden Nebeln, die sanft kreisten und den Geist Lajumars geleiteten.

Und der machtvolle Gesang Koljuns … Geliebter … Geliebte … unsägliches Lied … unsägliche Freude … unsägliche Tiefe …

So war Lajumar genommen zum Quell ihrer Liebe.

Kapitel 12

Sexualität und Partnerschaft

Sexualität war bei den Lemurianern sehr privat – auch Nacktheit. Beide galten als heilig. Kinder durften nackt umhertollen, aber ab etwa einem Jahr vor der Pubertät bekleideten sich die jungen Lemurianer mit ihren ganz eigenen Gewändern. Diese Gewänder entsprachen in ihren Farben und Mustern ganz ihren Trägern. Sie waren mit den Symbolen aus den Initiationen bemalt oder bestickt.Es waren die generellen Symbole für die jeweilige Initiation und die ganz persönlichen Symbole.

Die wichtige Initiation der Pubertät hatte das Band des Vertrauens zu den Eltern und Ältesten des Dorfes besonders vertieft. So sprachen die Jugendlichen mit ihnen über ihre Bedürfnisse und auch darüber, wenn sie zu einem Freund oder einer Freundin eine besonders tiefe Beziehung spürten.

Die Offenheit zwischen den initiierten Jugendlichen war groß – denn nun *wußten* sie. Waren zwei sich zugetan und spürten sie einen Seelenfunken, rief schon der gegenseitige Anblick Herzklopfen hervor. Behutsamkeit und Scheu prägte die erste Annäherung.

Dennoch verliebten sich Jugendliche mitunter sehr heftig ineinander, wenn sich die Seelen erkannt hatten. Doch schwang diese Liebe so sehr nur auf der Herzensebene, daß Sexualität ausgespart blieb. Die Initiation der Pubertät öffnete das Tor zur Sexualität noch nicht, das war der vierten Initiation mit 21 Jahren vorbehalten. So heftig diese Verliebtheiten waren, so kurz waren sie auch oft. Und es schien so, als ob es wichtig war, das Herz zu weiten durch viele Freundschaften, bis dann der Partner in das Leben trat, mit dem man lange zusammensein wollte.

Ich möchte hier all den Jugendlichen, die mit 21 immer noch keine Sexualität in ihrem Leben hatten, sagen, daß dies durchaus natürlich ist und ihr Integritätsmuster, das sie vielleicht sogar aus Lemuria mitbringen, ihnen bis jetzt dieses Tor verschlossen hielt. Dieses Tor zu frühzeitig aufzustoßen bedeutet für die Seele des Menschen heftige Irritationen und erzeugt sogar psychische Lecks in der Aura, in die sich dann negative Muster und Wesen einnisten können, die ihr Eigenleben führen und der Aura und der Seele wehtun. Da wiederum nichts angeboten wird, um dieses zu erklären oder zu heilen, nimmt der gemarterte Jugendliche in der Regel eine oder eine Kombination der folgenden Verhaltensweisen an: Er versucht, den Schmerz durch noch mehr Sex, Heavy Metal und TV-Horror abzustumpfen und die schreiende Seele stumm zu machen. Er übergibt die Aura noch mehr diesen Gebilden, Mustern und Wesenheiten, bis er fast nur noch aus ihnen besteht. Er nimmt Drogen oder ähnliches und tut alles, um sich selbst verachten zu müssen. Andere stürzen sich in „positive" Aktivitäten wie krankhaften Schulehrgeiz, Sportfanatismus oder ähnliches. Andere gehen in die angepaßte Lethargie, Eßsucht und so weiter, andere in Krankheit, manche in den Tod. Bestimmte Kinder fangen in diesem Alter an, das lineare, linksgehirnige Denken als ihren einzigen Ausweg zu sehen und verlassen die nun schmerzhaft gewordenen magischen Gründe ihrer Kindheit. Die Spaltung beginnt. Das Drama, das sich da abspielt, ist von uns Erwachsenen kaum nachzuvollziehen. Wir sollten mit unseren harten Urteilen sehr zurückhaltend sein und lieber unser eigenes Drama betrachten und heilen.

Die magische Spielwiese einer behüteten Kindheit und Jugend ist so köstlich und wertvoll und eine notwendige Vorbereitung für einen charaktervollen und schöpferischen Erwachsenen. 90 Prozent der Verbrechen der Jugendlichen und Erwachsenen gehen auf das Konto dieses Dramas. Wahrscheinlich sind sie die Ursache der meisten Kriege. Natürlich erleben nicht alle Jugendliche dieses Drama, und viele wachsen auch behütet auf. Dennoch, selbst in den behütetsten und integersten Elternhäusern geschehen solche Dinge.

Der offensichtlich zunehmende Kindesmißbrauch ist die Lust dieser Wesenheiten, die sich in der Aura eingenistet haben, um das morbide Verlangen des negativen Egos, die Verachtung und Tötung des magischen Kindes und seiner Seele perfekt zu machen. Und auch: das eigene Leiden andere erleiden zu lassen, solche, die unschuldig sind.

Nach meiner Ansicht gibt es hier nur eine Abhilfe: die spirituell orientierten Rituale Lemurias wieder aufleben zu lassen – in welcher Form auch immer sie heute möglich wären. Eines davon ist beispielsweise Kommunion oder Konfirmation. Wenn auch sehr formell, können sie dennoch heilsam und führend wirken, wenn in ihrem Ablauf der spirituelle Charakter überwiegt. Verkommen diese Feste zu Familienfeiern, in denen es hauptsächlich um die Geschenke geht, schaden sie eher, als daß sie nützen – weil daraus ein Sarkasmus entstehen kann, der das ganze restliche Leben prägt.

Aura-Reinigung und Schließen der Lecks in der Aura kann durch starke und reine Subliminale erreicht werden. Das ist mit heilenden und stärkenden „Botschaften" unterlegte Musik, die man ganz leise in Räumen abspielen kann. Es gibt Subliminale auch ohne Ton, nur mit einem schwachen Rauschen. Die Subliminale sollten kinesiologisch oder durch andere geeignete Mittel auf ihre Integrität und Sauberkeit untersucht sein. Die normalen und auch stummen Subliminale haben den Vorteil, daß sie den möglichen Widerstand des Jugendlichen und seines Egos unterlaufen. Das Unterbewußte bekommt die kraftvollen positiven „Befehle" und tritt entsprechend in Aktion. Positive Subliminale als manipulativ und gefährlich abzutun, hieße so viel, wie es abzulehnen, saubere Luft statt Smog zu atmen. Denn wir alle sind permanent von Millionen von negativen Subliminalen umgeben, die uns dauernd zu manipulieren suchen. Unser Unterbewußtsein bekommt alles mit, sogar die Radio-, TV- und Internetfrequenzen – wo immer wir uns befinden. Und umso stärker, je mehr wir uns diesen gedanklich öffnen. Daher ist es ratsam, sich regelmäßig spirituell, psychisch und mental zu schützen. Dies tun gute Subliminale. Sie können unterstützt werden durch Meisteressenzen, positive und schützende Aromen, Anhänger aus schwarzem Turmalin und Rauchquarzen und vielem anderen mehr. Und – bitte: Gebete, Gebete, Gebete – gleich in welcher Sprache. Sie sind das Wunderbarste, was der Mensch für den Menschen tun kann. Ob christlich, buddhistisch, jüdisch oder wie immer! Ein inbrünstiges Gebet wirkt Wunder – in jeder Situation. Jesus von Nazareth, Maria, Jashuah, die Meister und Engel, die Wissenden Lemurias sind machtvolle Empfänger und Beschützer solcher Gebete. Man muß sie bewußt auf das Höchste ausrichten, auf die lauterste Liebe und Integrität …

Inbrünstige Gebete, die man selbst auf Tonband aufnimmt und leise auf Autoreverse-Kassettenrekordern Tag und Nacht abspielt, können Wunder wirken.

In den lemurianischen Initiationen wurden auch Schutzräume gebildet, Versiegelungen, die das Verhalten zwischen den Jugendlichen bis zu einem gewissen Grade steuerten. Wie oben gesagt: In der heutigen Zeit, in der es keine tiefgehenden Initiationen mehr gibt, ist Liebe zwischen Jugendlichen schon im frühen Alter ohne Sex gar nicht mehr denkbar. Dies wäre den Jugendlichen auf Lemuria gar nicht in den Sinn gekommen. Dieses Tor zur Sexualität war, wie gesagt, noch nicht geöffnet. Es war noch versiegelt. Dadurch war es den Jugendlichen möglich, einen ganzen wunderbaren Kosmos der „jungfräulichen" Liebe zu erkunden.

Diese Seelenbedürfnisse haben sich bei den Jugendlichen heute nicht geändert. Ihre Verletzung bedeutet die beschriebene Desorientierung, Trauer und oft auch Haß und Wut oder Frustration, Scham und Verwirrung. Das geht sogar so weit, daß bei besonders seelenverletzenden Erfahrungen bestimmte chemische Veränderungen im Gehirn passieren, Schaltstellen werden neu „verkabelt", Schutzbereiche geben auf, wichtige Schwellen werden übersprungen, Bereiche werden verbunden, die nicht zusammengehören: zum Beispiel Sex und Gewalt. Zwei Bereiche, die entfernter voneinander gar nicht sein können. Dies ist dann der Zustand des Jugendlichen, in dem er gar nicht mehr hören kann, denn er muß der Chemie gehorchen. Hier hilft Hände auflegen im Gebet, Reiki und ähnliches. Zusätzlich unterstützt kann dies werden durch die Farbe Grün in allen Variationen. Natürlich, wenn es geht, Spaziergänge in der Natur, aber auch grüne Kleidung, Grünpflanzen im Zimmer, leicht grün gestrichene Wände. Wichtig: Vitamine, insbesondere Vitamin-B-reiche Kost oder Einnahme von Vitamin-B-Komplex in richtiger Dosierung und nicht zuviel Fleisch, allenfalls solches von möglichst liebevoll aufgezogenen Tieren. Und das Essen segnen! Das hilft auch, wenn die Zutaten nicht optimal sind.

Akne ist ein Versuch der pubertierenden Jugendlichen, ihre Not zu äußern und sich zu reinigen, und spricht für ihre Integrität. So auch Dermatitis und Jugendrheuma oder andere Krankheiten. Es ist aber kein Anzeichen dafür, daß alles in Ordnung ist, wenn ein Jugendlicher keine Akne hat. Besonders heftige Reaktionen in der Pubertät sprechen eigentlich für die Integrität in der Familie und der betroffenen Jugendlichen. Manche Jugendliche versuchen sogar, die Last anderer mitzutragen.

Den Jugendlichen auf Lemuria war Sex nicht verboten – es kam ihnen nicht in den Sinn. Es gab dahin keine Türe, keinen Raum, keinen Zugang. Somit konnten die hormonalen Veränderungen, die beginnende Sexualreife und die damit verbundenen neuen Resonanzen voll vom Herzen aufgenommen werden. Sie stimulierten auch die Chakren des Ausdrucks, der Erkenntnis und der Beziehung zu Gott. Daher hatten Jugendliche zu dieser Zeit auch vermehrt tiefe göttliche Erfahrungen. Sie erlebten Körperlichkeit, sie erlebten sich selbst als Person, sie erlebten bewußt die Beziehung zwischen sich und der Welt und anderen Menschen: diese köstliche Erfahrung, ein „Selbst" zu haben und es mit anderen zu teilen und anderen mitzuteilen. Nicht selten erlebten die Jugendlichen zu dieser Zeit bewußt satori- und trance-ähnliche Zustände, in denen sie sich ihrer natürlichen magischen Kraft bewußt wurden.

Daß in der heutigen Zeit Jugendliche diese Erfahrungen nicht machen, ist eine Tragödie. So suchen sich die Heranwachsenden Ersatz. Die Sehnsucht nach Liebe in Verbindung mit etwas Höherem und mit der Gemeinschaft wird heute durch die großen Rockkonzerte aufgefangen. Wem wir hier die Initiation der Jugendlichen überlassen, kann sich jeder selbst ausmalen. Techno ist beispielsweise eine Antwort auf das Satori- und Trancebedürfnis des Jugendlichen in diesem Alter. Natürlich auch die Suche nach veränderten Bewußtseinszuständen durch Drogen. Eine Seele ohne Initiation in diesem Alter läuft in ein Vakuum. In ihrer großen Liebe zum Selbst holt sie sich dann Ersatz, wo sie ihn bekommen kann. Dies allein zu verstehen könnte unsere Haltung den Jugendlichen und uns selbst gegenüber verändern. Wir hätten ein neues Verständnis, was Drogen, Techno, Rock und Pop eigentlich bedeuten. Das größte Pop-Idol aller Zeiten, Michael Jackson, war ein gequältes, mißbrauchtes Kind. Das sagt vieles …

Sexualität war auf Lemuria erst als Kulmination in einer Liebesbeziehung vorgesehen, in der auch ein Bund eingegangen wurde, sich gegenseitig die Seele zu schenken. Diese Art Liebe entstand nach der vierten Initiation, in der die Tore zur Sexualität und des tiefen Seelenbundes geöffnet wurden.

Partner blieben in Lemuria bis zum Tod zusammen, außer es war beiden klar, daß sie „rund" waren miteinander und sich mit Freude und Verantwortung trennten. Dies wurde mit einem Fest und gegenseitigen Geschenken besiegelt. Es gab wohl hie und da Liebeskummer, aber keine Liebestragödien.

Die meisten Paare aber, wie gesagt, empfanden den Kosmos des Zusammenseins und seinen Reichtum so intensiv und in ein solch ewiges Licht getaucht, daß sie zusammenblieben und ihre Liebe bis ins hohe Alter genossen.

Partner, die vor dem anderen starben, wurden „im Himmel" befragt, ob eine andere Partnerschaft möglich sei. Und erst, wenn von dort ein Ja kam, war es möglich.

Ehrlichkeit und Treue, Wahrheit und Integrität waren die höchsten Werte in Lemuria, auch in der Partnerschaft.

Da die Lemurianer keine besonderen erogenen Zonen kannten, sondern alles voll Verlangen und Freude am anderen war, war das sexuelle Zusammenspiel eher eine Variante von anderen Liebesspielen. Ich bitte meine lemurianischen Freunde mir zu erlauben, noch etwas mehr darüber sagen zu dürfen.

Der Akt des Miteinander-Schlafens war nur eine Variante von vielen des körperlich-seelischen Zusammenseins. Wenn ein Kind geplant war, das heißt, wenn ein Weiser die Bestätigung gab, daß ein Kind in die Partnerschaft eintreten wollte, geschah die Vereinigung im Bewußtsein, „ein Fest mit dem Neuankömmling" zu feiern.

Während der Vereinigung hatten die beiden Liebenden nicht selten dasselbe innere Bild, daß sie Hand in Hand in festliche Gewänder gekleidet in eine himmlische Stadt gingen und dort der Seele begegneten, die zu ihnen kommen wollte.

Die körperliche Lust war ganz und gar ebenbürtig der Lust, in diese wunderbare Stadt zu gehen, dieses Licht zu erleben und dieses Lächeln der Göttin zu genießen, die den Neuankömmling präsentierte.

Die Rosen und Blumen, die Kolibris, die lachenden Dienerinnen, die Schwäne und Flamingos, das spritzende Wasser aus den tausend Fontänen und das Gesicht der Göttin vereinigten sich zu seelischer und körperlicher Lust. Göttliche Lust, kraftvoll, tief, bebend.

Sexualität, die liebende Vereinigung, war aber durchaus nicht nur da, um ein Kind zu bekommen. Es war die Erfahrung des anderen auf einer sehr tiefen Ebene. Die Erfahrung dessen, wer er *wirklich* war.

Die Lemurianer liebten sich gerne tagsüber – besonders gerne bei Sonnenaufgang oder Sonnenuntergang oder in der Dämmerung. Da die Dämmerung als eine besonders magische und festliche Zeit angesehen wurde, empfanden die Partner dann ihre Lebensströme besonders intensiv. Sie spürten Mama-Ahanah mehr als sonst am Tag oder der Nacht.

Die Liebe, die körperliche Liebe, wurde von den Lemurianern als sanftes Ineinandergleiten der ganzen Körper und „aller Körper" empfunden, wofür das Ineinandergleiten der Organe nur der äußere Ausdruck war.

Die Auren der beiden schmiegten sich ineinander und – hätte man es beobachten dürfen – erzeugten sprühende neue Farben und wurden zu einer neuen, sehr viel weiteren Aura.

Insofern konnten aurasichtige Lemurianer, und das waren fast alle, durchaus von weitem an einem Farbenspiel erkennen, wenn sich ein lemurianisches Paar in freier Natur hinter Büschen liebte, und würden diskret einen anderen Weg nehmen.

Ja, Lemurianer liebten sich gerne in der freien Natur. Da sie ein sehr plastisches Gehör hatten, das die Seele unmittelbar berührte, empfanden sie das Spiel des Windes in den Blättern der Bäume, das sanfte Rauschen der Tannen und Kiefern in den besonders schönen Abend- und Morgenwinden als etwas tief Erotisches. Sie empfanden es als Lust, wenn der Wind über ihre Haut strich, und hatten auch Freude am Zusammensein im Regen oder während eines Gewitters.

Man sprach von Mama-Ahanah, der Großen Liebe, der allumfassenden, der Liebe der Göttin Sh- und des Gottes J- und allem: ah, also J-Sh-ah, mit all ihren Charakteristiken.

Mama-Ahanah umfaßte alle Formen der Liebe, und es war wohl das, was wir Prana, Heiliger Geist, Reiki, Orgon, Chi usw. nennen würden. Es war die Energie von Jashuah, und Jashuah selbst war darin eingebettet.

Dennoch haben die Lemurianer, ähnlich wie die Griechen, viele Begriffe für die Aspekte der Liebe.

Sie kennen Eros, Philia (freundschaftliche Liebe), Agape (seelische Liebe), aber sie kennen auch spezielle Worte für die Liebe zur Natur, zu Tieren, zu ihrer Arbeit, zu sich selbst (Mama-Tesh) und die Liebe zu „Gott/Göttin/alles, was besteht" (Mama-Jashuah) mit all ihren Aspekten.

Mama-Ahanah ist das, was in allem fließt und alles zusammenhält. Mama-Ahanah kann in Erregung geraten, und dann wird sie heiß. Auch im physischen Feuer, im Blitz. Und Mama-Ahanah gerät in Erregung in der Liebe, und ihre Hitze und ihr Zittern/Vibration/Klang/Schwingung/magnetischer Fluß (Aluah Ashanah) durchzieht dann den Körper. Mama-Ahanah fängt dann an zu tanzen und erhebt ihre Stimme, ein Gurren wie ein Kolibri, und dann setzt der physische, seelische und spirituelle Orgasmus ein, in dem der Samen im Mann sich hebt und in das Becken der Frau pulsiert.

Der Mann erlebt es als spiralförmiges Saugen, als Kreiseln, das die pulsierenden Wände seines Astralkörpers in Erregung bringt, als Saugen hinein und hinaus in den Raum des geliebten Partners, als Saugen und Zurückfließen, Hinausfliegen und Hereinfliegen, wobei jeder Flügelschlag mit höchster Lust verbunden ist.

Dieser Orgasmus bleibt noch lange nach dem physischen und begleitet das Paar noch mindestens einen ganzen Tag. Die Auren spielen noch lange miteinander.

Die Sexualität wurde als das völlige Ineinandertauchen (Aluah), als Erleben des Schöpfungsaktes von Gott und Göttin angesehen und erlebt. „So fühlen sich Gott und Göttin, wenn sie etwas miteinander erschaffen …" steht im

Buch Akshah, dem großen Weisheitsbuch aus Kristall in der Weißen Stadt Jasha-Therim, der Stadt von Gott/Göttin.

Das Glück von Paaren, die Aluah in seiner ganzen Fülle erfahren, ist unaussprechlich. Sie erleben den anderen auf einer Ebene, die mit seiner Göttlichkeit beschrieben werden kann. Es gibt Paare, die sich in solchen Augenblicken in den Sternenstrahl schwingen und für kurze Zeit „nach Hause" kommen. Ohne dafür Worte zu finden – und selbst die Lemurianer hatten dafür keine Worte – erkannten sich Mann und Frau, wer sie wirklich waren, als Sternenwesen.

Dies gehörte für die Paare zu den glücklichsten Augenblicken, und es war sichtbar an einem goldenen Schein, der um beide lag.

Älteste konnten solchen Paaren versonnen nachblicken. Und wenn sie sich dann kopfschüttelnd wieder ihrer Arbeit oder Meditation zuwandten, war das Ausdruck ihrer inneren Bewegung.

Es wäre unausdenkbar gewesen, daß sich Paare in dieser Phase ihrer Liebe anderen Partnern zugewandt hätten. Wenn es vorkam, war es ein tiefer Schmerz – nicht nur für die Beteiligten selbst, sondern für eine ganze Gemeinde.

Solche Menschen wurden nicht ausgestoßen – im Gegenteil – es wurde versucht, ihnen möglichst zu helfen und die Seelen zu heilen.

Man versuchte aber auch herauszufinden, ob es sich um einen der seltenen Fälle handelte, daß ein Mann zwei Frauen zur gleichen Zeit lieben kann oder eine Frau zwei Männer. Hier half der Weise oder die Weise eines Dorfes, die sich die Herkunft der Menschen anschauten. Oft zeigte es sich dann, daß die beiden Frauen oder die beiden Männer aus ein und demselben Sternenstrahl stammten und sozusagen Sternengeschwister waren. In solchen Fällen war auch Liebe zu dritt möglich.

Wir beschreiben dies mit aller Vorsicht, denn dies hat nichts, gar nichts mit der Promiskuität und den Verirrungen des 20. Jahrhunderts zu tun. Auch nichts mit Vielmännerei oder Vielweiberei.

Ehen wurden von den Weisen im Dorf geschlossen. Sie hießen „Versprechen von zwei, die einen köstlichen von Gott/Göttin gesegneten Weg gehen (Mihal-jeshanah)". Diese Ehen wurden nicht auf Ewigkeit geschlossen, sondern auf die Länge des köstlichen Weges, wobei viele Paare bis zu ihrem Tod zusammenblieben. Zu köstlich war das, was man miteinander erlebte. Und man erlebte sich ja selbst im hohen Alter als die jungen, magischen Wesen, die man war.

Man erlebte sich gegenseitig als Jungbrunnen. Aluah in all seinen Spielarten war Regeneration, Reinigung, Sättigung. Die Lemurianer hatten sicher ihr hohes Alter diesem „Sich-gegenseitig-Sättigen auf dem köstlichen gemeinsamen Weg" zu verdanken.

Es gab Ehen, die nach einiger Zeit auseinandergingen. Dies geschah dann, wenn man fühlte, daß die Partnerschaft rund und abgeschlossen war. Der Weg war zu Ende gegangen worden.

Dies wurde den Ältesten vorgebracht, die es dann dem Weisen vorbrachten, der es bestätigte oder nicht bestätigte.

Wenn es der Weise bestätigte, wurde die Ehe in einem feierlichen und festlichen Akt getrennt. Man bedankte sich gegenseitig für die schöne Zeit zusammen und gab sich gegenseitig und den beteiligten Familien Geschenke.

Geschenke, die der Mann der Frau und die Frau dem Mann gemacht hatten, blieben im jeweiligen Besitz.

Kinder aus diesen Ehen konnten wählen, bei welchem Partner sie bleiben wollten. Nicht selten blieben die ehemaligen Partner ja im gleichen Dorf, und so war es auch für die Kinder einfach.

Und nun zurück zu unserem Paar, das sich im Sonnenuntergang liebt. Beide trunken von dem Licht und der Lust und Freude aneinander. Beide tief in den Augen und in der Seele des anderen, umschmeichelt vom Abendwind. Ganz und gar geschützt an ihrem Platz.

Es konnte nur vorkommen, daß eine neugierige Elfe vorbeihuschte, so tat, als ob sie errötete, und abschwirrte. Aber wir wissen ja, Elfen erröten schnell.

Kapitel 13

Die Reinheit des Herzens

Nichts war den Lemurianern heiliger als die Reinheit des Herzens. Sie sprachen von den ungetrübten Augen. Sie sahen in den Augen ihrer Kinder und auch gegenseitig sofort, ob da ein Gedanke oder ein Bild war, das die Reinheit des Herzens verletzte oder trübte. Und sie fragten dann so lange, bis sie es herausgefunden hatten und die Sache bereinigt war.

Das war ihnen so wichtig, daß viele Menschen eines Dorfes zusammenkamen und gemeinsam um höheren Rat baten, da sie um die Reinheit eines Herzens bangten. Sie wußten, daß in dem Augenblick, da die Reinheit verlassen wird, sich der Mensch auch von sich selbst und seiner Umwelt trennt, daß das Erlebnis der Natur, der inneren Werte, der inneren Schönheit, der Selbstliebe und Gottesliebe gestört wird.

Deshalb taten sie alles, um einen solchen Menschen „zurückzugewinnen". Wenn dies schwer wurde, fragten sie einen Weisen oder eine Weise um Rat, holten einen Traumwissenden oder einen Kristallkundigen, der mit der Hilfe von Kristallen oder durch einen Traum das Problem aufspürte und heilte.

Das Wort „Vergebung" gab es nicht bei den Lemurianern, da sie nie etwas zu vergeben hatten. Sie wurden nie böse auf einen Menschen, der sich „trennte", nur sehr betroffen. Sie konnten nichts behalten, festhalten oder nachtragen. War etwas erledigt, dann war es vorbei. Die Liebe, die die Lemurianer untereinander hatten, heilte *alles*, selbst gebrochenes Vertrauen. Lemurianer urteilten auch nicht. Sie stellten sich nicht über einen anderen, aber auch nicht unter jemanden. Dennoch lernte man voneinander und anerkannte in einer natürlichen Demut den anderen, der in einem Bereich mehr wußte oder mehr vermochte. Das ermöglichte ihnen, wirklich aufeinander zu hören und ungetrübt voneinander zu lernen, zu dienen und sich dienen zu lassen. Die Wissenden, Weisen und Ältesten, obwohl so hoch geachtet und weit in ihrer persönlichen

Entwicklung, standen nicht höher als die anderen Lemurianer. Daher konnten sie auch *wirklich* geehrt werden.

War ein Mensch „zurückgewonnen", waren Freude und Dankbarkeit groß. Denn jeder wußte, daß es möglich war, den Pfad zu verlassen, und man dann die Hilfe von Freunden brauchte, um zurückzufinden. Niemand trug jemandem etwas nach. Man stellte sich immer mit Freuden auf eine neue Situation ein.

Kapitel 14

Lemuria und die Kinder

Die Kinder von Lemuria – magische, zauberhafte Kinder. Wesen von einem anderen Stern. Große Wesen in kleinen Körpern. Bei Geburten versammelte sich das ganze Dorf, um einen ersten Blick in das Gesicht und die Augen des Neugeborenen tun zu dürfen. Dort, wo die Milchstraßen der Ewigkeit sich drehten, die tiefen Räume und die strahlenden Tore des Lichtes. So sprachen die neugeborenen Kinder zu den Menschen in Lemuria.

Lemuria und Lachen waren eins. Die Kinder waren immer bereit zum Lachen. Lachten so entzückend und helljauchzend, daß den Erwachsenen manchmal das Herz fast stehenblieb ob des so überirdischen Klanges. Es war, als ob Glocken aus Kristall gegeneinanderstießen, so silbrig, so glitzernd im Klang.

Es gab Lemurianer, die, wenn sie einmal traurig waren und Heimweh nach ihrem Stern hatten, auf die Spielplätze der Kinder gingen, um deren Lachen zuzuhören. Die Kinder konnten schon in Lachen ausbrechen, wenn sie ein Blatt im Wind sahen, das seltsam kreiselte. Sie liebten es auch, den Gang oder die Gebärden von Tieren nachzuahmen, und machten sich einen Spaß daraus, herauszufinden, welches Tier der Spielkamerad gerade nachahmte.

Die Kinder spielten auch mit Naturgeistern. Und sie konnten sich sehr leicht in Trance versetzen, um in die anderen Realitäten zu gelangen, dort, wo der Ort der Feen war. Wobei hier „Trance" der falsche Ausdruck ist. Wir haben kein Wort, um diesen Durchgang zu beschreiben, den die Kinder ganz natürlich vollzogen. Erwachsene Lemurianer hatten mehr Mühe, das feine Gespinst der Realität von Feen zu betreten. Wobei Feen – wir kommen darauf noch später – auch Mühe hatten, in die Realität der Menschen zu gelangen.

Elfen waren die entzückenden kleinen Gespielen von Kindern. Es gab solche, die wie Libellen umherflogen und immer zu einem Schabernack aufgelegt waren. Es gab Erdelfen, Baumelfen, die Spiele vorschlugen, die mit Erde oder

Bäumen zu tun hatten. Die verschiedenen Elfenarten waren sich untereinander nicht so „grün" – sie hatten die Tendenz zur Eifersucht –, so entschieden die Kinder, mit welchen Elfen sie an welchem Tage spielen wollten, und achteten darauf, daß alle Elfenarten einmal drankamen. Elfen spielten sehr gerne mit Kindern, da die Aura der Kinder sehr rein und prickelnd war und die Elfen diese Magnetik der Kinder, diesen natürlichen feinen Zauber, sehr gerne in ihre eigene Energie „einbauten". Man könnte sagen, sie naschten von den Kindern. Die Nahrung der Elfen war hauptsächlich feinstoffliche Energie und die nächsten physischen Verwandten dieser Energie: Nektar und Blütenstaub.

Ihre Kinder waren für die Lemurianer Gegenstand der Bewunderung und Achtung. Sie freuten sich nicht nur an deren Frische und Spiel, sondern auch daran, mit einem Kind gemeinsam selbst in die magischen Welten ihres eigenen inneren Kindes gehen zu dürfen. Über die Kinder wurden die direkten Kontakte mit den Feen aufrechterhalten.

Die Kinder hatten größtes Vertrauen zu ihren Eltern. Das Verhältnis war geprägt von einem tiefen „Miteinander-Fühlen" und einer wunderbaren Liebe. Die Kinder fühlten für ihre Eltern und die Eltern für die Kinder. Stundenlang konnte ein Mädchen der Arbeit ihres Vaters zuschauen und durch seine Hände mitfühlen, was er tat. Sie stand vielleicht da, mit offenem Mund und halb geschlossenen Augen, und fühlte ihren Vater, wie er Bäume pflanzte – bis sie dann irgendwann selbst hinging und ihn fragte, ob sie helfen dürfe.

Die Eltern ließen die Kinder sehr viel bei ihren Arbeiten zuschauen, bevor sie sie baten, ihnen zu helfen. Sie wußten um die Schönheit dieses Schauens und genossen die Energie des Kindes, die die Hände noch sanfter und den Geist noch behutsamer machte. Selbst für die Ältesten und Weisen eines Dorfes waren Kinder Ratgeber, und nicht selten sah man einen Weisen ein Kind auf den Knien wiegen – aber wer hier Geschichten erzählte, war nicht der Weise, sondern das Kind. In Lemuria waren überhaupt Kinder die eigentlichen Geschichtenerzähler.

Tagträume, Trance-Zustände und Phantasien der Kinder wurden von den Erwachsenen gefördert. Man hätte ein Kind niemals in einem Traum oder in einer Phantasie gestört. Wenn es überhaupt vorkam, dann galt es als sehr frevelhaft, sich über ein Kind lustig zu machen. Lemurianer sahen die feinen, empfindlichen Lichtantennen um die Kinder und suchten diese so lange zu erhalten wie überhaupt möglich.

Die meisten lemurianischen Kinder hatten wunderbare Singstimmen. Nicht selten ging ein Kind allein oder mit wenigen Freunden in den Wald oder zu einem Platz, der einen besonders schönen Klang erzeugte, und sang. Dieses Singen war von solcher Reinheit und Klarheit, daß es jedem Erwachsenen die Tränen in die Augen trieb. Oft kamen ganze Scharen von Zwergen zusammen, um gerührt zu lauschen, und manchmal sah man an einer Bewegung in den Zweigen der Bäume, daß sich eine Fee aus ihren Räumen in die Gegenwart der singenden Kinder hineinbewegt hatte. Auch die von Natur aus eher eifersüchtigen Elfen überwanden ihre Charakterschwäche und lauschten so andächtig, daß ihre Flügel stehenblieben und sie sich noch im letzten Augenblick vor dem sicheren Absturz abfingen, wobei sie ärgerlich erröteten und abschwirrten. Elfen liebten es nicht, die Kontrolle über sich zu verlieren.

Manchmal veränderte sich der Platz, wo das Kind sang, und ein warmes goldenes Licht erschien und hüllte das Kind ganz ein. Es war die Göttin, die selbst gekommen war, um zu lauschen und mit dem Kind zu sein. Mitunter zeigte sich auch noch ein tiefes strahlendblaues Licht, das Licht Gottes, und beide umfingen den Sänger oder die Sängerin. Viele Kinder erlebten auf diese Weise höchste ekstatische Zustände, besonders häufig kurz vor der Pubertät.

Wir Menschen von heute würden die Kinder von Lemuria einfach entzückend finden. Sie waren geradeheraus, offen, wahrheitsliebend, hatten funkelnde, leuchtende Augen und schneeweiße Zähne, die regelrecht in der Sonne blitzten, wenn sie lächelten oder aus vollem Halse lachten, was häufig vorkam. Dann kugelten sie sich auf dem Boden herum, trommelten auf ihren Bauch, nicht selten gemeinsam mit Kameraden und auch mit ihren Lieblingshaustieren.

Damit ich es nicht vergesse: Tiere konnten in Lemuria lachen und weinen. Sie tun dies heute noch. Wir können es nur nicht mehr sehen.

Die Erziehung der Kinder war eine Unterweisung. Kinder brauchten keine strenge Zucht, denn sie waren von Natur aus lernbegierig und erkannten die Erwachsenen in ihren Funktionen an. War ein Kind rebellisch geworden, was selten vorkam und meist mit einem Schmerz zusammenhing, war es das Kind selbst, das den Heilungsprozeß unterstützte, da es selbst darunter am meisten litt. Es ging dann darum, „das Licht wiederherzustellen" – meist durch die Anteilnahme der Familie, durch ein Mandala-Spiel oder durch gemeinsames Singen.

Singen war in der Familie überhaupt der Heiler Nummer eins. Gemeinsames Singen heilte jede Verstimmung, jede Trauer, jeden Ärger, jeden Schmerz, sogar den körperlichen. Selbst Wunden schlossen sich. Man sang über Tieren, die sich verletzt hatten – und hier waren die Kinder besonders wirkungsvoll. Weder Stein noch Pflanze noch Tier noch Mensch – keine Wesenheit zwischen Himmel und Erde – konnte der Schönheit und heilenden Heiterkeit und Liebe des hingebungsvollen Gesangs eines Kindes widerstehen. Die Kinder waren die Segnenden auf Lemuria und ihre Eltern die Gesegneten.

In der Abenddämmerung, wenn sich die ersten Sterne zeigten, gingen Kinder hinaus, um mit ihrem Stern zu sprechen. Ganz natürlich bewegten sie sich und öffneten ihren Körper, um mit dem Stern die größte Nähe zu haben.

Jedes Kind hatte seinen Stern. Leise und lächelnd tanzte er zwischen den Handflächen des Kindes, und die Milchstraßen flochten ihm einen Kranz ins Haar.

Wer hätte es stören mögen …?

Kapitel 15

Essen und Trinken

Seine tiefe, respektvolle Verbindung zur Tier- und Pflanzenwelt beeinflußte natürlich auch die Eß- und Trinkgewohnheiten des Lemurianers.

Essen und Trinken waren für ihn ein Fest. Es war ein Bedürfnis, mit den Sinnen an der Umwelt teilzunehmen, und man war sich bewußt, daß Essen und Trinken eine der vollsten sinnlichen Verbindungen zur äußeren Welt waren.

Es war die vollendete Kommunikation schlechthin. Der Kau-, Verdauungs- und Ausscheidungsvorgang war für Lemurianer ein heiliges Mysterium. Für sie war es eine weitere Möglichkeit des Einsseins mit der Welt – und da sie jede Form der Einheit und des Einsseins mit Glück erfüllte, erfüllte sie Essen und Trinken mit Glück und Lust.

Besonders die älteren Lemurianer hatten nicht mehr das Gefühl, daß sie essen und trinken mußten, um Energie zu bekommen. Es gab viele alte und uralte Lemurianer, die kaum etwas aßen und tranken, aber dann auf den Festivals ganze Berge verschlingen konnten, ohne daß ihnen dies etwas ausmachte.

Ähnlich auch die Wissenden aus den Kristallstädten, die ja noch einmal eine ganz besondere Spezies der Lemurianer waren. Auch sie „aßen" nicht, sondern führten sich auf ganz andere Weise Energie zu, wie wir noch beschreiben werden.

Die Erwachsenen kannten kein bohrendes Hunger- oder Durstgefühl, sondern eher das Bedürfnis nach Sinnenkommunikation und -stimulierung, während natürlich die Heranwachsenden aus dem Essen und Trinken Nahrung für den Körperaufbau bezogen.

Daher unterschieden die Lemurianer das Essen für kleine Kinder (bis ca. 7 Jahre), das Essen für Kinder bis zur Pubertät (7 bis 14 Jahre) und das Essen für Heranwachsende (14 bis 21 Jahre). Nach der vierten Einweihung begann das Essen der Erwachsenen. Man ging davon aus, daß von da an der Körper fertig war und sich nur noch regenerierte. So war das Essen der Erwachsenen mehr auf die Regeneration ausgerichtet, während das Essen der Kinder und Heranwachsenden auf das körperliche Wachstum abgestimmt war.

Zwischen Kinderessen und Erwachsenenessen bestand der Unterschied in der Zusammensetzung und Kombination der Speisen wie auch in ihrer Zubereitungsart.

Die Kinder und Jugendlichen aßen sehr viel mehr rohe und gekochte/gesottene Speisen, während die Erwachsenen neben Rohem mehr Geröstetes und Getrocknetes aßen.

Grundsätzlich betrachtete der Lemurianer die Pflanze nach zwölf möglicherweise eßbaren Teilen:

- die Knolle/Wurzel/der Wurzelstock
- der Stengel/Schaft/Stamm als Inneres, als Mark
- der Stengel/Schaft/Stamm als äußeres, Haut, Schale oder Rinde
- die Blattknospe
- das junge Blatt
- das ausgereifte Blatt
- die Blütenknospe
- die Blüte
- der Blütenstaub
- der Nektar
- die Frucht
- der Samen

Hieß die Pflanze, beispielsweise eine Farnart, *Kijarah*, dann nannte man die Knolle dieses Farnes *Kijartok*, denn tok war die Silbe für Knolle und *Kijar* war der Name dieser Spezies.

Farn allgemein hieß *Kiah*, so war wiederum jar die Silbe für diesen besonderen Farn.

Es gab für alle diese Teile sieben verschiedene Hauptzubereitungsweisen:

- roh
- gemust
- gekocht im Wasser
- gesotten im eigenen Saft

- geröstet
- getrocknet
- in Kräuter und Blätter eingewickelt und im Feuer oder
  auf heißen Steinen gebacken

Diese Zubereitungsweisen waren unterteilt. Zum Beispiel wurde in verschiedener Art und Weise geröstet: mit Öl, ohne Öl, kurz und heftig oder auf „kleinem Feuer", auf dem heißen Stein, im Kupfertiegel oder in der Keramikpfanne. Dann wurde geröstet, ohne das Röstgut zu wenden, und geröstet, indem man es wendete. Alle diese Verfahren hatten einen Namen, und man wandte sehr bewußt die verschiedenen Formen an. Zu rösten, ohne zu wenden, machte man dann, wenn man „polarisierte" Nahrung herstellen wollte.

Pro „Menügang" wurden nur bestimmte Pflanzenteile von bestimmten Pflanzen in bestimmten Zubereitungsarten kombiniert. Auch die Essenszubereitung folgte Mandala-Regeln und der Magnetik der „Stimmigkeit".

Daraus ergaben sich über 10 000 lemurianische Rezepte, die sich über die Jahrtausende entwickelt hatten und von Generation zu Generation weitergegeben und angereichert wurden.

Der Lemurianer und die Lemurianerin, unermüdlich kreativ, waren voll des Glückes, wenn sie ein neues Rezept, eine neue Mixtur usw. herausgebracht hatten. Meist wurde es einige Zeit in der Familie geheimgehalten, bis man nicht mehr an sich halten konnte und ein Festmahl für andere Familien oder das ganze Dorf veranstaltete, wo man die neuen Rezepte zum besten gab. Da standen dann die Köche und Köchinnen mit hochroten Gesichtern um die Töpfe und Feuerstellen herum und debattierten leidenschaftlich die neuen Genüsse.

Ohne hier in die Tiefe gehen zu können, einige Hinweise:

- Die Frucht wurde immer alleine gegessen oder
  mit bestimmten Früchten anderer Pflanzen kombiniert.
- Knollen und Wurzeln wurden gerne mit jungen Blättern kombiniert.

Andere Kombinationen waren:

- Blüten mit jungen Blättern
- Blütenstaub, Samen und Knollen
- Pflanzenmark mit ausgereiften Blättern

Und jedes dieser Teile allein oder mit entsprechenden Teilen anderer Pflanzen.

Samen konnten außer mit Früchten mit allem kombiniert werden. Sie wurden immer geröstet.

Blüten wurden nie geröstet oder gekocht. Sie waren Beigaben, frisch oder getrocknet, und wirkten ähnlich wie Kräuter.

Als Öl wurde entweder das Öl des verwendeten Samens zusätzlich beigegeben, oder wenn weiteres Öl verlangt war, nahm man das Öl einer Felsendistel, die von Felsenzwergen gesammelt und in kühlen Klippenhöhlen gepreßt wurde, eine Kostbarkeit mit großem Tausch- und Handelswert.

Obwohl viele der, wir würden sagen, Gemüsepflanzen und Gemüsebäume im Geschmack und Aroma konzentriert genug waren, um auch als Kräuter zu gelten, waren die Kräuter ein ganzer Kosmos für sich. Sie fungierten als Beigaben zum Essen, gehörten aber zur Welt der Heilpflanzen.

An Kräutern und Heilpflanzen unterschied man noch viel mehr verwendbare Pflanzenteile:

> Blattstengel, Blattspitzen, Fruchtstände, kleine Wurzeln,
> große Wurzeln, männliche und weibliche Anteile,
> die Samensprossen in verschiedenen Größen, die Jungpflanze,
> mittlere Pflanze, ausgewachsene Pflanze;
> außerdem die Pflanzenfasern, Blattfasern und Rippen und
> die Früchte in verschiedenen Reifungsgraden

Die Kräutermischungen, die Elixiere, die Kräuter- Kristallmischungen, die Öle und Aromen waren Beruf und Berufung bestimmter Familien, die sich seit Generationen nur auf diese Wissenschaft konzentrierten. Da es mehr als 600 000 Kräuter und Heilpflanzen, Pflanzenteile und Rinden gab, die auch als Kräuter und Heilingredienzien galten, kann man sich vorstellen, wie viele Mischungen in all den verschiedenen Zubereitungsarten es hier gab!

Allein die Moose, die als Kräuter fungierten, kamen in rund 8 000 Arten vor:

> Steinmoose, Baummoose, Blattmoose, Bodenmoose,
> jede Baumart hatte ihr ganz bestimmtes Moos,
> das wieder ganz besondere Eigenschaften hatte.

Es gab eine Unzahl von Gräsern.

Um den Leser nicht zu verwirren, einiges Nachvollziehbares und Bekanntes:

Das Hauptgetreide auf Lemuria war eine Grassorte, die wir bei uns Dinkel nennen. Es gab sehr viele verschiedene Dinkelarten.

Man machte aus Dinkel Brot und Kuchen, indem man das volle Korn verwendete. Außerdem verwendete man die Blattspitzen als Salat und preßte daraus auch einen grünen Saft, den man den „Reiniger" nannte.

Er war sehr gut nach üppigen Mahlzeiten oder wenn man das Gefühl hatte, ein paar Tage Fasten täten gut. Er war dann das belebende und reinigende Getränk. Man vermischte den Saft mit zwei Teilen Wasser.

Eine der wertvollsten Gemüsepflanzen war der Knoblauch. Er war wesentlich größer als heute, die Stauden konnten Mannshöhe erreichen, und die Knollen wurden mitunter dick wie kleine Kürbisse.

Er war im Aroma eher süßlich, wesentlich weniger scharf. Jedes Teil der Pflanze schmeckte anders.

Die Knolle wurde gerne mit Sesam geröstet und mit anderen Knollen und Wurzeln kombiniert. Die jungen Blätter waren süßlich mit leichter Schärfe und wurden gekocht. Das Wasser konnte dann abgeschüttet und, mit Honig gesüßt, als appetitanregendes Getränk verwendet werden, als Magenbitter sozusagen oder Sangrita pikante, wenn man so will. Mit den reifen Blättern wurden unter anderem süßkartoffelartige Knollen eingewickelt und in der heißen Glut gebacken. Das würzige Aroma der Blätter zog in die Knollen und machte sie besonders bekömmlich und schmackhaft.

Eine andere der Hauptpflanzen auf Lemuria war der Fenchel. Auch dieser war viel größer als bei uns. Seine Stauden konnten frauhoch werden, und seine Knollen erreichten drei- bis vierfache Melonengröße.

Fenchel wurde in jeder erdenkbaren Art zubereitet: geröstet, gebacken, gemust, getrocknet, gekocht. Es gab ganze „Kochbücher" nur über den Fenchel, wann, wie, mit welchen Gewürzen und Kombinationen er zubereitet werden kann. Er galt als die Wissende unter den Küchenpflanzen.

Die grünen Stengel und das Mark darinnen galten als Süßspeise, und Kinder kauten sehr gerne diese Stengel als Leckerei.

Das grüne Kraut galt als äußerst reich an Lebenskraft (ana). Die Blüten und der Blütenstaub wurden zu Elixieren aller Art verarbeitet, der Fenchelsamen war ein beliebtes Gewürz, Beigabe zu Getränken etc. Getrocknetes Fenchelkraut fehlte in keiner Bettdecke. Gemahlener Fenchelsamen, Fenchelkraut und Fenchelblüte – leicht fermentiert – waren in jedem Geburtsbett zu finden.

Eine weitere wichtige Pflanzenfamilie war der Farn. Auch dieser wurde, je nach Art, bis baumhoch.

Es gab über 200 verschiedene Farnarten, die eßbar waren oder eßbare Teile hatten. Davon hatten über 50 Arten Wurzelknollen, die in der Art und im Geschmack der heutigen Süßkartoffel oder Yamwurzel entsprechen. Jede dieser Knollen schmeckte anders.

Je nach den Farnarten, die in einer Gegend wuchsen, wußte man auch, wo man sich befand.

Es gab bestimmte Farne, die im Süden wuchsen, und solche, die zum Norden hin wuchsen. Je nach Boden und Wasservorkommen hatten sie dann noch einmal eine andere Färbung, Maserung und einen anderen Geschmack.

Da Farne recht wetter- und ortsempfindlich sind, bringen schon die kleinsten Klimanuancen und Ortsveränderungen einen neuen Farn hervor.

Aus den Blättchen und Rispen der Farne wurden die feinsten Elixiere gemacht, zum Einreiben, für Einläufe (innere Waschungen), zum Einnehmen, zum Inhalieren und Einziehen durch die Nase zum Waschen der Nebenhöhlen, Mund-und Augenspülungen und so weiter.

Auch für Aufgüsse in den Schwitzhütten wurden Farnelixiere benutzt – oft gemischt mit anderen Elixieren.

Farnwedel waren auch Festschmuck, das heißt, sie wurden an Festtagen zu Ehren der Göttin geschwenkt, oft geschmückt mit Fäden in verschiedenen Farben und bestreut mit Gold- und Silberstaub. Es gab Wettbewerbe, wer wohl im Dorf den größten und bestgeschmückten Farnwedel hätte und ihn auch noch schwingen konnte.

Nach dem Fest wurden diese Farnwedel dann zerpflückt und getrocknet. Sie wurden Beigaben zu heiligen Feuern wie Totenfeuern und Festfeuern zu besonderen Anlässen wie Einweihungen oder Eheschließungen.

Es waren grundsätzlich die Ältesten und Weisen, die in ihrem Kontakt mit der Pflanzenwelt empfahlen, wo, wann und wie viele Pflanzen gepflückt und geerntet würden, waren sie nun wild oder in Gärten angepflanzt. Fast jeden Tag wurde zu Erntezeiten im Dorf eine Versammlung der Ältesten und der Familienabordnungen abgehalten. Die Abordnungen gaben dann die Erkenntnisse an die Familien weiter.

Wasser, reines Wasser war das Hauptgetränk in Lemuria. Der Lemurianer hatte mehr als hundert Namen für Wasser, je nach Herkunft und Art. Er konnte dem Wasser „anschmecken", woher es kam und was für eine Art Wasser es war.

Ganz grundsätzlich unterschied er zwischen dem Wasser, dessen Ursprung der Regen ist, Wasser, das sich in der Nacht durch das Licht der Himmelskörper bildet und in der Morgendämmerung als Tau erscheint, und dem Wasser, dessen Ursprung der Stein ist.

So gab es

- das Wasser aus dem Sturzbach
- das Wasser aus dem breiten Bach
- das Wasser aus dem Sand
- das Wasser aus der Felsenhöhle
- das lange offen geflossene Wasser
- das Wasser aus der Tiefe
- das Wasser, das durch Moos und Pflanzen geflossen ist
- das sprudelnde Wasser von Wasserfällen
- das sprudelnde Wasser, das aus dem Stein sprudelt
- dann die verschiedenen Geschmackssorten,
  je nach mineralischen Anteilen,

außerdem

- das Wasser des sanften Regens
- das Wasser des Gewitterregens
- das Mondwasser, unterschieden nach den Mondphasen
- Wasser, das bestimmte Planetenschwingungen enthielt
- Sternenwasser
- Wasser mit bestimmten Kristallschwingungen, darunter das
- Rosenquarzwasser, dem eine besondere Bedeutung zukam
- Wasser, das in einer Vollmondnacht entstand, galt als besonders
  wirkungsvoll; es war das Getränk der Mädchen und Frauen,
  damit sich die Menstruation gesund einstellt.
- Sternenwasser entstand in den Neumondnächten,
  wenn die Sterne besonders intensiv leuchteten;
  man gab es den Neugeborenen.

Sternenwasser-Skulptur

Um diese Wassersorten zu empfangen, hatten die Lemurianer seltsam gestaltete Aufbauten aus Keramik, Stein oder Gold mit eingelassenen Verstärkerkristallen, die bestimmten Punkten im Himmel zugewandt waren und das aufgefangene Wasser über spiralförmig angelegte Rinnen oder Kugeln in eine Schüssel am Fuße der Skulptur sammelten.

Einige auf Reinheit programmierte Kristalle, über die das Wasser tropfte, hielten das Wasser und das Becken sauber.

Die „Limonaden" der Lemurianer waren die verschiedensten Essenzen und Sirupe, die sie mit Wasser verdünnten: vom Honigsirup über Beeren- und Früchtesirupe bis zu Essenzen aus verschiedenen, auch bitteren und sauren Kräutern, mit denen sie die verschiedensten erfrischenden und heilenden, anregenden und beruhigenden Getränke mischten.

Gekocht, zubereitet, aufbewahrt wurde in Keramikgefäßen, die mit Kristall-mehl zusammen hoch gebrannt wurden und feuerfest waren. Diese hielten die Hitze stundenlang. Sie hielten aber auch Getränke und Speisen lange kühl. Aus Keramik gab es Schüsseln, Töpfe und Becher. Wenn gegessen wurde, kamen immer eine Menge Schüsseln auf den Tisch, und jeder faßte mit seinen Händen zu. Wenn etwas zu heiß war, nahm man ein bereitliegendes Knoblauchblatt oder ein anderes Blatt als Eßbesteck und „Topflappen".

Eisengeschirr gab es auf Lemuria in keiner Form. Für intensive Röstungen gab es aber so etwas wie Kupferpfannen. Hier wurden Samen und Getreide geröstet, die mehr eine direkte Hitze brauchten.

Alle Küchengeräte und Geschirre waren kunstvoll gestaltet und über und über mit Symbolen bedeckt, die zur Verbesserung des Essens beitragen sollten.

Unter den Früchten auf Lemuria war folgende die Nummer eins: eine wilde Aprikose (Lasha – Lächeln der Göttin), die überaus beliebt war, getrocknet, gesotten, frisch, als Mus, Saft, Sirup, sogar als getrocknetes Mus und in kleine Würfel geschnitten. Das waren die „Gummibärchen" von Lemuria.

Auch wurden Schönheitscremes aus dieser Aprikose hergestellt, die ganz wun-derbar dufteten und bei den jungen Mädchen sehr beliebt waren. Sie bestanden aus dem Pulver von getrockneten Aprikosen und aus Sesam- oder Distelöl.

Die Schwingung der Aprikosencreme mit Sesamöl war dunkler, tiefer, eroti-scher, die mit Distelöl heller, lustiger. Um einen jungen Mann zu bezirzen, nah-men die Mädchen von Lemuria gerne die Aprikosencreme mit Sesamöl und mischten noch etwas hinzu aus den Blumen und Kräutern ihrer Pubertätsein-weihung. So hatte jedes Mädchen sein spezielles Rezept.

Der Duft, dazu kommen wir noch später, war ein ganz wichtiges „Tor" der Kommunikation zwischen den Menschen. Manchmal wurden auch noch andere Aromen und Kräuterpulver beigemischt. Aprikose war auch die Grund-substanz einer Waschlotion, die aus Aprikosenextrakt und einem über Reini-gungskristalle geflossenen Wasser gemixt wurde.

Dann gab es wilde Feigen und eine hocharomatische Quittenart.

Die wilden Feigen waren beliebt zum Naschen zwischendurch – besonders getrocknet. Man mußte sie lange kauen, und sie hielten auch die Verdauung in Ordnung und reinigten die Zähne.

Auch aus ihnen wurde eine Creme hergestellt, die besonders Mütter zur Intimpflege benutzten. Die Feige hat eine gute Schwingung für die Unterleibsorgane der Frauen, besonders wenn sie angereichert sind mit pulverisiertem Farnsamen, vermischt mit Sesamöl und einigen Tropfen Knoblauchöl.

Die kleinen, sehr aromatischen und duftenden Quitten waren beliebte Beigabe zu Gemüse (die einzige Frucht, die gekocht zu Gemüse beigegeben wurde). Man backte auch kleine Quittenkuchen daraus, indem man Quittenmus mit wenig grobschrotigem Dinkelmehl und Sesamöl vermischte und auf dem heißen Stein sehr langsam buk.

Die Lemurianer hatten ausgeklügelte Feuerstellen. Das waren flache rechteckige Feuergruben, die mit großen Steinplatten bedeckt waren, die so auf anderen Steinen ruhten, daß der Wind das Feuer nicht zu stark und nicht zu schwach nährte. Durch Wegnahme und Hinzufügen von Steinen wurde der Luftstrom geregelt.

Verbrannt wurden vorgetrocknete und leicht gepreßte organische Abfälle, die mit reinigendem Kristallmehl vermischt wurden, so daß es weder zu Geruchsbildung noch zu übermäßiger Rauchbildung kam.

Diese Feuerstellen waren im Freien und in den Häusern zu finden. In kühleren Zeiten oder in kühlen Gegenden waren sie zugleich „Tische zum Abendessen", auf denen sich die Speisen lange warm hielten und um die sich die Familie hockte und die Wärme genoß.

Am südlichen Rand der Hochländer, am Rande der Feuchtländer gab es Papayas und Guaven in jeder Form und Farbe und eine Vielzahl von tropischen Früchten.

Der Lemurianer aß morgens nach dem Aufstehen meist nur Früchte und nahm im Laufe des Tages bis zum Abendessen hie und da einmal etwas zu sich.

Die Snacks zwischendurch waren meist kleine Sesamkuchen, Aprikosenkuchen oder „Dinkelkekse". Dazu trank der Lemurianer reines Wasser, das für ihn das köstlichste Getränk war. Nichts war schöner für einen Lemurianer, als sich zu einer Quelle am Boden niederzubeugen und das von Steinen, Moosen und Wurzeln aromatisierte Wasser in seinen Händen aufzufangen und zu schlürfen, wobei er darauf achtete, daß er es auch wirklich schlürfte, das heißt, mit Luft anreicherte. Damit entfaltete sich der Geschmack besser, aber es „ionisierte" das Wasser auch, würde man heute sagen. Gerade wegen dieser Ionisation hatte der Lemurianer auch das Wasser aus Wasserfällen und natürlichen Springbrunnen am liebsten, ein Wasser, „das schon oft auf dem Stein aufgeschlagen war und immer wieder göttinnenlustig hochspritzte" (mayischaliam).

Die gemeinsame Familienmahlzeit war das Abendessen, das große Essen des Tages, zu dem die ganze Familie in festlicher Laune und festlich geschmückt zusammenkam.

Es wurde darauf geachtet, daß das Mahl begann, wenn die Sonne das Meer berührte, sofern man das sehen konnte – oder etwa zu dieser Zeit, und daß man das Mahl beendet hatte, wenn sich die Dämmerung zur Nacht hin neigte.

Diese Zeit, genannt die „magischfestliche" Zeit, schien besonders segensreich zur Bekömmlichkeit des Essens beizutragen.

Es gab keinen Zwang, am Essen teilzunehmen – und es gab dann und wann solche in der Familie, die zu diesen Zeiten lieber etwas anderes unternahmen, denn diese Zeit war auch für andere Aktivitäten besonders günstig.

Mehr Aufschluß über Essen und die Art der Zubereitung geben die Rezepte am Ende des Buches.

Kapitel 16

Elfen, Zwerge und Feen

Es ist für die Menschen von heute, die aufgeklärten des 20. Jahrhunderts, kaum zu verstehen, daß es die Wesen, die in den Märchen und Sagen beschrieben werden, tatsächlich gibt. Ich selbst, der Autor, wollte dies lange nicht glauben, obwohl ich als Kind ganz davon überzeugt war.

Das Bewußtsein der Göttin hat viele Dinge und Wesen erschaffen, die sich im Zeitalter der Technologie zurückgezogen haben. Eigentlich müßte man eher sagen: Wir können sie nicht mehr sehen. **Wir** haben uns zurückgezogen.

Die Welt Lemurias ist ja genauso hier, jetzt in diesem Moment, wie unsere Welt. Wir leben nur nicht dort zur Zeit. Wir haben uns dafür entschieden, in dieser Welt, in dieser jetzigen Parallelwelt zu leben. Und da wir die andere Welt nicht sehen und erleben können, glauben wir nicht an sie.

Und es sind allein die bespöttelten Gartenzwerge in irgendwelchen Schrebergärten, die noch von den Zwergen berichten.

Dennoch müssen wir zugeben, daß im Anblick dieser kitschigen Zwerge etwas in uns wachgerufen wird, eine Sehnsucht, eine Erinnerung vielleicht.

Nun, auf Lemuria gab es sie. Sie waren geachtete und geliebte Wesen, denen man mit Respekt entgegentrat. Sie waren ungemein emsig, und man sagte von ihnen, daß sie kaum schliefen. Sie konnten aber zu Winterzeiten mehrere Wochen hintereinander schlafen, um dann von Frühjahr bis Herbst stetig in Aktion zu sein.

Der Lebensraum der Zwerge umfaßte den Bereich von einem Meter über der Erde bis mehrere hundert Meter unter der Erde. Die Waldzwerge, die Erdzwerge, die Felsenzwerge lebten am liebsten unter der Erde oder in Höhlen, mitunter auch in tiefliegenden Baum- und Wurzelhöhlen. Sie wurden in der Regel sehr alt, sehr viel älter als die Lemurianer. Die Lemurianer nannten sie „die Weisen der Erde".

Die Erd- und die Felsenzwerge wußten alles über die Vorkommen von Mineralien und Metallen auf der Insel. Sie machten Karten davon. Sie berieten die Kristallwissenden, wo bestimmte Kristalle und Steine zu finden waren. Sie fanden die großen Amethystgrotten am Rande der magischen Berge, in denen die Träumer ihre Träume träumten.

Sehr häufig waren es Zwerge, die solche Höhlen dann auch bewachten. Sollte sich jemand, der nicht befugt war, diesen Höhlen nähern, konnten sie ein furchtbares Brummen oder Fauchen vernehmen lassen, das jeden abschreckte, der näherkommen wollte. Oder sie blendeten die Entgegenkommenden mit Kristallspiegeln, so daß jene wußten, daß sie hier nicht mehr weitergehen sollten.

Sie schürften Kristalle und Edelsteine, die sie mit großer Kunstfertigkeit verarbeiteten. Der Schönheitssinn dieser „häßlichen" Kreaturen war äußerst ausgeprägt. Nicht selten fand ein Mädchen, das von einem Zwerg ins Herz geschlossen war, ein Schmuckstück am Wegrand liegen, das so zauberhaft zu ihm paßte, daß es die Bewunderung des ganzen Dorfes erregte.

Erdzwerge betrieben die Gold-, Silber- und Kupferminen am Rande des Hochlandes. Dort verarbeiteten sie das Metall zu höchst künstlerischem Schmuck.

Sie waren auch Kristallschleifer, die ihre Werkstätten hauptsächlich an den Hängen der magischen Berge hatten. Oft schliffen sie den Kristall eines Kristallwissenden in dessen Gegenwart und nach seinen Angaben.

Mitunter nahmen Kristallwissende Erdzwerge mit in das Magische Land, auf die andere Seite der hohen Berge. Dort arbeiteten sie zusammen an der Schürfung von besonders edlen, besonders zauberkräftigen Kristallen, die es nur auf dieser Seite des Gebirges gab. Die Erdzwerge sahen dies als große Ehre an und wurden auch bei den ihren dafür sehr hoch angesehen.

Auch diese Kristalle wurden dann in ihren Werkstätten nach den Plänen der Kristallwissenden mit dem mathematisch-physikalischen Wissen der Zwerge geschliffen. Zwerge konnten präzise jeden Winkel und jede Nuance in einen Kristall schleifen. Vor allem erfühlten sie die Kristallstruktur und schliffen den Kristall genau nach dieser Struktur, um ihn in seinem Charakter zu erhöhen.

Lemurianer schliffen Kristalle nur, wenn ein Kristall eine besondere Aufgabe hatte, die der Kristall auch wahrnehmen wollte. Kristalle wurden als Wesenheiten verehrt, und die Kristallwissenden achteten auf ihre Lebensaufgabe, die bestimmte, wie der Kristall geschliffen werden wollte, damit seine Eigenschaft noch besser zur Geltung käme.

Waldzwerge lebten in den Wäldern Lemurias. Sie lebten von Nüssen, Samen, Sprossen und Trüffeln. Trüffel waren ihre Leibspeise, und vielleicht haben wir heute nicht mehr so viele Trüffel in unseren Wäldern, weil wir kaum mehr Zwerge haben – oder umgekehrt.

Nun, die Waldzwerge züchteten Trüffel. Sie bauten sie in großen Höhlen unter dem Waldboden an, zwischen den Wurzeln von bestimmten Laubbäumen. Sie waren hervorragende Humuszubereiter von abgestorbenen und abgefallenen Pflanzenteilen und nährten die Trüffel mit diesem Humus.

Sie waren sehr gute Kenner von Erde jeder Art. Sie wußten exakt, welche Art Erde für welches Gewächs vorteilhaft war, und stellten Erdmischungen zusammen, die sie den Menschen brachten, wenn diese solche anforderten.

Zwerge hörten am besten auf sehr tiefen oder sehr hohen Schallfrequenzen. So waren es meist Kinder, die in einer Familie die Zwerge riefen, wenn Vater und Mutter welche brauchten, um die Erde des Gartens zu testen. Man rief sie mit einem hohen trillernden Ton.

Jede Familie hatte befreundete Zwerge.

Sie halfen auch bei der Ausmessung der Magnetik des Gartens, bestimmten exakt den Standpunkt eines Setzlings und brachten oft ganz besondere Samen mit, die sie den Menschen schenkten. Liebten es aber, dann und wann zu einem Festessen eingeladen zu werden, wenn die Ernte da war.

Da ging es oft lustig zu, weil die Zwerge auch gerne einen über den Durst tranken. Sie hatten selbst eine Art Met, aber sie liebten sehr den honigsüßen Hochlandwein, den der Vater der Familie vom Festival mitgebracht hatte. Um einen solchen Wunsch nach Wein vorzutragen, wurde der Zwergenälteste vorgeschickt, der zunächst umständlich auf sich aufmerksam machte, hüstelte und herumdruckste. Dann wurde der Wunsch überbracht.

Das ging so vor sich, daß der Zwerg aufstand, eine Hand auf den Rücken legte und sich feierlich nach allen Seiten verbeugte. Dann, nach einigen tiefen Atemzügen, die sich wie Stoßseufzer anhörten, begann er umständlich, den Wunsch in Gedichtform vorzutragen. Die Gastgeber konnten sich das Lachen jetzt kaum mehr verkneifen.

Schließlich, nach einigen komplizierten Strophen kam heraus, daß man sich geneigt fühlte, einen Schluck Wein anzunehmen.

Den hatte der Gastgeber schon vorbereitet. Die Becher mit dem Getränk wurden überreicht, und alle brachen in schallendes Gelächter aus.

Zwerge waren hervorragende Schauspieler und Mimen und konnten eine Festgesellschaft über mehrere Stunden bei Laune halten.

Abordnungen von Zwergen kamen auch auf die Festivals. Dort präsentierten sie in ihren tiefen, weittragenden Stimmen ihre Huldigungen an die Göttin, die voll rührender Inbrunst waren. Zugleich flochten sie aber in diese Balladen selbstbewußt ihre eigene Philosophie ein und wiesen würdevoll auf ihre Verdienste hin.

Die Lemurianer liebten diese Auftritte. Aber da sich die Zwerge in der Würde des Augenblickes jede Störung verbaten, war es für die Umstehenden nicht leicht, sich so lange das Lachen zu verbeißen.

Ode des Zwergen Dramlans an die Göttin
gehalten auf dem Festival der Sommersonnenwende zu Takmil
im Jahr 3576 vor der Hinwegnahme

Oh, große Göttin!

Wir, der Ältestenzwerg Dramlan, entbieten Verehrung. Wir preisen Dich, Höchste, daß wir das Bergwerk Takaku eröffnet haben; mit Deiner Hilfe, Göttin, schwitzten wir Tage mit Mühe, o Göttin, mit Deiner wunderbaren Hilfe waren die mit Verlaub in Deinem göttlichen Ratschluß eingebetteten genialen Pläne und Vorstellungen Deines Dieners Dramlan verwirklicht, o Göttin, es war Mühsal und Arbeit, Tage, Tage und, was sagen wir, Nächte – ja, so war es.

Wo Du, Allerverehrteste, auf Deinem Thron regierst in all der Herrlichkeit und Pracht deiner jade- und smaragdenen Gemächer – wer will es Dir vergönnen – schwitzen wir in der Tiefe der Berge in Andacht und stöhnen. Vom Aroma Deiner göttlichen Präsenz vorangetrieben, trieben wir Stollen um Stollen in den eisharten Stein.

Deiner großzügigen Güte, Deiner Inspiration, o Göttin, folgten wir mit der unsrigen, um dieses gewaltige Werk, o Göttin, zu Deinen Ehren zu errichten. Weder im Himmel noch auf Erden hat man wohl je ein solches Kunstwerk errichtet, o Göttin, mit unserer unermüdlichen Hände

Arbeit, o Göttin, ganz und gar aus Mama-Ahanah und der Kraft Deiner
bescheidenen, fleißigen und – gütigst – unentbehrlichen Zwerge.
Möge doch der Mensch ...

– Die Lemurianer prusteten an dieser Stelle mit Gewißheit los –

... wir sagten, möge doch der Mensch, Göttlichste, in seiner doch ja
unbenommenen Weisheit den Untertagebergbau mit seinen so lehrrei-
chen Aspekten noch mehr – Gnädigste – zumindest in seinem Geiste –
o Höchste – fördern.
Doch was ist schon, geliebte Göttin, der Kopf wert ohne Hände – die –
wir bitten um Beachtung, ja eigentlich bitten wir um Ruhe, sozusagen
etwas Stille, denn Schweigen ziert den Weisen – denn man fragt sich ja,
füttert denn der Kopf die Hände oder – man verzeihe den mühsam
erhobenen zutreffenden Vergleich und unser fähiges Streben nach dem
passenden Sinnbild – oder füttern die Hände den Kopf? Erhabene, zu
deiner Ehre haben wir Takaku erbaut und eröffnet, darauf sollten wir
trinken, zu Deinem Ruhm für unsere bescheidenen großen Taten. Möge
... nun ja, erheben wir die Becher.

Waldzwerge waren auch die Hüter der Geheimnisse der Kräuter und Kräutermischungen. Besonders die Zwergenfrauen hatten diese Geheimnisse von ihren
Müttern und Großmüttern erlernt und kannten sie auswendig. Jede Zwergen-
frau kannte mehrere tausend Kräuter und ebenso viele Kräutermischungen.
Darüberhinaus experimentierten sie selbst und erweiterten den Schatz.

Zwerge haben ein ausgeprägtes Gedächtnis. Was sie einmal hören, vergessen
sie nicht – und so können Zwerge wandelnde Bibliotheken sein, die, wenn es
gewünscht wird, tagelang über Kräuter, Bäume, Mineralien oder Steine sprechen können. Und wenn sie einmal etwas nicht wissen sollten, gab es die Weisen unter den Zwergen, die Urzwerge, die in besonderen abgelegenen Höhlen
oder Behausungen wohnten und das Wissen von Akshah befragen konnten.

Diese Urzwerge (die Magier unter den Zwergen) hatten auch die Aufgabe,
Akshah mit neuen Informationen zu versorgen.

Sie benützten Kristalle, mit denen sie sowohl Informationen an Akshah senden als auch von Akshah empfangen konnten.

Die vielleicht eigentümlichsten Wesen auf Lemuria waren die Elfen. Ihre Stofflichkeit war sehr fein, ein Zehntel der Dichte eines lemurianischen Menschen. Sie sahen aus wie Libellen, die schnell in der Luft hin- und herflitzen konnten, manchmal in der Luft stehenblieben und dann im gegensätzlichen Winkel weiterflogen.

Man hätte denken können, es seien Libellen. Wenn man aber näher hinschauen konnte – wenn man durfte –, dann sah man zwischen diesen durchsichtigen Flügeln ein allerliebstes Geschöpf, eine zierliche Gestalt mit großen blauen, grünen oder regenbogenfarbigen Augen, einer kleinen, niedlichen Nase und einem fast immer schmollend aussehenden Mund. Ein feines Gesichtchen mit langen silbernen oder goldenen oder goldsilbernen Haaren.

Das Körperchen war feingliedrig, und man konnte die feinen Umrisse einer Art Frauengestalt sehen, mit kleinen Brüstchen, Bauch und Beinen, die aber umhüllt waren von einem schillernden Gespinst. Ein Gewand mit weiten Ärmeln und darunter eine Art Pluderhose oder ein weites glockenförmiges Kleid, das sich wie eine Schleppe hinter dem Körperchen herzog. Da ihre Anima und ihr Animus ineinander ruhten, waren sie männlich und weiblich zugleich, vielleicht mit kleinen Nuancen in die eine oder andere Richtung.

Die Elfen waren sehr rein in ihrem Wesen und konnten schon bei der kleinsten (manchmal nur vermeintlichen) Verletzung ihrer Integrität sehr ärgerlich werden. Sie fühlten sich bei jeder Gelegenheit heftig auf den „Schlips" getreten, waren aber auch schnell wieder „gut". Wenn zum Beispiel ein Lemurianer einen neuen Garten anlegen wollte, kam sicher irgendeine Elfe herangeschossen, um mitzuteilen, daß nun leider ausgerechnet dieses Stück Land schon seit Urzeiten in ihrem Besitze sei. Es bedurfte geduldiger Worte, das Elfchen davon zu überzeugen, daß doch die Göttin gesagt habe, daß kein Elfchen irgend etwas besitze und überall hindürfe.

Bis dann die Elfe schmollend davonflog, um im nächsten Augenblick strahlend wiederzukehren und dem Mann oder der Frau eine Waldbeere als Geschenk zu überreichen.

Elfen sind sehr neugierig, das ist ihre Schwäche und Stärke. Sie müssen überall dabei sein, um es dann sehr schnell mit ihren Artgenossen zu diskutieren. So sah man mitunter hundert oder zweihundert Elfen in einer Waldlichtung in der Luft umeinander herumtanzen. Die Menschen lauschten gerne diesem silbrigen Gezwitscher.

Elfen kommunizieren mit Menschen über das Herzchakra. Elfen sehen alle Energien, seien es die massiveren Energien der Aura oder die feinen und feinsten Energien der menschlichen Haupt- oder Nebenchakren. Hier konnten sie mit ihrer Stimme direkt die Energien der Chakren modulieren, hauptsächlich das Herzchakra.

Elfen gehören zu den Lieblingsgeschöpfen der Göttin. Sie waren ihre Sendboten. Eine einzige Elfe konnte auf einem Festival 100 000 Lemurianern in die Seele reden, weil sie zu allen Herzen sprach. Und dorthin übermittelten sie die Botschaften der Göttin. Dies waren erhebende Augenblicke.

Die Elfen lebten, neben feinstofflichen Energien, von Blüten und Nektar, von Pollen wie die Kolibris, mit denen sie sich prächtig verstanden, manchmal auch ein bißchen stritten. In den Winterzeiten versetzten sich die Elfen in Trance, wenn sie sich auf ihre Astralebene teleportierten. Dies waren auch Plätze, wo sie sich einige Jahre oder Hunderte von Jahren ausruhten. Elfen sterben nicht.

Feen waren sehr scheue Wesen. Sie waren vielleicht die zurückgezogensten von allen. Wer eine Fee sah, fühlte sich gesegnet. Und man sprach eine Fee nur dann an, wenn sie einen anblickte. Nie von hinten oder von der Seite.

Feen kamen und verschwanden, ohne auch nur ein Wort zu sagen oder etwas Bestimmtes zu tun. Dennoch wußte man, daß man oft nicht sehen konnte, was eine Fee tat, da sie im feinststofflichen Bereich arbeitete, der selbst für die Augen der Lemurianer selten sichtbar war.

Nur die Naturwissenden aus den Kristallstädten konnten die Bewegungen und Taten der Feen sehen und erzählten den Menschen davon.

Die „Stofflichkeit" der Feen war noch geringer als die der Elfen. Feen gingen durch Wände, Felsen und Bäume hindurch. Sie hatten und haben noch ihr eigenes Reich, eine völlig eigene Welt, sozusagen zwischen den Molekülen. Sie nahmen mit einiger Anstrengung die lemurianische Dingwelt wahr und haben in unserer starken Dichte kaum mehr eine Chance.

Sie achten gewöhnlich auf die Dingwelt gar nicht, bis sie gerufen werden oder durch ein Gefühl, eine Emotion oder den liebevollen Gedanken oder Ausruf eines Kindes berührt werden. Dann bleiben sie „stehen", und man sieht an ihrem Stirnrunzeln, daß sie sich auf die Schwingung konzentrieren, von der sie berührt worden sind.

Auf diese Weise wurde auf Lemuria dann eine Fee sichtbar und stand für kurze Zeit zur Verfügung. Das kostete sie aber immer einige Anstrengung – und sie entspannte sich dann gerne wieder zu ihrem Urzustand und entschwand zwischen den Welten.

Feen hatten also Einblick in die Dinge hinter oder zwischen den Realitäten. So traten sie durch die Wände der Hütten zu Geburten hinzu, begleiteten die Geburt mit ihren Gebeten und Hände-Auflegen und verschwanden. Niemand wußte, was die Feen wirklich sahen oder fühlten. Sie fühlten sich an wie ein kühler oder warmer liebevoller Hauch von einer sehr sanften, kraftvollen Energie, die allmählich den ganzen Raum und alle Körper ergriff. Nach dem Besuch einer Fee erglänzte der Raum in einem golden-silbrigen Licht, manchmal noch stunden-, sogar tagelang.

Feen liebten die Kinder der Lemurianer. Sehr oft kam es vor, daß die sehr offenen und durchlässigen Kinder Feen sehen konnten und die Erwachsenen sie vielleicht nur spürten. So sagte ein Kind dann und wann zu seinem Vater oder seiner Mutter: „Ich spreche gerade mit einer Fee, also schicke mich nicht ins Bett." Dies konnte natürlich auch einmal als Ausrede benutzt werden, so daß die Mutter mit einem Augenzwinkern sagen konnte: „Mirja, geh jetzt in dein Bett. Und sage nicht, du sprichst wieder einmal mit deiner Fee …"

Nicht selten saßen kleinere Kinder mit großen Augen auf einem Stein und sprachen mit jemandem, den die Erwachsenen weder sehen noch hören konnten.

Jedes Kind hatte eine persönliche Fee, die schon bei seiner Geburt zugegen war. Sie zog sich meist nach der zweiten Initiation zurück, konnte aber in besonderen Fällen gerufen werden und war dann da. Nach der dritten Geburt, der Pubertäts-Initiation, konnte für einen Lemurianer die persönliche Fee gewöhnlich nur noch im Traum oder in der tiefen Meditation kontaktiert werden.

Mitunter öffneten die Feen die Augen der Kinder und führten sie in ihre Welt der paradiesischen Gärten und Paläste. Sie führten die Aura der Kinder dorthin, während der Körper mit dem Ausdruck des Entzückens in den offenen Augen wie ohnmächtig daliegen konnte.

Wenn ein Kind so von einem Erwachsenen angetroffen wurde, legte man ihm sanft eine Decke um und ließ es weiterträumen. Niemand hätte „nur im Traum" daran gedacht, ein solches Kind zu wecken.

Danach fragte man das Kind behutsam, ob es vom Gesehenen erzählen wolle. Dazu kam dann die ganze Familie zusammmen, um dem Kinde zuzuhören. Dies waren heilsame und tiefe Stunden.

Kapitel 17

Die Festivals

Die Sonnenwenden waren beliebte Anlässe für die großen Tanz-, Vortrags- und Gesangsfestivals auf Lemuria. Sie wurden meist an einem heiligen Platz auf der Hochebene abgehalten. Einmal im Jahr reiste jede Familie zu einem der Festivals. Die Abreise dorthin wurde gut vorbereitet, neue Kompositionen und Gesänge, neue Tänze wurden eingeübt. Essen und Trinken wurde eingepackt, Feuerholz, die neuesten Kräuter und Essenzenmischungen. Denn diese Festivals dienten auch zum Austausch von Waren, Kreationen aller Art, Rezepten, Ideen, Erfahrungen, Geschichten, Liedern, Musik und Poesie.

Besonders die Kinder freuten sich auf die Reise und das Festival. Sie freuten sich auf andere Kinder, die sie dort treffen konnten. Auf die neuen Spiele, die sie lernen würden, und auf das Singen und Tanzen mit anderen.

Die heranwachsenden Jungen und Mädchen waren nicht weniger aufgeregt. Nicht selten bahnte sich auf diesen Festen eine tiefe Freundschaft an, die im darauffolgenden Jahr fortgesetzt wurde.

Junge Frauen und Männer nach der vierten Initiation fanden nicht selten auf diesen Festivals ihren Lebenspartner. Manchmal blieben sie dann bei der Familie des Partners. Manchmal wurde der Bund auf dem Festival geschlossen.

Manche Jugendliche, die bei der Geburt die besondere Weihe und den persönlichen Kristall von einem Wissenden erhalten hatten, waren aufgeregt, weil es ja diesmal möglich war, daß ihr Lehrer oder die Lehrerin aus den Kristallstädten auftauchen und sie mitnehmen konnte.

Kurz, das ganze Dorf war in Bewegung, und es ging auch immer das ganze Dorf insgesamt zu einem Festival, um die gemeinsamen Transportwagen und das gemeinsame Floß zu benutzen.

Jeder kam mit, auch Kranke, die Alten und Ältesten. Diese hätten auch darauf bestanden, denn es war sicher, daß man auf einem Festival gesund wurde. Es wirkte wie ein Jungbrunnen. Und im Falle, daß es so bestimmt war, gab es nichts Schöneres für einen Lemurianer und eine Lemurianerin, als auf einem Festival zu sterben.

So wurden die, die nicht mehr so gut gehen konnten, und die kleinen Kinder auf die Wagen gepackt, außerdem Essen und Trinken, Essenzen und Kräuter, Decken, Zelte, Koch- und Eßutensilien und Feuerholz.

Die Versorgung der zurückgebliebenen Tiere und andere Besorgungen übernahm inzwischen eines der Nachbardörfer, mit dem man sich im Besuch der Festivals abwechselte. Das Ganze lief nach einem bestimmten Rotationssystem ab, so daß jedes Dorf mit jedem Dorf alle paar Jahre gemeinsam auf ein Festival ging.

Manche Dörfler fuhren ein Stück mit dem Floß die Küste entlang. Andere nahmen nur den Landweg.

Die Festivals zur Sommersonnenwende fanden in der Gegend der Fjorde statt, die zur Wintersonnenwende im Süden, dort, wo das Hochplateau begann.

Oft kamen zu den Festivals die Bewohner von über tausend Dörfer auf einem großen heiligen Platz zusammen. Das waren also hunderttausend Menschen und mehr, die auf der Ebene lagerten.

Manche Familien waren fast sechs Wochen unterwegs, bis sie beim Festival anlangten. Das Festival selbst dauerte sieben Tage.

Die Sommer- und die Wintersonnenwende waren Zeiten von besonders starker Energieeinstrahlung. Die Energietore zu Sirius und den Plejaden waren weit geöffnet, und man fühlte sich zu dieser Zeit stärker am Herzen der Göttin als je zuvor.

Besonders stark war diese Strahlung am Tag der Sonnenwende und jeweils drei Tage vorher und drei Tage nachher. Somit dauerte das Festival 7 Tage lang. Der wichtigste Tag war der vierte, der „Große Tag".

Zugleich war die Wintersonnenwende eine Besinnung auf das kommende und die Sommersonnenwende eine Gelegenheit des Dankes für das vergangene Jahr.

Das Fest war hauptsächlich der gemeinsamen Verehrung Jashuahs gewidmet.

Aber es war auch ein großes soziales und kulturelles Fest zur Vertiefung der Gemeinsamkeit aller Lemurianer. Es entstand ein starkes Verbundenheitsgefühl, auch zu den teilnehmenden Zwergen, Elfen und Feen. Auch zu den Elementen, den Tieren und Pflanzen, dem ganzen Kosmos im Kleinen und Großen.

Bei gemeinsamen Spielen und Diskussionen, bei Essen und Trinken, beim Tanz und Singen, bei den Vorträgen und Darstellungen der Wissenden, den Heilungsritualen, den Mandala-Spielen kamen sie sich so nahe, daß es oft schwer war, nach den sieben Tagen wieder Abschied zu nehmen.

Ein großes wunderbares Gefühl der Zusammengehörigkeit und der gemeinsamen Liebe war entstanden.

Viele der Mädchen bekamen zu dieser Zeit ihre erste Menstruation, viele der Jungen wurden sich ihrer Mannbarkeit bewußt. Diese saßen oft dann mit leuchtenden Augen und hörten den Ältesten zu, die sich ihrer annahmen und ihnen erklärten, was mit ihnen geschah, während die anderen Kinder ihren fröhlichen Spielen nachgingen.

Der vierte Tag, der eigentliche Tag der Sonnenwende, war der heiligste Tag. Es war der Tag, an dem Jashuah sich zu erkennen gab – durch ein besonderes Naturschauspiel oder andere Zeichen.

„Ich bin Jarash, Ältester aus dem Dorf Tapantar. Meine Ehre, mit Euch zu sprechen.

Heute ist der erste Tag von Jirshanah, der Sommersonnenwende. Wir haben uns ausgebreitet auf den Wiesen von Geshana, dem Hochland, unserem heiligen Platz.

Wir bewegen die Freude von Shu in unserem Herzen. Wir wollen Dich einladen, mitzutanzen und mitzusingen, mitzufeiern den ersten Tag, genannt Mershjanal, der erste Gesegnete.

Wir schauen hinaus auf das Meer. Wir sehen die Delphine und die Wale, wir sehen das Funkeln der Sonne auf den Wellen. Wir spielen mit unseren Augen.

So lagern wir und ruhen.

Die Kinder haben begonnen zu singen. Ihre helljauchzenden Glocken klingen zum Wind. Sie tanzen ihre Reigen. Sie haben Blüten im Haar. Ihre Augen funkeln, und sie lachen das singende breite Lachen.

Wir Ältesten sitzen mit den Familien im Kreis. Shoman schichtet mit einigen jungen Männern das Feuerholz auf. Es ist Nachmittag. Die Sonne beginnt zu sinken.

Die jungen Mädchen und die jungen Männer sitzen in ihren Gruppen und reden und lachen. Manche der jungen Männer ringen miteinander und werden von den anderen angefeuert. Die Mädchen stecken und flechten sich gegenseitig die Haare, schmücken sich mit Ketten aus Blumen, Früchten, Samen, Muscheln und Kristallen.“

„Ich bin Mirja. Meine Ehre, mit Euch zu sprechen. Ich denke, mein Liebster ist da. Ich konnte ihn schon riechen, aber ich habe ihn nicht gesehen. Ich muß ihn immer herausziehen unter den anderen Burschen. Ach, er hat so weiße Zähne und einen schwarzen Zopf. Ich werde ihn in die Lippen beißen, wenn er mir entwischen will, mein geliebter Shanjam.

Merlish zieht mich dauernd auf und macht sich lustig über mein Feuer. Sie sagt, wann immer ich an ihn denke, sprühe meine Haut Funken. Oh, Merlish, ich ziehe Dich an der Haarspange, du kleines, dummes Schaf."

„Ich bin Pakja. Meine Ehre, mit Euch zu sprechen. Ich warte auf meinen Lehrer. Mein Kristall glüht. Ich habe vor drei Nächte, als wir noch auf dem Floß waren, geträumt von der Weißen Stadt. Ich will ein Seher werden, ich will die Kraft träumen. Vater sagt, ich habe die Hände eines Heilers und eines, der die Kräuter kennt. Aber ich glaube, ich kann weit sehen, weit in die fernen Zeiten, wo Gewaltiges geschieht. Ich weiß, mein Meister, der Wissende, ist gewaltig, es ist Shiwajah, ich habe Angst. Er ist furchtbar. Er ist der Blitze-Erzeuger. Er wird mich mitnehmen, meine Mutter will mich nicht lassen, und meine Schwestern weinen, wenn ich davon erzähle. Aber mein Kristall gibt keine Ruhe."

Gegen abend werden die Feuer angezündet. Die Vorräte werden ausgepackt und zubereitet, die in große feuchte Kräuterblätter eingewickelten Süßkartoffeln, die Sesam- und Kürbissamen, die feingehackten Knoblauchstauden und Fenchelknollen. Diese werden zusammen geröstet mit dem Öl der Fanaun-Distel. Die Feigen- und Aprikosenkuchen aus feinem gerösteten Dinkelmehl duften ebenso einladend wie die frischen Minzblätter und der Sud aus den köstlichen Rinden und Früchten des Wakala-Baumes.

Dazu der Schafs- und Ziegenkäse, geknetet mit den Kräutern des Hochlandes und in Mandeln gerollt, dazu die schwarzen Oliven und Zuijiknen (artischockenähnliche Knospen).

Und der weiße Mandelsaft, das süße Honigwasser und der schwere Wein aus der schwarzen Hochlandtraube Medelonja, der aus den kleinen Muscheln genippt wird, werden ausgeschenkt. Die vergorene Ziegen- und Schafsmilch und der verdünnte Harzsaft vom Ginko-Baum, gewürzt mit Anis, stehen bereit in großen steinernen Krügen.

So breiten die Familien ihre Schätze an den Feuern aus. Fröhlich palavern die Frauen und Männer, die miteinander kochen und rösten. In den Schüsseln aus grober Keramik wird alles auf dem Boden ausgebreitet, und alle legen sich zu Tisch. Zuvor wird noch zwischen den Familien Essen getauscht. Jeder läßt jeden probieren.

Zuerst singen sie das Gebet des Dankes, des Dankes an die Pflanzen und die Tiere, die ihren Beitrag zu diesem Essen gegeben haben. Jede Schüssel wird gesegnet.

Dann beginnen alle fröhlich zu essen und zu trinken – im Anblick der Sonne, die in das Meer taucht und einen rotgelbfeurigen Himmel über dem grünen Schimmern des Wassers malt.

So wird gegessen, bis die Sterne vom Himmel funkeln und noch ein letztes rotes Glühen am Horizont zu sehen ist. Bis der Wind einsetzt, der vom Meer aufs Land weht.

Die kleinen Kinder werden schlafen gelegt. Sie dürfen am Feuer bleiben und werden zugedeckt. Später werden sie die Eltern in die Zelte tragen, wenn sie selbst schlafen gehen.

Die Speisen werden zur Seite gestellt, der Platz um die Feuer wird aufgeräumt.

Schweigend sitzen die Menschen da und schauen hinaus auf das Meer und hinauf zu den Sternen. Der Wind spielt sanft in ihren Haaren. Die Feuer knistern.

Solche, die sich lieben, Paare, Geschwister, rücken nahe zusammen, legen den Kopf auf des anderen Schulter, umfassen sich, lehnen sich aneinander, nehmen sich an den Händen.

Eine erhabene Stille breitet sich aus. Selbst das Feuer scheint still zu werden. Auch der Wind legt sich nun.

Etwas geschieht, etwas Unhörbares, Unsichtbares. Doch jeder schaut mit dieser feierlichen Erwartung hinaus in den Himmel über das Meer.

Die Nacht wechselt von Türkis in ein Violettblau, die Sterne funkeln immer mehr, wie glitzernde Diamanten. Es scheint, als bekämen sie Stimmen, als fingen sie an zu sprechen. Zu sprechen mit jedem, der dort sitzt und in dieses Wunder hineinblickt. Ganz persönlich.

Es ist, als ob die Sterne zu Wesen werden, die sanft auf die Schweigenden zufliegen und sich in ihre Herzen senken, feine, silbrige Fäden, die die Herzen berühren, Fäden, die klingen wie Harfensaiten.

Und so begrüßt jeder Stern seinen Sterngeborenen, so sanft, so liebevoll.

Da und dort ist nun ein leichtes Schluchzen zu hören, Hände drücken sich, man schmiegt sich noch enger aneinander.

Und nun beginnt er, der Gesang. Ganz fein in den Herzen der Menschen. Der Gesang der Sterne. Klänge, von Lippen berührt, von Augen getrunken, von Herzen gewebt. Wie der feine farbige Staub auf den Flügeln der Feen der Plejaden, auf den Flügeln der blauen Sternenelfen des Sirius und seiner Sterne.

Und dann beginnen die Menschen mitzusingen. Sie singen, was sie sehen und fühlen. Leise zunächst. Nur ein Summen. Und sie wiegen sich zu dem Gesang. Fein zuerst, dann mehr und mehr. Und ihr Singen braust auf, während goldene Lichter über den Himmel fliegen.

Mehr und mehr wiegen sich die Menschen im Rhythmus der Chöre, sie breiten ihre Arme aus. Sie singen hinein in die Sternenpracht, in die sie hineinfliegen, in die Lichter, die über den Himmel blitzen.

Und dann stehen sie auf, sie beginnen zu tanzen. Sie tanzen mit dem Himmel, sie tanzen mit den Sternen, sie tanzen mit den Lichtern, die in allen Farben über den Himmel huschen, die Lichter der Auren der Weisen, der Träumer, der Seher, der Kristallkundigen, die über dem Platze schweben, hin- und hergleißen im Nachthimmel und teilnehmen an dem großen Tanz. Die kleinen irisierenden Lichter der Elfen, die feinen Schleier der Feen und die bunten Glitzerperlen der Zwerge. Sie, die sie alle gekommen sind von ihren Ruhestätten von den Ländern hinter den Sternen.

Wie ein wunderbares Feuerwerk.

Und so bebt die Erde und der Himmel unter den jubelnden Gesängen der Menschen von Lemuria.

Und so rufen und singen die Menschen von Lemuria die Namen der Göttin und Gottes. Ihre Körper fangen an zu schimmern. Sie trinken die Ekstase der Nacht mit ihren geöffneten Lippen und Augen. Sie atmen den Duft der Göttin, sie stampfen mit ihren Füßen, sie klatschen mit den Händen, als ob die Göttin schliefe und man sie wecken müßte.

Und sie steht auf. In den großen Augen, dem Keuchen und gurrenden Lachen und Singen der Frauen, in den schmetternden Singrufen der Männer, während die Körper anfangen zu brennen, zu schmelzen in der Glut des Außersich-Seins, verschmelzen in einen großen Körper, in ein großes Wesen, das aufsteht, sich in die Nacht reckt und einen großen jubelnden, singenden Schrei in die Milchstraßen und Sternennebel hinaufschickt und hinunterschickt, die

Göttin, die unter ihren smaragdenen Füßen das Meer aufschäumt und mit ihrem feuchten Mund die Nacht küßt bis weit hinter den Monden, und die Sterne wie ihre Zähne schimmern.

Der eine große Klang, in dem alles mitsingt, die weiten und weitesten Räume, die Jadegrotten der Ewigkeit sich mit Feuer füllen und sich die Muster der Muster der Muster wirbelnd drehen hinein in den ewigen Sog hinaus, hinein, um sich herum in der einen großen Explosion hinein in die Stille des Seins.

Atemlos, ganz und gar. Und aus der Stille tritt er, Jashuah, in seiner Güte, der Kristall der Kristalle, der Raum der Räume, sein Lächeln eines Augenblickes Ewigkeit. In segnender Gebärde. Von Firmament zu Firmament.

So stehen sie auf der Hochebene, versunken in die göttliche Ekstase, die Menschen von Lemuria – nun still, bewegungslos –, bis sie sich umschauen, sich anschauen. Und ein Lachen, glücklich und silbern, rollt über die Menge, und alle umarmen sich.

Und wünschen sich eine gute Nacht.

Kapitel 18

Der Heilige Weg des Wissens

Am Morgen nach dem vierten Tag, dem „Großen Tag" des Festivals, erwachte Pakja von einem ungewöhnlichen Gefühl.

Es war, als ob sich sein Herz überschlug. Es purzelte in seiner Brust.

Er setzte sich auf. Alle lagen noch im Gras und schliefen, denn es war eine sehr warme Nacht gewesen.

Er schaute hinaus zum Horizont. Das Meer kräuselte sich leicht unter den Winden des frühen Morgens, und eine frische Brise spielte in seinem Haar.

Er schaute auf zu den mächtigen Bergen, hinter denen sich die Röte abzeichnete.

Er war noch nicht ganz wach. Und die Bilder, die er sah, mischten sich in die Bilder seines Traumes.

Er hatte von einem Kristall in Menschenform geträumt. Ein sprechender Kristall, ein völlig durchsichtiger Körper, in dem Blitze hin- und herzuckten, der mit einer seltsamen Stimme sprach, so durchdringend, daß Pakja noch in der Erinnerung erschauerte.

Besonders hatte er seinen Namen gesagt in einer Weise, die er noch nie gehört hatte: als ob er von ganz ferne rief und doch mitten in ihm.

Pakja schaute hinüber zu seinen Eltern und Geschwistern. Alle hatten sich entschieden, die Nacht nicht im Zelt zu verbringen, sondern unter dem freien Himmel.

Sie schliefen fest.

Pakja fühlte sich einsam. Das erste Mal. Vor zwei Monaten war er vierzehn Jahre alt geworden, und vor drei Wochen war seine Initiation. Alles war so anders seitdem. Er ertappte sich dabei, daß er lange nachdachte. Es waren Gedanken, vermischt mit Bildern, sehnsüchtigen Gefühlen, Traurigkeit und Freude. Und es war so oft ein Brennen in seiner Brust, dessen Bedeutung ihm nicht klar war. Er hatte Gedanken, daß er nun ein Mann wird, daß die lustigen Spiele mit den anderen aufhören werden, daß er sich verändern wird. Er hatte das Gefühl einer grundlegenden Veränderung in seinem Leben, die ihm zugleich Angst und Freude machte.

Er griff nach dem Kristall an seinem Hals. Der Stein fühlte sich heiß an, als ob er bebte.

Pakja schaute noch einmal hinauf zu den majestätischen Bergen. Von dem Magischen Land dahinter und den Kristallstädten wurde erzählt, aber von seinem Dorf war nie jemand dort gewesen.

Mit einem Seufzer ließ er sich rückwärts wieder auf sein Schlafkissen fallen. Er wollte abwarten, bis die anderen aufwachten, und bis dahin noch ein wenig schlummern.

Er schaute in den Himmel. Unter seinem Hinterkopf fühlte er etwas Warmes, Weiches. Viel wärmer und weicher als sein Schlafkissen.

Mit einem Ruck setzte er sich wieder auf und schaute sich um.

Er schaute in das gütigste, ernsthafteste Lächeln, das er je gesehen hatte. Es waren die Augen, diese unglaublich leuchtenden Augen, die lächelten.

Der feingeschwungene Mund in diesem uralten, wettergegerbten Gesicht war ernst und hatte doch einen Zug ins Schalkhafte. Die Haare waren weiß.

Über ihm kniete ein Mann – oder war es eine Frau? –, angetan mit einem weiten, hellen Gewand. Es war wohl der älteste Mensch, den Pakja je gesehen hatte.

Und doch schaute aus diesem uralten Menschen das Gesicht eines Kindes.

Mit einem Ruck schnellte Pakja von seinem Lager hoch und ließ sich vor dem Wesen auf die Knie fallen. Dann hob er den Kopf und schaute den Wissenden erschrocken an.

Shiwajah rührte sich nicht. Er schaute dem Jungen fest in die Augen.

Der Kristall brannte auf Pakjas Brust.

„Pakja", sagte Shiwajah, „Pakja". Und es war die Stimme des Kristalls in seinem Traum. Eine Stimme, so gütig, so wissend, so nahe. Eine Stimme, vertraut wie die Heimat.

„Wer bist Du?", flüsterte Pakja. „Ich habe dich noch nie gesehen."

Shiwajahs Körper schüttelte sich vor Lachen.

Dann sagte er, und seine Stimme toste wie „tausend Wasser":

„Pakja, ich bin gekommen, um dich mitzunehmen. Wir haben einen langen Weg vor uns. Richte dich."

Pakja hörte das Schluchzen neben sich. Es war die Mutter, die gerade aufgewacht war, ihren Kopf hergewandt hatte und sich nun langsam aufrichtete. Sie verstand sofort.

Weinend wirft sie sich vor Shiwajah hin, der sanft ihr Haar und ihre Schultern berührt.

„Warum, warum heute, warum überhaupt? Laß mir den Sohn, Gewaltiger, ach, ich wußte es … ich habe es gespürt … ich habe geträumt … ach, lasse ihn mir, noch ein Jahr … beim nächsten Fest … er ist noch so klein …"

Und Sheljam, die Mutter, weint fassungslos. Und Shiwajah legt die Hände auf sie und tröstet sie.

Pakja fühlte fast etwas wie Verlegenheit über den Auftritt der Mutter. Er wußte, er würde Abschied nehmen. Nichts würde ihn nun hindern. Und in die Angst und den Abschiedsschmerz mischte sich ein Gefühl wie Stolz, verstanden zu sein, eine Zukunft zu haben, nach Hause zu gehen.

Auch der Vater war nun aufgestanden und küßte die Hände Shiwajahs.

War dies sein Vater? Wer ist mein Vater? Ist mein Vater nicht Shiwajah, mein wahrer Vater?

Und Shiwajah schaut Pakja lächelnd an.

Nun sind auch die Geschwister aufgewacht, auch sie fangen an zu schluchzen und verkriechen sich in ihre Decken.

Und Pakja fängt an zu sprechen, und er fühlt, wie seine Stimme mächtig aus ihm heraus will, eine so andere Stimme:

„Mutter, Vater, hört. Shiwajah ist gekommen, um mich mitzunehmen. Ich bin in seine Hände gefallen. Ich habe von ihm geträumt. Ich werde gehen. Ihr wußtet es doch. Du, Mutter, hast mir doch diesen Kristall gegeben. Du hattest mir erzählt von Shiwajah, der kam, als ich geboren wurde, und mich segnete."

Und Keljaf, der Vater, und Sheljam, die Mutter, richteten sich auf und schauten Pakja an. Und hinter den Tränenschleiern sahen sie ihren Sohn, sie sahen ihn vielleicht zum ersten Mal, Pakja, wie er dort stand und sprach. Und seine Augen leuchteten.

Und beide gingen zu ihrem Sohn, küßten ihm die Hände, umfaßten seine Füße, herzten und küßten ihn.

Und Shiwajah lächelte.

Auch die Geschwister liefen herbei, fielen Pakja um den Hals, seine Lieblingsschwester weinte laut, während sie ihm ihre Ketten umhängte. Sie wollte ihm noch einmal zeigen, wie lieb sie ihn hatte. Sie versprach ihm, gut auf sein Eichhörnchen und seine Ziege aufzupassen und sie zu versorgen.

Da war es um Pakja geschehen, und er begann zu weinen und umarmte seine Geschwister und küßte sie.

Die anderen Familien waren inzwischen auch aufgewacht und versammelten sich um die Szene. Viele hatten Tränen in den Augen. Freunde und Freundinnen Pakjas liefen herzu, um ihn zu küssen, und viele legten Geschenke zu seinen Füßen.

Viele gingen auch zu Shiwajah, um ihn zu begrüßen und sich von ihm segnen zu lassen.

Und Shiwajah segnete sie.

Er segnete die Kinder und gab ihnen kleine bunte Segenssteine. Er segnete die Jungen und Mädchen und berührte ihre Stirnen und gab ihnen geflochtene, heilige Schnüre – gewirkt aus dem goldenen Hanfkraut, das auf der anderen Seite des Gebirges wächst. Er segnete die erwachsenen Männer und Frauen und gab ihnen die kleinen Traumkristalle und konzentrierte Essenzen, eingeschlossen in den kleinen Kristallfläschchen. Er begrüßte und segnete die Alten und berührte ihre Hände. Er gab ihnen geheiligte Minzblätter, Pulver der Rinde des Ewigkeitsbaumes und Elixier vom Nektar der großen blauen Orchidee. Alle beschenkte er mit Kristallstaub aus den weißen Städten.

Den Frauen gab er Samen für die Gärten, die er im Land der Säulen gesammelt hatte von unbekannten Kräutern und Eßpflanzen, und Wasser aus den Obsidianen, das man dem normalen Wasser beimischte, um es zu heiligen.

Auch die Elfen, Zwerge und Feen kamen herbei, um sich von Shiwajah segnen zu lassen. Die Elfen kicherten und wisperten aufgeregt, die Zwerge chanteten so inbrünstig wie selten, und die Feen erröteten, erblauten und ergrünten, manchmal in allen Farben. Sie waren so wunderhübsch verlegen.

Besonders die Feen liebten Shiwajah, da er sie mit neuer Traumsubstanz versorgte und sie immer wieder in die Weiße Stadt zu Kongressen eingeladen hatte. Durch ihn waren sie in den letzten Jahrtausenden etwas stabiler geworden.

Inzwischen hatte die Mutter für Pakja ein Bündel geschnürt, mit Kleidung und Proviant. Der Vater legte kostbares Öl, fein gewebte Seidentücher, Schnitzereien, Muschelketten und Schmuckstücke aus gedrehtem Gold und Silber dazu, damit der Sohn auch Geschenke machen konnte.

Er gab ihm ein neues Paar Sandalen mit, Schmuck für die Arme und Füße und eine Kette aus leuchtendem Karneol, grüner Jade und Goldperlen. Er streute in die schwarzen Haare seines Sohnes das Pulver aus Gold, Myrrhe und Tasman.

Shiwajah beschenkte er mit hanfenen Säckchen und kleinen Gefäßen aus Keramik. Shiwajah trug keinen Schmuck. Denn das innere Leuchten Shiwajahs war so groß, daß Schmuck auf seiner Haut seine Farbe verloren hätte. Das Leuchten Shiwajahs war sein Schmuck. Seine Haut leuchtete wie Gold und Bronze und glitzerte in der Sonne wie Tausende von Diamanten. Die Haare Shiwajahs waren weiß und schimmerten wie ein Opal in allen Farben, silberweiß und goldweiß. Und die Aura Shiwajahs leuchtete so stark, daß die Steine und Gräser, die er betrat, dreimal so stark leuchteten als zuvor, da ihre Farben sich vollsogen von den Farben des Lichtes Shiwahahs, und die Luft um ihn leuchtete in allen Farben des Regenbogens. Und die Augen Shiwajahs waren grün, und in diesen Augen strahlte Jashuah. Die durchschauten alles. Bis weit hinter die Planeten und die Sterne.

Das war die Schönheit Shiwajahs, die keines Schmuckes bedurfte.

Aber Shiwajah liebte die hanfenen Säckchen und die Keramikfläschchen, weil er darin sammeln konnte. Das war die Demut Shiwajahs.

Pakja verabschiedete sich also von seiner Familie und seinen Freunden. Und dann zog er mit Shiwajah davon, während alle ein Lied sangen zu ihrem Geleit.

Und Pakja und Shiwajah stiegen auf, hinauf in das Gebirge, der Grenze zum Magischen Land.

Unterwegs trafen sie Hirten und schritten durch Bergdörfer. Pakja verschenkte alle seine Geschenke. Dem Ältesten eines Bergdorfes, wo sie übernachteten, schenkte er seine Kette, anderen überreichte er den Schmuck von seinen Armen und Beinen.

Schließlich verschenkte er seine Sandalen. Denn Shiwajah hatte ihn gelehrt zu gehen.

Doch der Pfad durchs Gebirge war beschwerlich. Pakja mußte oft hinter Shiwajah herlaufen und bewunderte den Uralten, mit welcher Behendigkeit er über die Steine, die Gletscher, die Felsen kletterte.

Oft rief Pakja nach Shiwajah, der stehenblieb und sich umschaute und ihm Kraft gab.

Manchmal gingen sie Hand in Hand – und Pakja erzählte von seiner Jugend, von seiner Familie, seinen Freunden und Geschwistern.

Er erzählte auch von seinen Träumen. Und öfters hielten die beiden an und legten Mandalas aus farbigen Steinen, Gräsern und Gebirgsblumen. Manchmal auch aus Kristallen von Eis und reifbedeckten Zweigen. Und Shiwajah begann Pakja zu lehren die Kraft des Träumens und die Kraft der Symbole.

Sie segneten die Mandalas und überließen sie der Zeit.

Oft schauten sie sich um und standen lange und betrachteten das Land bis hinaus ins Meer. Und manchmal besangen sie, was sie sahen, und sangen hinaus in das weite Meer, wo die Delphine und die Wale spielten.

Und manchmal, so dünkte es sie, sangen diese mit.

Dann waren sie auf der Höhe des Gebirges angekommen.

Und vor Pakja breitete sich ein weites Tal aus, so unbeschreiblich in seiner Schönheit, daß er sich lange nicht von der Stelle bewegen konnte, während ihn Shiwajah neugierig ansah.

Die Schönheit dieses Tales bestand nicht nur aus dem Sichtbaren. Es war eine besondere Atmosphäre über diesem Land, majestätisch, gesegnet, friedlich und zauberhaft. Ein großer, kraftvoller Akkord, ein Klang wie aus tausend Instrumenten.

Sie sahen hinab auf die leicht hügeligen Grasflächen, durchsetzt mit Büschen und Bäumen von einem tiefen satten Grün. In der Mitte des Tales, dort, wo es sehr flach wurde, ragten diese gewaltigen dunkelschimmernden Säulen empor, auf denen in gleißendes Weiß getauchte Gebilde blinkten, die aussahen wie Säulen und Tempel, gebaut aus Schnee, wenn er in der Sonne glitzert. Sie waren vom reinsten, strahlenden Weiß und funkelten doch in allen Farben wie der Opal.

Die Luft zitterte und bebte um diese Säulen und Städte, als ob es dort sehr heiß sei. Aber es waren wohl Schwaden purer Energie, die jetzt auch Pakja erfaßten, als er mit Shiwajah langsam in das Tal hinabstieg.

Die beiden ließen sich beim Abstieg viel Zeit, damit sich der Körper des Jungen an die Energie des Tales gewöhnen konnte. Es war ein silbriges Flirren in der Luft wie vibrierender glitzernder Staub und überzog alles mit einem silbriggoldenen Schimmer.

Pakja mußte immer wieder an sich herabschauen und diese goldene zitternde Luft um seinen Körper und seine Haut betrachten. Er spürte, wie diese Energie in all seine Poren einzudringen suchte. Er hatte mehr und mehr das Gefühl, innerlich zu kochen, zu brennen, obwohl sich seine Haut ganz kühl anfühlte.

Irgend etwas an und in seinem Körper veränderte sich.

Ansonsten war die Landschaft fast so, wie er sie von zu Hause aus kannte. Da und dort sah er ein Kraut oder eine Blume, die er noch nie zuvor gesehen hatte. Auch die Bäume waren in ihrer Art mächtiger, ausladender, grüner, saftiger.

Vor allem bewunderte Pakja die glasklare kristalline Luft. Er konnte auf mehrere hundert Meter alles gestochen scharf sehen, überwirklich scharf, in jeder Einzelheit. Er hatte das Gefühl, als könne er die Schuppen auf den Flügeln eines Schmetterlings noch auf hundert Meter Entfernung unterscheiden.

Shiwajah, der Wissende, war in Glückseligkeit. Er liebte dieses Land. Und er liebte den Ausdruck und die Haltung Pakjas, die Hingabe seines Schützlings an diesen Weg, an diese neue Situation und Phase in seinem Leben. Alles würde sich für den jungen Mann von nun an verändern.

Schmetterlinge gaukelten, Bienen summten, Käfer und Mücken tanzten in der Sonne. Spinnen webten ihre kostbaren Gebilde, und große Vögel, Falken und Adler kreisten würdevoll in großer Höhe. Kolibris suchten Nektar, bunte Vögel bevölkerten die sattgrünen Bäume und hielten ausgedehnte Konzerte ab.

Drei Tage und drei Nächte waren sie im Tal unterwegs, bis sie zu den heiligen Säulen kamen.

Die Nächte waren warm und samtviolett. Die Kristallstädte funkelten in ihrer Pracht, als ob es dort niemals dunkel würde.

Um die Mittagzeit des vierten Tages kamen sie bei den ersten Steinsäulen an. Kerzengerade ragten diese gewaltigen Gebilde aus dem Boden, gesäumt von Gräsern, Büschen, Blumenstauden, die sich offensichtlich ganz besonders gern an den dunklen Stein anschmiegten.

Als Pakja zum erstenmal die Efeu- und Weinranken zur Seite schob, die den Fuß der Steinsäulen begrünten, und seine Hand auf den Stein legte, erschauerte er bei der Energie und der Wärme, die von dem Stein ausging. Es war Obsidian. Feinster dunkelschimmernder Obsidian, glashart und glatt.

Pakja schaute Shiwajah ungläubig an. Niemals, niemals würde man zu der Stadt auf der Säule gelangen können. Vielleicht hätte man die ersten Meter an den knorrigen Ranken hochklettern können – aber dann begann der nackte, glatte Stein, ohne jede Fuge, ohne Risse. Es gab nichts, wo man hätte einsteigen oder sich hochziehen können. Auch war der Stein so hart, daß es Jahre gebraucht hätte, um auch nur wenige Stufen hineinzuhauen. Und Pakja konnte keine Stufen erkennen.

„Dies ist noch nicht die unsrige", sagte Shiwajah lächelnd, „laß uns weitergehen."

127

Und so gingen sie noch an einigen Säulen vorbei, bis Shiwajah auf eine Säule deutete: „Diese ist es, diese führt zu unserer Stadt."

Pakja wunderte sich, wie man wohl die einzelnen Säulen unterscheiden konnte, denn eine sah so aus wie die andere und endete Hunderte von Metern, irgendwo da oben, im Wolkendunst.

Dort mußte die Stadt sein.

Aber wie dort hinkommen?

Bis jetzt hatte Shiwajah auf diesbezügliche Fragen Pakjas geschwiegen.

Er bedeutete dem Jungen, sich vor die Säule zu setzen, die Ranken und Gräser wegzuschieben und den dunklen Stein anzublicken.

Dann setzte sich Shiwajah neben Pakja, in der gleichen Haltung.

„Unser langer Weg ist zu Ende, Pakja", begann Shiwajah. „Unsere Vorräte sind aufgebraucht. Du fragst dich nun, wie wir zur heiligen Stadt gelangen. Und du siehst, es gibt keinen Weg, den du mit deinem Körper gehen könntest. Auch ich saß hier wie du jetzt, vor langer Zeit. Ich spiegelte mich im Obsidian der Säule, und mein Meister saß neben mir. Ich wußte, daß ich den Rest des Weges allein gehen mußte, aber wie? Ich fragte meinen Meister. Aber mein Meister antwortete mir nicht. Er sagte mir nur, ich müsse mich im Spiegel des Obsidians betrachten und die Frage klären, wer ich sei. Und dann müsse ich die Augen schließen und mich mit Inbrunst fragen, wohin ich wolle – so lange, bis ich die machtvolle Antwort erhalte. Und dann wäre ich dort, in einem Augenblick."

„Nur, sagte mein Meister, müßte ich dann auch daran glauben, daß ich angekommen sei …" fuhr Shiwajah nach einer Weile des Schweigens fort und gluckste dabei. „… ja, so war das mit meinem Meister. Und er sagte das, wie ich jetzt zu dir, über seinen Meister, von dem er sagte, daß dieser es sagte wie dessen Meister, der es so von seinem Meister gehört hatte, verstehst du, Pakja …? Ich werde da sein, wenn du kommst …"

Und Shiwajah schwieg. Er versank in eine tiefe Meditation. Und sein Schweigen versiegelte Pakjas Mund. Er schaute in den Stein.

Plötzlich fühlte er sich sehr allein.

Er schaute zur Seite. Der Platz neben ihm war leer. Und das Gras stand dort, als ob nie jemand dort gesessen habe.

Ein Schock ergriff Pakja. Also war es wahr, was Shiwajah gesagt hatte. Er wollte weinen, weglaufen. Doch dann ermannte er sich. Dies war der wichtigste Augenblick in seinem Leben.

Fjordland

Mondwasser-Skulptur

Maja Kamesh – die Stadt der Visionäre

Kristallorgel im Hochland von Tjabeth

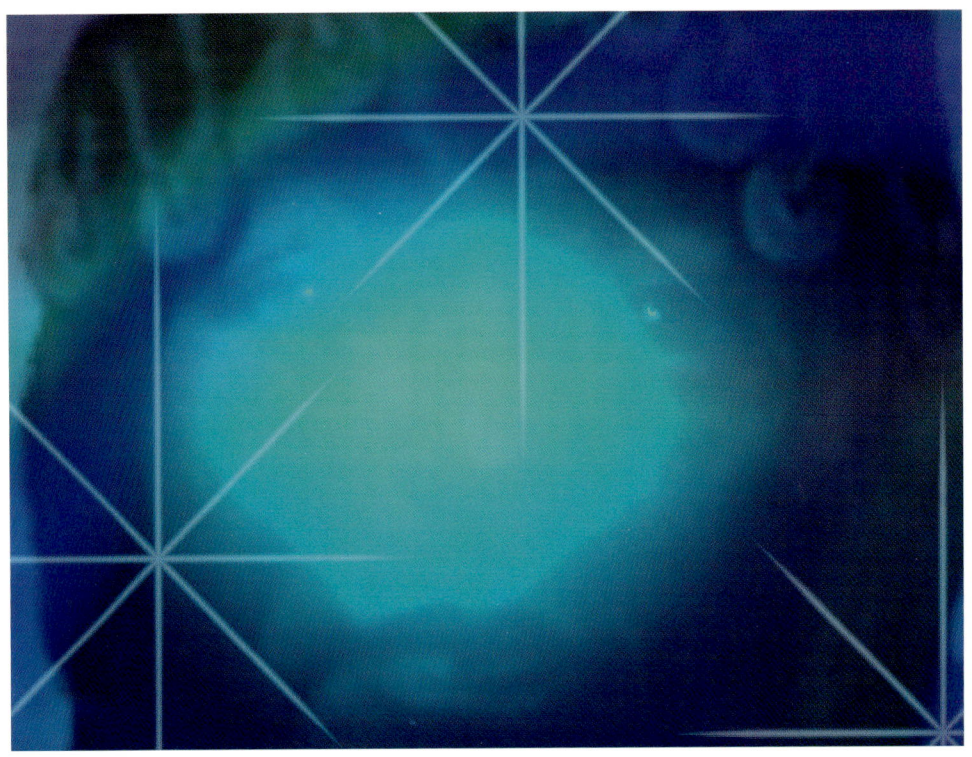

Der Heilige Weg des Wissens

Fels der Entscheidung

Pakja schaute sich an im Obsidian. Dieses dunkle Gesicht vor ihm machte ihm ein wenig Angst. Es war so, als ob dort Nacht wäre, alles war dort in ein geheimnisvolles düsteres Licht getaucht. Und von sich selbst sah er die Umrisse seines Gesichtes, die Funken der Augen, das Schimmern der Zähne, wenn er versuchte, sich anzulächeln. Aber dieser Schatten lächelte nicht.

Allmählich hatte er das Gefühl, tatsächlich einem Wesen aus einer anderen Welt gegenüberzusitzen. Nur wenn er sich bewegte, bewegte sich der andere mit, und das erinnerte ihn, daß er wohl in einen Spiegel schaute.

Der Raum öffnete sich in den Stein.

„Wer bist du…?" fragte Pakja sein Ebenbild. „Wer bist du…?" hallte es aus dem Spiegel zurück.

Je länger Pakja in den Spiegel schaute, desto mehr hatte er das Gefühl, manchmal vor dem Stein zu sitzen und manchmal im Stein.

Seine Augen fingen an zu zucken und zu tränen. Dieses Wesen im Spiegel begann, seine Konturen zu verlieren. Das Bild löste sich allmählich auf. Es ging über in Schwaden pulsierenden Lichtes. Licht aus goldenem und silbernen transparenten Staub, der sich in Spiralen drehte und Pakja einzusaugen schien wie in einen tiefen Trichter.

Plötzlich wurde alles dunkel. Aber das Dunkel lebte. Es war, als würde es gefrieren zu Tausenden von Kristallen aus Eis, die sich miteinander verbanden, Konturen bildeten – Häuser, Tempel, Treppen, Türme – eine Stadt aus durch-sichtigem weißen Stein, schillernd in vielen Farben und doch strahlend weiß. Er kannte diese Stadt. Er hatte sie im Traum so oft gesehen.

Die Sehnsucht nach ihr und danach, seinen Meister wiederzusehen, wurde stärker und stärker, und er schloß die Augen. Auch jetzt kreiste und wirbelte es in ihm. Er hatte das Gefühl, sich aufzulösen in viele kleine Kugeln, die ausein-anderrollten in einen weiten Raum hinein. Er hatte die Empfindung, riesig und zugleich sehr klein zu sein, winzig und gewaltig zugleich. Und er pulsierte hin und her zwischen den beiden Gefühlen, immer schneller, immer schneller, bis er das Gefühl hatte, mit rasender Geschwindigkeit hochgehoben zu werden.

Plötzlich war alles still.

Etwas in ihm oder außerhalb von ihm sagte: „Öffne die Augen…"

Pakja öffnet die Augen. Blendend weißes Licht läßt ihn blinzeln, bis er etwas erkennen kann. Schemenhaft, so etwas wie Gebäude, Tempel – und da ein Gesicht, das ihn neugierig und überrascht anlacht.

„Sollte das etwa …?" sagte Pakja zu sich „… so schnell… es kann doch wohl nicht …"

Und er öffnet die Augen. Und sieht sein Spiegelbild.

Pakja schaut sich um. Er sitzt im warmen Gras, vor der Säule aus Obsidian. Was war das gewesen? Natürlich ein Traum.

Zum erstenmal fühlt er so etwas wie Ärger. Was soll das alles? Sein Meister hat ihn verlassen. Nun sitzt er vor dieser Säule aus Stein und soll es irgendwie schaffen, alleine weiterzukommen. Schließlich trägt ja der die Verantwortung, der ihn soweit gebracht hat.

Zweifel nagt an ihm. Vielleicht sollte er umkehren. Allein durch das Land zurückgehen, über die Berge, zu seiner Familie. Dies hier ist zu schwer, und außerdem beginnt es, Abend zu werden, und er wollte nicht vor diesem Spiegelbild an dieser seltsamen, fast unheimlichen Säule die Nacht verbringen, keinesfalls!

Er hatte gerade eben in der Vision die Stadt gesehen, aber wie sollte er dort hinkommen, in Fleisch und Blut? Wie?

„Du warst dort!"

Die Stimme war laut und vernehmlich.

„Du warst dort und hast es nicht geglaubt … ich habe dir doch gesagt, du mußt, wenn du dort bist, auch daran glauben, daß du dort bist…"

Shiwajah saß neben ihm und lachte ihn an.

„Ich wollte dich eben vollends hereinholen, ich sah deine Konturen. Und da warst du wieder verschwunden! Du warst schon bei uns! Ich war so stolz auf dich. Wenige schaffen es so schnell! Aber du hast gezweifelt…"

Pakja weinte vor Erleichterung, Shiwajah an seiner Seite zu sehen. Er lehnte sich für einen Augenblick mit dem Kopf an seine Schulter.

„Da du schon fast da warst, aus eigenem Antrieb …", sagte Shiwajah überschwenglich „… machen wir es jetzt gemeinsam. Schau wieder in die Säule und dann schließ die Augen."

Pakja fühlte Shiwajahs Hand in der seinen. Jetzt würde es gehen, eine tiefe Liebe und Geborgenheit breitete sich in ihm aus.

Wieder begannen die Nebel von goldenem Licht zwischen ihm und seinem Spiegelbild hin- und herzuschweben und zu kreisen. Er schloß die Augen. Er löste sich auf. Dann zogen ihn die Spiralen hinein in den Tunnel und schleuderten ihn in das gleißende Licht.

Und er stand auf. In der Weißen Stadt. Und Shiwajah umarmte ihn.

Kapitel 19

Älteste, Weise und Wissende

Jedes Dorf hatte seine **Älteste**. Das waren die, die die Geheimnisse der Natur und der Tierwelt kannten. Das waren die, die alle Fähigkeiten des Lemurianers leben und weitergeben konnten. Sie wurden um Rat gefragt, und sie wußten immer eine Antwort. Sie schlichteten, sie führten zur Wahrheit, sie bereiteten die Familien auf die Festivals vor, und sie waren aktiv beteiligt bei Geburten und Todesfällen und leiteten die Initiationen.

Dann hatte jedes Dorf einen oder zwei **Weise**. Das waren solche, die die Magie beherrschten – sozusagen die Schamanen der Dörfer. Sie wußten um die Magnetik, wußten um die Stern- und die Mondphasen. Bei ihnen holten sich die Ältesten Rat. Die Weisen bewohnten die heiligen Plätze in der Nähe des Dorfes. Sie verbrachten die meiste Zeit in Meditation, auf Reisen auf andere Ebenen und wurden dann und wann von den Wissenden aus den Kristallstädten besucht. Bei diesen Besuchen wurden Wissen und Erfahrung ausgetauscht.

Die Weisen wurden auch regelmäßig von Elfen, Zwergen, Feen und anderen Wesen besucht, die ihnen ihre Geheimnisse und Botschaften anvertrauten, denn die Weisen hatten die Fähigkeit, den Naturgeistern zuzuhören. Sie gaben dann dieses Wissen an die Ältesten weiter.

Viele Weise waren ursprünglich Lernende in den Kristallstädten, die bis zu einem gewissen Grad des Wissens gekommen waren. Irgendwann spürten sie den Ruf, in ein Dorf zu gehen und dort als Berater zu leben.

Die **Wissenden** waren solche Lemurianer, die die meiste Zeit in den Kristallstädten als Forscher und Wissenschaftler verbrachten und nur zu besonderen Anlässen in das Umland kamen. Anlässe waren die Festivals, Geburt und Tod und andere besondere Aufgaben wie das Programmieren von Kristallen, Vorbereitung von den spirituellen Räumen für Rituale, Sonnenwenden und die Unterweisung der Ältesten und Weisen.

Solche Wissende waren

- die Visionäre
- die Realitätsschöpfer
- die Träumer
- die Träumeweber
- die Kristallwissenden
- die Heiler
- die Kartenmacher und Wegbereiter
- die Mandala-Experten
- die Wissenden der heiligen Mathematik
- die Symbol-Wissenschaftler
- die Magnetik-Wissenschaftler
- die Licht-Energetiker
- die Resonanz-Wissenschaftler
- die Verbinder zu den Höheren Welten
- die Mond- und Planetenkundigen
- die Astrologen
- die Wächter und Kundigen der Erde
- die Wächter und Kundigen des Meeres
- die Verbinder mit den Bewußten der Meere
- die heiligen Sprecher und Sänger
- die Musikwissenschaftler – und Komponisten
- die Priester und direkten Vertrauten Jashuahs
- die Wissenschaftler und Diener Akshahs
- die Seher Lemurias
- die Seher und Hellsichtigen der Welten und Zeiten
- die Menschenkundigen
- die Tierkundigen
- die Zeugen und Dokumentatoren
- die Programmierer
- die Wissenschaftler der „Energie dazwischen"
- die Kundigen des Pflanzenreichs
- die Kundigen der Physis und ihrer Formen
- die Feen-Kundigen

- die Verbinder zur Zwergenwelt
- die Verbinder zur Elfenwelt
- die Verbinder zu den anderen Naturwesen- und geistern
- die Kosmologen und Verbinder zu anderen Universen
- die Ritualkundigen
- die Reisenden zwischen den Welten
- die Erforscher und Kundigen der Erdenmagnetik
- die Sonnenforscher
- die Wissenschaftler und Erforscher der Essenzen, Mischungen und Drogen
- die Wissenschaftler und Erforscher der Mineralien und Metalle
- die Wasserkundigen
- die Priesterschaft Mama-Ahanahs
- die Priesterschaft von Sh-
- die Priesterschaft von J-
- die Transformatoren
- die Inkarnationswissenschaftler
- die Dimensionswissenschaftler
- die Erforscher der Liebe
- die Künstler
- die Verbinder zu den „unteren" Welten
- die Verbinder zu den Schützern Lemurias
- die Wissenden der Integrität und Reinheit
- die Seelenkundigen
- die Kundigen der menschlichen Säfte und Ausscheidungen
- die Wissenden der Resonanzen und starken Energien
- die Meditations- und Gebetskundigen
- die Empfänger und Kommunikatoren Höherer Weisheit
  ……
  ……

Das Forschungs- und Tätigkeitsfeld einiger Wissender kann mit unseren Worten nicht beschrieben werden, da wir keine dafür haben: Es handelte sich um den Umgang mit Bewußtsein, Gefühlen und Energien, aus denen höhere Dimensionen und Bewußtseinsstufen geformt werden. Frauen waren völlig gleichberechtigt. Da Frauen ihre Wissenschaft naturgemäß etwas anders betrieben als die Männer, versuchte man für jeden Wissenszweig eine Balance zwischen weiblichen und männlichen Wissenden herzustellen. Wissende Frauen als direkte Verbinder zur Göttin waren enorm kraftvoll. Sie waren hochangesehen und gefürchtet im Sinne von Ehrfurcht.

Die oben genannten Wissenden forschten, lernten und arbeiteten in Gruppen in den folgenden 33 Städten. Die Zuordnung überlasse ich dem Leser:

- die Stadt der Träumer und Träumeweber, die Stadt Akshahs
- die Stadt der Erde
- die Stadt der Himmel
- die Stadt der Seher
- die Stadt der Priester und Diener der Göttin Sh-
- die Stadt der Priester und Diener Gottes J-
- die Stadt der Priester und Diener Jashuahs
- die Stadt der Priester Mama-Ahanahs
- die Stadt der Kristallforscher und -programmierer
- die Stadt der Visionäre
- die Stadt der Realitätsschöpfer
- die Stadt der Integrität und der Reinheit
- die Stadt der Kartenmacher und Wegbereiter
- die Stadt der Hüter und Wächter
- die Stadt der Sterne
- die Stadt der Planeten
- die Stadt der Heiler
- die Stadt der heiligen Symbole
- die Stadt der Mandalas
- die Stadt der heiligen Mathematik
- die Stadt der Tier- und Pflanzenkunde
- die Stadt der Transformatoren
- die Stadt der Elemente
- die Stadt der Aromen, Essenzen und Säfte
- die Stadt der Magnetik und Licht-Energien
- die Stadt der Künstler und Musiker

- die Stadt der Festivals und Rituale
- die Stadt der Naturwesen und Naturgeister
- die Stadt des Wassers und der Luft
- die Stadt der Sonne
- die Stadt der Monde

    ......

    ......

Zwei weitere Städte und ihre Wissensgebiete können hier nicht aufgeführt werden, da wir keine Bezeichnung dafür haben, was hier geforscht wurde.

Auch die obigen Bezeichnungen, sowohl der Wissenden als auch der Städte, sind ungenau. Wissenschaft und Forschung waren bei den Lemurianern keine so strikten und linearen Disziplinen wie bei uns. Sie bemühten sich mehr um „Erfahrungen", um „Gespür" und praktische Anwendungen. Das Ziel jeder Tätigkeit war, Jashuah nahe zu sein, mehr von Jashuah zu verstehen, die Freude Jashuahs an den Welten zu teilen und weiterzugeben. Die „Verbinder" waren Kommunikatoren, die Priester auch die „Verkünder und Beschreiber der Schönheit Gottes". Immer war der ganze Mensch mit all seinen Gefühlen, seinem ganzen Körper und Geist an der Wissenschaft beteiligt. Die Magnetiker konnten durch ihren Körper und bestimmte Bewegungen enorme Magnetkräfte erzeugen, mit denen sie riesige Gesteinsbrocken zum Rollen brachten. Die Licht-Energetiker konnten aus ihren Händen mithilfe von bestimmten kraftvollen Worten und Gesängen Blitze und gleißendes Licht erzeugen, mit dem sie heilen und „erleuchten" konnten.

An dieser Stelle gedenke ich mit Freude des Brasilianers Mauricio Panisset, den ich noch 1992 im Delphi-Zentrum bei Atlanta bei Patricia Hayes erleben durfte. Er konnte mit seinem Körper starke Lichtphänomene erzeugen, die ich auch während seiner Behandlung in meinem Körper und Gehirn intensiv spürte und als heilend und integrierend erlebte. Es war ein sehr eindrucksvolles Erlebnis und hat sicher meinen Weg nach Lemuria und zu den Wissenden vorbereitet. Eine Begegnung mit diesem wiedergekehrten lemurianischen Wissenden wird auch in Shirley McLaines Buch „Zwischenwelten" in Kapitel 14 beschrieben.

Mauricio Panisset

Kapitel 20

Akshah und die Geburt der Weißen Städte

Der Stein der Weisen. Sein/ihr Name übersetzt: der Stein/Kristall (Ak) der Göttin (Sh-), der alles weiß, ist, kann, hat (ah).

Dieser gewaltige Kristall wurde zu Beginn der lemurianischen Epoche vom Urvater aller Wissenden, Ja-Aresh, in einer riesigen Höhle tief im Innern eines Gebirgsmassivs am Rande des Magischen Tals entdeckt.

Das Tal hieß Shambal-ja: „das Tal Gottes und der Göttin hinter den Bergen". Auch dort lebten und arbeiteten Lemurianer. Sie weideten ihre Viehherden, galten als äußerst „fromm" und hatten eine besonders tiefe Beziehung zu Jashuah.

Die ersten lemurianischen Festivals wurden in diesem Tal abgehalten und von den Menschen von Shambal-ja ausgerichtet.

Später gingen die Menschen von Shambal-ja auf die dem Meer zugewandte Seite des Gebirges, blieben aber auf den Anhöhen als Hirten. Diese Gegend wurde Tja-Beth genannt. Sie wohnten am nächsten zum magischen Land und hatten immer besondere „priesterliche" Aufgaben.

Ja-Aresh gehörte also zur Sippe der Bewohner von Shambal-ja und war eigentlich auf der Suche nach einer Ziege, die sich von seiner Herde getrennt und verirrt hatte.

Als er den riesigen Kristall in der Höhle erblickte, war er geblendet von der Kraft und Schönheit des Steins. Wie tot stürzte er nieder und blieb drei Tage in tiefer Meditation vor ihm liegen. In diesen drei Tagen bekam er viele Botschaften, die den Kristall betrafen. Er sei von Jashuah ausgewählt worden, der Stabilisator und Anker Lemurias zu werden, das ganze Wissen der Welt Lemurias in sich aufzunehmen und auszustrahlen, und werde von Jashuah mit dem reinen Wesen, dem Geiste Lemurias und seiner Schönheit für alle Zeiten programmiert werden. Er werde die Geschichte und das Wissen Lemurias und sämtlicher Lemurianer aufnehmen und für immer in sich aufbewahren.

Er sei das physische Versprechen, die Erinnerung Jashuahs an die Schönheit und Unversehrtheit der Beziehung zwischen Mensch und Gott. Ein Dokument der Reinheit, Unschuld und Tiefe dieser Beziehung.

Ja-Aresh solle dafür sorgen, daß Akshah genau in die Mitte von Lemuria, genau in die Mitte des magischen Tales Shambal-ja gebracht werde. Er werde immer wieder inkarnieren und sein Werk fortsetzen, bis er es geschafft habe.

Es dauerte tausend Jahre, bis Akshah schließlich in der Mitte des magischen Tales stand.

Es war sehr mühsam zunächst. Die „Technologie" mußte erst entwickelt werden, um einen solchen Riesenkristall aus dem Berg heraus und einige hundert Meilen durch das Land zu schaffen.

Als der 77 000 Tonnen schwere und 81 Meter hohe Kristall endlich in die Mitte des Tales geschafft war, betete Ja-Aresh viele Tage und Monate zu seinen Füßen.

Schließlich bekam er den Auftrag, Menschen mit einer besonderen Energie zu einem gemeinsamen Ritual um das Tal herum aufzustellen.

Es wurde ein Kreis von mehreren hunderttausend Lemuriern, die sich an den Händen hielten, entlang des Gebirges um das Tal herum gebildet. Sie aßen nicht, sie tranken nicht und konzentrierten sich nur auf Akshah, den sie von weitem in seiner Pracht leuchten sahen, und schickten die Energie um das Tal. Zuerst war die Energie ein immer stärker werdender Strom von Hand zu Hand, dann wurde sie gewaltig wie eine Meereswoge, dann brauste sie im Kreis herum wie ein gewaltiger Sturm, und schließlich bebte die Erde. Aber die Menschen blieben unerschütterlich und unterbrachen die Kette zu keinem Zeitpunkt. Riesige feurige, pulsierende Wolkentürme erhoben sich über dem Tal, in denen Blitze in allen Farben zuckten. Es erschienen in vielen Lichtern schillernde Objekte aller Art, komplizierte Muster aus gleißenden Farbstrahlen, die sich immer wieder neu bildeten, raumschiffartige Gebilde, Lichterketten, Funkenspiele.

Am dritten Tag, in der Abenddämmerung, tat sich der Himmel auf, und ein gewaltiger Blitz traf Akshah.

Ein starkes Beben setzte ein, und Lavasäulen stiegen aus dem Inneren der Erde empor, als ob sie vom Himmel gezogen würden.

Von einer der Lavasäulen wurde Akshah viele hundert Meter in die Höhe gehoben.

Zweiunddreißig weitere Säulen stiegen auf und erstarrten zu dunkelgrünem Obsidian. Ihre Spitzen wurden fortwährend von Blitzen getroffen.

Unerschütterlich hielten die Menschen um das Tal die Energie. Die Spitzen der Säulen erglühten in gleißendem Licht und verbanden sich mit Energiewirbeln, die sich aus den Wolken auf sie herabsenkten. Gebilde aus Licht, Regen von in allen Farben schillernden Funken; Raumschiffe schwebten auf und nieder. Zur gleichen Zeit war das Tal von einer brausenden Musik erfüllt.

Der Eindruck war so prächtig, so voller Schönheit, aber auch so machtvoll, daß die Menschen Mühe hatten, präsent zu bleiben. Aber sie hätten die Kette nicht unterbrechen können. Zu stark war die Energie, zu stark die Magnetik.

Und plötzlich war Stille. Der Himmel klärte sich, und die Weißen Städte, die Städte des Lichts, umgeben von einer goldenschillernden Blase aus Energie, erstrahlten auf den Spitzen der Säulen. Und in der Mitte, auf der dreiunddreißigsten Säule, thronte Akshah und pulsierte seine Licht- und Magnetkraft nach allen Seiten.

Jashuah hatte sich in das Magische Tal gesenkt und die Kristallstädte aus dem Stoff gebaut, aus dem seine Träume sind.

Es war niemand „zu Schaden" gekommen, außer Ja-Aresh. Sein Körper war beim Einschlag des Blitzes in Akshah regelrecht verdampft. Für ihn war es das größte Glück und die Vollendung seiner Inkarnationen.

Denn er wurde der Geist Akshahs, er wurde Akshah.

Der Kristall, durchglüht von den gewaltigen Blitzen, zeigte nun eine Kristallstruktur, die sonst nirgendwo vorkam. Es war die des Oktaeders, der aber alle anderen Kristallstrukturen ebenfalls in sich aufnahm. So hat Akshah auch den Namen Akshah-Akeah, der Stein der Göttin, der alles weiß und auch die Muster aller Steine in sich trägt.

Er funkelte in allen Farben. Blitze tanzten in ihm auf und nieder, und eine gewaltige Kraft strömte von ihm aus. Viele Phantome waren in ihm auszumachen, Kristalle im Kristall. Und jeder hatte wiederum eine andere Struktur und eine andere Aufgabe.

Er stand in der Stadt der Träumer.

Er stand nicht in der Stadt der Kristallwissenden, wie man eigentlich annehmen könnte. Denn es wäre in der Nähe Akshahs sehr schwer gewesen, mit anderen Kristallen zu experimentieren.

Dennoch arbeiteten in der Stadt der Träumer solche Kristallwissende, die sich nur um Akshah kümmerten.

Sie standen in Kontakt mit dem Wesen Akshahs und wußten, wie man bestimmte Informationen von Akshah abrufen und in entsprechenden Kristallen abspeichern konnte, die man dann zu den Menschen brachte.

Später, als die Kristallwissenschaft in Lemuria ausgebaut war, hatte man auch Kristalle im Lande, die Informationen von Akshah über weite Strecken hinweg empfangen konnten: Information in Wort, Bild und Ton.

So war Akshah ein Verstärker und Sender, dessen „Technologie" unsere Radio- und Fernsehstationen altmodisch erscheinen läßt. In der Tat wurde in Lemuria die Kristalltechnologie in den letzten drei Jahrtausenden zu einer großen Perfektion entwickelt. Ein Wissen, dem wir uns allmählich wieder öffnen. Diese Wissenschaft war – in der intuitiven Handhabe und der gottesfürchtigen Weise, wie sie benutzt wurde – bei weitem der abstrakteren atlantinischen Kristalltechnologie überlegen.

> Der Unterschied zu heute und unserer Welt: In Lemuria und in Atlantis waren die Kristalle der Erde in einer sehr viel machtvolleren Weise mit ihrem himmlischen Ursprung verbunden. Diese starke Energieverbindung wurde nach dem Fall von Atlantis – zum Schutz der Menschen – drastisch reduziert. Die Integrität der Kristalle ist so groß, daß sie, wird diese verletzt, Schaden anrichten können. Besonders dann, wenn sie eine starke Energieverbindung zu ihrem Ursprung haben.

Die Meisterschaft der Diener Akshahs bestand in dem Wissen, welche Strukturen der Kristalle im Inneren Akshahs die jeweilige Information aufbewahrten und wie sie mit den entsprechenden Kristallen abzurufen waren.

Diese Diener Akshahs waren später in Atlantis die Urväter der höchsten Priester der Allerheiligsten der Kristalltempel. Sie waren auch die, die den Dienst an Poseidons Meisterkristall „Sin" taten. Aber davon mehr zu einer anderen Zeit.

Akshah hatte aber noch andere Eigenschaften, als nur die Datenbank und der Energieverstärker Lemurias zu sein. Durch den Blitzstrahl Jashuahs war er auch mit dem ganzen Tiefenwissen, der Philosophie, den Werten, den Grundlagen Lemurias und denen des umgebenden Universums programmiert worden. Akshah war die große Weisheit, die große Güte. Er hielt durch seine Kraft die lemurianische Balance, das lemurianische Grundgefühl und seine

Lebensauffassung aufrecht. Er war verbunden mit allen Chakras der Lemurianer, und sie speisten ihn mit ihrer und er sie mit seiner Liebe.

Wenn ich hier „er" schreibe, könnte es auch „sie" heißen. Akshah war nicht männlich. Er war aus dem Geist Jashuahs.

Akshah war keine Regentin. Sie war ein Freund, sie war die kollektive Datenbank, das kollektive Un- und Unterbewußte Lemurias, wenn man so will.

Er war kein „Großer Bruder", denn er respektierte die Gesetze des Kosmos ebenso wie die der kleinsten Lebewesen.

Die Lemurianer gingen nicht so weit, Rundfunk- und Fernsehprogramme zu gestalten und über Akshah durch das Land zu senden. Dennoch wurden über Kristalle mitunter Botschaften und sogar Bilder in die Dörfer gesandt.

In der hochentwickelten Phase von Lemuria hatte jedes Dorf mindestens einen Kristall, der auf Akshah hin kalibriert war. Er konnte „sprechen" und „Bilder in die Luft projizieren". Er stand in der Mitte des Dorfes, im „Ratshaus" der Ältesten und Weisen.

In den ersten 20 000 Jahren seit dem Entstehen der Kristallstädte brachten die Kristallwissenden und Träumer zunächst mündlich Botschaften von Akshah in die Dörfer; Weise empfingen telepathisch Nachrichten, und Wissende brachten von Akashah programmierte Kristalle auf die Festivals und die Dörfer.

Erst im letzten Jahrtausend kam die Kristalltechnologie auf den oben beschriebenen Stand, und ähnlich wie in unserem 20. Jahrhundert nahm das Wissen in den letzten Jahrhunderten von Lemuria enorm zu.

Kapitel 21

Die Sprache

In der 60 000-jährigen Geschichte Lemurias hat sich die Sprache natürlich verändert und verfeinert. Von Anfang an war sie Ausdruck der Fülle und Darstellung der Vollkommenheit Jashuahs.

Die ersten, noch vom „Sternengeruch" behafteten Lemurianer sprachen noch nicht, sondern übermittelten Informationen ausschließlich telepathisch. Wenn sie etwas (telepathisch) ausdrückten, war aber auch der ganze Körper aktiv – und immer mit Bewegung und Lauten verbunden.

Es ging also nicht darum, daß sie sich etwas zu sagen gehabt hätten, sondern es ging darum, sozusagen „ganzheitlich" zu kommunizieren, sich gegenseitig etwas mit dem ganzen Sein auszudrücken. Die Information selbst wurde telepathisch geliefert.

Dieses Verfahren war den Sternenwesen bekannt und wurde in den ersten 10 000 Jahren der lemurianischen Geschichte fast ausschließlich geübt. Man schaute sich in die Augen (um sich aufeinander einzustimmen), und los ging's. Es war das Natürlichste von der Welt. Die Lemurianer hatten ein Gefühl für ihr Gehirn und konnten Bereiche des Gehirns lokalisieren und deren Resonanz verstärken oder abschwächen. Dies wird übrigens eine der Therapieformen des 3. Jahrtausends sein. Die Vorformen entstehen jetzt schon im NLP, autogenen Training, Gehirnyoga und ähnlichem.

So konnten sie den Telepathie-Sender, die Zirbeldrüse und bestimmte damit verbundene Bereiche der Schläfenlappen, des Hinterkopfes und der Herz-Chakras, in Schwingung bringen und auf diese Schwingung die Information aufbringen. Es fühlte sich so an, als ob man zwischen Herz und Kopf eine schillernde, rotierende Blase erzeugte und – wenn sie fertig war – zum anderen losschickte. Zuerst wurde das Bildgedanken-Gebilde vollständig erstellt und dann abgeschickt. Der Respekt und die Integrität der Lemurianer sorgten dafür, daß nur solche runden, abgeschlossenen und vom Herzen überprüften Gebilde abgesandt wurden.

Sie wurden empfangen und senkten sich wie ein Gesamteindruck in den Herz/Kopf-Bereich des Empfängers.

Der Ausdruck, das heißt, die Laute, die während des telepathischen Vorgangs ausgestoßen wurden, war die Teilnahme des Körpers am Übermittelten. Aber diese Laute waren nicht unbedingt das, was gesagt wurde, es war die Begleitung des Körpers dazu, sein Kommentar: die Laute des Egos, wenn man so will. Dies wurde dann später zur Sprache. Lange war die Sprache auf Lemuria von Telepathie begleitet, aber allmählich gewann der körperliche Ausdruck, die Stimme, die Oberhand. Diesen Prozeß genossen die Lemurianer, da sie die Sinne sehr liebten und akustische Modulationen und die Aktivierung der entsprechenden Gehirn- und Herzbereiche ihnen viel Vergnügen bereiteten. In den letzten 10 000 Jahren der Lemuria-Geschichte, als der atlantinische Poseidonkristall zu schwingen begann und damit eine Interferenz zu Akshah entstand, wurde die Sprache immer mehr zum Träger fast aller Kommunikation. Dennoch war die Sprache sehr viel bildhafter, singender, körperaktiver und telepathischer als die bildhafteste und intuitivste Sprache unserer Zeit.

Zurück zur Sprachentwicklung: Wenn telepathisch über Gott „gesprochen" wurde, also seinen männlichen Aspekt, so wurde dies verbunden mit einem glucksenden i, wie der Schrei eines Falken. Im Laufe der Entwicklung – mit der allmählichen Verselbständigung der Sprache zum Sprechen – veränderte sich dies zu einer Art weichem, stimmhaften „dsch", wie das amerikanische j in *jukebox*. Daran wurden dann allerlei Vokale angehängt. Der Lemurianer verfügte über eine große Anzahl Vokale und Vokalfärbungen.

Die wichtigsten Grundvokale waren den unsrigen vergleichbar. Jeder Vokal hatte eine besondere Bedeutungsreihe:

a = in sich ruhend, führend, leitend, liebend, alles umfassend • e = in Gang setzend, bewegend, sorgend • i = lachend, ekstatisch, ausgelassen, heilend • o = formend, schaffend, neu schaffend, verändernd • u = füllend, beschenkend, reich, staunend, weise

Die Vieldeutigkeit kam aus dem Nuancenreichtum der Aussprache. Das a hatte etwa 20 verschiedene Färbungen, und jede Färbung bedeutete etwas anderes.

Nun wurden diese Vokale an die entsprechenden Konsonanten gehängt und damit Bedeutung geschaffen, z.B.: Ja = der leitende, liebende, alles umfassende Gott, Ju = der Gott der Fülle.

Der „Konsonant" der Göttin war ein sehr weiches, stimmhaftes Sh. Shu war also die Göttin, die Beschenkerin, die Fülle.

Oft wurden zwei Vokale aneinandergehängt, mitunter mit einem weiteren Konsonanten, meist einem verstärkenden Reibelaut verbunden. So war Ji-e gleichbedeutend mit Jire, der heilende und sorgende Gott.

Ja-shu-ah hieß also, in der Art, wie es ausgesprochen wurde: „Der alles umfassende Gott – die reiche, beschenkende Göttin – alles umfassend, was ist".

Das lemurianische Sprechen war eine Art Singsang. Es gab auch glucksende und zwitschernde Konsonanten. Die Vokale wurden oft weit gedehnt, wenn man dem Gesagten eine besondere Emotion beilegen wollte.

Beim Sprechen wurde der ganze Körper mitbewegt. Besonders die Hände sprachen mit, ebenso die Augen, der Kopf. Um etwas besonders zu unterstreichen, tanzte man oder stampfte mit den Füßen auf.

Fast immer wurde beim Sprechen gelacht. Witzige Pointen waren überall eingestreut. Und wenn Lemurianer lachten, konnte es sein, daß sie sich auf der Erde kugelten, gleichgültig, ob es sich um einen Zehn- oder einen Hundertjährigen handelte.

Zu einigen Konsonanten noch eine Bemerkung:

Das stimmlose s war der Laut der Irritation, der Verärgerung. Er wurde herangezogen, um alles auszudrücken, was nicht in der vollendeten Liebe der Göttin war. War ein Konflikt gelöst, eine Irritation bereinigt, wurde das s stimmhaft, um den Laut wieder mit Resonanz zu erfüllen und die Beziehung zum Träger und zum Hörer des Wortes zu heilen.

Viele Namen auf Lemuria begannen mit sh, der Silbe der Göttin. Und so kam es vor, daß, wenn die Mutter Shunja rief und ärgerlich mit Shunja war, sie Sssunjah rief, mit einem stimmlosen s am Anfang, um dann nach einiger Zeit in den stimmhaften s-Laut überzugehen (Lemurianer konnten sich nie lange böse sein) und dann allmählich in den stimmhaften sch-Laut der Göttin. Dieser sch-Laut war sehr warm und konnte auch so moduliert werden, daß er vor nahezu jedem Wort stand. Wenn Shantalmin ihren kleinen Vogel Kiriti zärtlich rief, begann sie den Ruf mit einem kleinen stimmhaften sch am Anfang, um den Ruf mit der Liebe der Göttin zu verbinden. Sie rief also ihren Vogel meistens „sch-Kiriti", wobei das „sch" fast unhörbar war, aber dem Namen eine Weichheit und Wärme gab. Wenn sie aber ägerlich mit dem Vogel gewesen wäre, hätte sie sss-Kiriti oder Kiritisss gerufen.

Sprache und Sprechen waren Teil der natürlichen Erotik der Lemurianer. Da Zunge, Lippen und Gaumen erotische Zonen sind und auch so empfunden wurden, war das Sprechen mit seinen Resonanzen wie ein Streicheln – des eigenen Körpers und den des andern. Diese Erotik war eine ganz eigene lebenslustige, lebendige Teilnahme an der Schönheit des Zusammenspiels der Sinne. Es ging einher mit dem entzückenden Lächeln beim Sprechen, den lebendigen Augen, dem ausdrucksvollen Minenspiel. Es sah aber auch genauso köstlich aus, wenn sich das Gesicht kurz zusammenzog, die Lippen sich kräuselten und kleine Falten auf der Stirn entstanden, wenn etwas Mißbilligung hervorrief und man ein „sss" ausstoßen mußte – um dann wieder in Heiterkeit auszubrechen wie ein Sonnenaufgang nach einer stürmischen Nacht.

Zärtlichkeit und Erotik waren immer Teil des Sprechens, auch zwischen Kindern und Eltern, zwischen Geschwistern. Man streichelte sich gegenseitig mit Worten, die voll von gurrenden, gluckernden, trillernden Lauten waren.

Meine lemurianischen Freunde legen sehr viel Wert darauf, anzumerken, daß diese Erotik (Shimal-te-ischan-ju-i = das vollendete Entzücken der Göttin – der vibrierende Glanz ihrer Haut – und Gottes Funkenspiel in seiner Fülle) wenig mit dem zu tun hat, was das 20. Jahrhundert darunter versteht.

Kapitel 22

Die Schrift

Es gab auf Lemuria keine abstrakte Schrift. Es gab lange Zeit überhaupt keine Schrift, und die Art Schrift, die entstand, kann man eigentlich nicht als solche bezeichnen.

Sie bestand im Grunde aus Symbolen und Symbolkomponenten. Und da man im späten Lemuria eine solche Menge davon hatte, konnte man die Symbole aneinandersetzen und damit Geschichten erzählen.

Die „Schrift" entwickelte sich aus Symbolen, Symbolkombinationen und Mandalas und sah ähnlich aus wie die japanische oder chinesische Schrift, die Maya-Schriftzeichen, die Runen und die Hebräische Schrift irgendwie zusammengenommen. Man könnte von vielen heutigen Schriften – außer den abstrakten – sagen, daß sie aus der lemurianischen Symbol-und Mandalaschrift entstanden sind.

Viele Schriftzeichen und Schriftzeichenkombinationen im Japanischen, Chinesischen, Sanskrit etc. gelten ja auch gleichzeitig als Symbole.

Die Bücher, das Schreibpapier der Lemurianer waren die Kristalle, und es war möglich, in einen Kristall von Handtellergröße die Informationen einer kleinen Hausbibliothek einzugeben. Etwas Ökonomischeres und Ökologischeres kann man sich kaum vorstellen.

Von solchen Kristallen wurden Kopien gemacht, um sie vor unfreiwilligem Löschen zu schützen.

Die Eingabe der Informationen geschah mental, das heißt, die komplexe Information, die Geschichte, die Situationsbeschreibung, das Rezept, die Nachricht usw. wurde als „Bild/Gedanken-Paket" geschnürt, versiegelt und mit „Aufmerksamkeit" aus dem Dritten Auge in den Kristall geschickt. Der Lemurianer sah mit seinem Dritten Auge dann ein kleines Aufleuchten im Kristall als Bestätigung, daß das „Paket" angekommen war.

Der Prozeß war ähnlich dem heutigen „Schnellese-Verfahren", wo ja auch versucht wird, den Inhalt einer Schreibseite auf einmal zu erfassen, als „Paket". Dieses Paket wurde dann als im Uhrzeigersinn rotierende Frequenz aus der Stirn in den Kristall geschickt.

Das Abrufen der Information geschah dann über die gegenläufige Rotation der Frequenz mit Hilfe der sich öffnenden Spirale. Um das richtige „Paket" herauszuholen, visualisierte man „mit Aufmerksamkeit" zunächst das versiegelnde Symbol (Code) und aktivierte das Info-Paket, bis es „aufleuchtete". Dann holte man das Paket mit der rotierenden Resonanz aus dem Kristall. Die entsprechenden Code-Symbole waren zum Teil in Golddraht auf den Kristallen aufgebracht oder sie hingen in Ketten daran oder waren in Schnüren gelegt.

Es gab auch Kristalle, die die Code-Symbole speicherten, so daß man sie dort abrufen konnte.

Schon früh lernten Kinder, Kristalle zu „lesen". Es war so natürlich, in dieser Weise mit Kristallen umzugehen, wie wir heute in Büchern lesen, am Computer arbeiten oder fernsehen.

Manche Kristalle, die lemurianischen Ursprungs und heute im Umlauf sind, könnten noch mehr von ihrer Weisheit abgeben, wenn sie decodiert würden.

Über die Vorsprache bei Akshah oder bei Kristallwissenden kann die Codierung erfahren werden.

Viele der Leser dieses Buches haben möglicherweise einen lemurianischen Kristall in ihrem Haus, der ihr sehr persönlicher und sehr weiser Ratgeber sein könnte. In Versenkung, Meditation oder Gebet könnte ihnen das Symbol gezeigt werden und ihnen als Torweg zur Weisheit zur Verfügung stehen.

Kristallprogrammierungen wurden häufig mit Symbolen verstärkt, manchmal auch erst möglich gemacht.

Manchmal mußte ein Kristall durch Symbole „vorgewärmt" (kalibriert) werden, bevor man ihn programmieren konnte. Entweder „schrieb" man die Symbole auf ihn oder über ihn, zeichnete mit ihm das Symbol in die Luft oder visualisierte das Symbol.

Im späten Lemuria gab es also eine Schrift, die aus den Code-Symbolen der programmierten Kristalle bestanden. Das Symbol stand dann also für einen bestimmten Inhalt. Allmählich wurden die Symbole mehr und mehr differenziert, bis sie selbst Inhaltsträger wurden und ihre Beziehung zu den Kristallen verloren. Von da an informierte man sich gegenseitig über die Schrift. Komplexere Inhalte wurden aber nach wie vor über Kristalle abgerufen. Da die Lemurianer Sachverhalte, Beobachtungen etc. äußerst differenziert und holistisch beschrieben, blieb der Kristall als Träger von Information nach wie vor das Speichermedium und Übertragungsmedium Nummer eins.

Kapitel 23

Die Heiligen Symbole

Das Hauptsymbol Lemurias war die Spirale.

Es gab hier vier Grundmuster: die nach innen drehende Spirale und die nach außen drehende mit den beiden jeweils verschiedenen Richtungen.

Ob sich die Spirale nach innen oder außen drehte, wurde so unterschieden, daß man den Anfang dicker zeichnete, karvierte oder hämmerte als das Ende der Spirale, bzw. umgekehrt. Oder man legte die Spirale so, daß sie von innen nach außen weiter oder enger wurde. Für den Lemurianer war die Spirale ein Tor in die „innere" Realität. Er benutzte sie als Bewegungsmuster, Fahrzeug, Meditationshilfe in die innere Realität hinein oder aus ihr heraus.

Die linksdrehende Spirale repräsentierte die Göttin Sh-, die rechtsdrehende Spirale Gott J- und seine Energie. Die Doppelspirale repräsentierte Jashuah, Gott/Göttin/Alles das, was ist.

Wenn man Ohrringe oder Armbänder aus diesen Spiralen trug, so achtete man darauf, daß man die einen nach außen und die anderen nach innen trug, um so ein Gleichgewicht herzustellen.

Man hatte auch Symbole, die aussahen wie sich verjüngende oder verbreiternde Mäanderbänder oder „Schlangenlinien". Auch diese galten als Spiralen, wobei man ihnen nicht den saugenden und stoßenden Effekt zusprach, sondern den harmonisierenden, fließenden.

Dann gab es, wie gesagt, die Doppelspirale (Jashuah-Spirale), die außen oder innen „umdreht" und den Weg noch einmal geht. Diese galt als Kraftsymbol und wurde häufig in den Dörfern als Steinmosaik ausgelegt. Man stellte sich darauf und erhielt neue Kraft.

Es wurden auch Gärten und Parks in dieser Formation angelegt, sie galten als erfrischend und belebend. Man ging einmal den ganzen Weg und fühlte sich gestärkt.

Ein weiteres Symbol, das in vielen Variationen gebraucht wurde, war das gleichseitige Dreieck. Es symbolisierte die Verbindung zwischen Jashuah und den Menschen.

Der vollendete Kreis war das Symbol für Mama-Ahanah. Dieser Kreis war nur in der Vorstellung existent, da der Lemurianer wußte, daß er keinen vollendeten Kreis zeichnen oder herstellen konnte. Er machte deshalb beispielsweise zwischen dem Sechseck und dem Kreis keinen Unterschied. Wiederum war der (unendliche) Kreis das vollendete Sechseck. Diese Anschauung ist für uns nicht unmittelbar nachvollziehbar und hatte auch mit dem lemurianischen Zwölfer-System zu tun. Nach lemurianischer Auffassung war das Zwölfeck ein Doppel-kreis und so weiter. Der unendliche Kreis war schließlich die unendliche Zahl von Sechsecken, die, mit einem gemeinsamen Mittelpunkt, unendlich oft gegeneinander verdreht werden. Zahlen hatten eine „quer zu Raum und Zeit" stehende Bedeutung.

Die Lemurianer hängten an ihre Ohren, aber auch in ihren Hütten gerne eine Art Mobile auf, in denen die einzelnen Symbole ineinander schwangen und sich drehten. Sie waren entzückt über die Kombinationen, die dabei entstanden, und empfanden deren wechselnde Ausstrahlung und Magnetik.

Als Meditationshilfe benutzten Lemurianer große sich drehende „saugende" Spiralen, mit deren Hilfe sie sehr schnell in der inneren Realität waren.

Das Dreieckssymbol, das räumlich verwendet wurde, war der Tetraeder und dann auch der Doppeltetraeder. Der Tetraeder symbolisierte den Kosmos der Erde, der Doppeltetraeder den des Universums.

Das Dreieck stand als Versiegelung zwischen der eindrehenden und aus-drehenden Spirale. Es war die „Schutzwand" zwischen beiden, ein Schutz, ein Stop, ein kurzes Einhalten sowohl am Tor zur inneren als auch zur äuße-ren Realität. Dieser Bereich des Dreiecks (oder Tetraeders im räumlichen Sinn) war deshalb auch Sinnbild für das Tor in die „dritte Realität", die zwi-schen der inneren und äußeren Realität liegt und die sozusagen die nach oben oder unten ist, also weder innen noch außen. Ein Tor in eine völlig andere Realität, die der Schamane Don Juan vielleicht Nagual nennen würde, also die Realität, die außerhalb sämtlicher Weltbeschreibung und unseres Universums liegt.

Der Doppeltetraeder war demnach ein „Gefährt", um durch Rotation das „Zeit-Raum-Kontinuum" zu verlassen, was ja dann in Atlantis regelrecht als

Maschine gebraucht wurde, die Körper, Geist und Seele reinigte. Durch diese Maschine lösten sich die Benutzer in Raum auf und von da in die Energie zwischen den Realitäten, wobei sich sämtliches „Gepäck" mit auflöste oder ausgeschleudert wurde. Danach setzte sich die Menschenmatrix wieder physisch zusammen, aber in neuer Reinheit.

Die Kugel war ebenfalls Symbol für Mama-Ahanah.

Kubus und Quadrat waren die Symbole für die Erdmagnetik, aber auch für Fülle und Reichtum in Himmel und auf Erden.

Länge, Breite und Höhe des Kubus waren die drei Aspekte des Erfolges (Wohlstandes, Fülle): die Quantität, die Qualität und der Sinn. Das umfaßte die Fülle in Himmel und auf Erden.

Das Quadrat selbst beschrieb die rein irdische Fülle: die Quantität und die Qualität.

Symbole und Zeichen Lemurias

Ist das Symbol (in der inneren Schau) quadratisch, also ausgeglichen, ist es gesund. Ist es ein Rechteck, wird meditativ oder mit anderen Techniken (Mandala, Gebet) an der Balance gearbeitet, das heißt, am Ausgleich der beiden Seiten.

So auch mit dem Kubus (Würfel). Ist er ein Quader, wird an seiner Balance gearbeitet.

Zum Beispiel:

Ist die Qualität deiner Arbeit gut, hat der Quader eine große Breite, bringt sie wenig ein, ist die Länge zu kurz, und wenn sie auch noch wenig erfüllend ist, wenig Sinn macht, ist der Quader flach.

Der Lemurianer würde in diesem Fall an der Balance arbeiten, er würde daran arbeiten, daß sich die Quantität und der Sinn erhöhen. Dies würde er zunächst in Meditation vorbereiten und die Lösungen visualisieren – so lange, bis innerlich der Kubus, beispielsweise „Beruf, Arbeit", ausgeglichen ist.

Bei der Visualisierung ging er immer von *der* Seite aus, die am längsten ist, und drückte und schob die anderen Seiten so lange, bis in der innerlichen Schau der Kubus wiederhergestellt war. Während dieses Drückens und Schiebens ließ er die Bilder für die Lösungen kommen. Ein ausgewogener Quader ist ein Würfel. Dann hat die Arbeit Qualität, bringt angemesssen etwas ein und ist sinnerfüllt. Diesen Sinn maß der Lemurianer an dem Gesamtsinn seines Lebens, an seiner persönlichen Lebensaufgabe, die er in Ansätzen im Pubertätsritual (Wasser, Spirale, Schlange) und vollständig im Reife-Ritual erfuhr. Das Reife-Ritual hatte als Grundsymbol das Quadrat/den Kubus. Dessen Pflanze ist der Sesam und sein Stein der Diamant. Sein Tier: der Jaguar.

Sehr häufig wurde dieses Symbol des Kubus mit dem Halbmond koordiniert.

Der Halbmond (zunehmender Mond) war das Symbol für die Mondmagnetik, Heilmagnetik, männlich/weibliche Verschmelzung und Fruchtbarkeit, Unversehrtheit, Selbstbewußtheit.

Der Halbmond (abnehmender Mond) war das Symbol für Meditation, tiefe Entspannung, Vertrauen, kosmische Bewußtheit.

Der in den Mobiles kreisende Halbmond war also sehr kraftvoll, da er beide Monde verschmolz und somit der Bedeutung einen neuen Raum eröffnete, der beschrieben werden kann mit: *ICH BIN*.

Die Grundsymbole hatten zusätzlich deshalb noch eine große Bedeutung auf Lemuria, weil die Lemurianer Nahrungsmittel mit diesen Symbolen beschrieben.

Der Farn hatte als Symbol die Spirale, der Fenchel das Symbol des Dreiecks und der Knoblauch das Symbol des Sechsecks/Kreises. Hanf hatte das Symbol des zunehmenden Halbmonds, der Hanfsamen selbst aber das Symbol des abnehmenden Mondes. Sesam das des Quadrates.

Die Wissenschaft der Symbole wuchs natürlich mit der Zeit. Es wurden kompliziertere Symbole aus der Tier- und Pflanzenwelt hinzugenommen, Symbole aus Wettersituationen, Planetenkonstellationen, Erdmagnetik, Gestirne, Naturwesenheiten usw.

An der Art, wie jemand ein bestimmtes Symbol zeichnete, konnte man feststellen, wie es um den Menschen bestellt war. Indem er an der Vervollkommnung des Symbols arbeitete (Symbolschnur legen), arbeitete er an sich selbst. Schon Kinder lernten, mit gefärbten Hanfschnüren Symbole zu legen und sie so lange hin- und herzuschieben, bis sie, geleitet durch die magnetische Intensität der Form, das korrekte Symbol gelegt hatten.

Alle Ursymbole Lemurias hatten die Eigenschaft, daß sie aus einem Strich gezogen wurden. Erst in den letzten dreitausend Jahren der lemurianischen Epoche kamen kompliziertere Symbole auf, bei denen man den Strich absetzen mußte. Dies lag auch an der Interferenz der beiden Kristalle Akshah und Sin, denn nun mußte man zwei Hemisphären in die Symbole integrieren.

Symbole wurden mitunter ähnlich benutzt wie Mandalas, das heißt, das Einüben des perfekten und ausgeglichenen Symbols (wie bei Reiki zum Beispiel) hat eine positive Wirkung auf das Bewußtsein.

Wobei Mandalas sehr häufig eine Menge Symbole aufnahmen. Das Mandala war also die höhere Ordnung.

Symbole wurden in die Luft gezeichnet: Über Speisen und Getränke, als Begrüßung, als Unterstreichung in einem Gespräch. Sie wurden getanzt, sie wurden sogar gesungen: Es gab die gesungene Spirale, und es gab Gesangskünstler, die die vier Grundtypen der Spirale singen konnten. Sie waren sogar in der Lage, Symbolkombinationen zu singen und ganze Mandalas abzusingen, um sie zu verstärken.

Die vier Grundsymbole: Dreieck, Kreis, Quadrat und Halbmond, tauchen in der sogenannten moderneren Geschichte des Menschen in den Tattvas des Hinduismus wieder auf. Dort gelten sie als Qualitäten oder Grundprinzipien der Natur.

So wie das Land Lemuria sich nach seiner Hinweggnahme als Abbild über den ganzen Planeten gelegt hat und seine Schönheiten in allen Kontinenten an bestimmten heiligen, gesegneten Plätzen wiedergefunden werden – die zum Teil als Wallfahrtsorte gepriesen werden –, so haben sich auch die Gebräuche, die Mandalas, kulturelle Einzelheiten, die Symbole, die Sprache Lemurias – rudimentär, aber erkennbar – über den Planeten Erde verteilt.

Die Sprache Lemurias, bestimmte Silben oder Worte, finden wir im Hebräischen wieder, in arabischen Sprachen, im Sanskrit, im Japanischen und Chinesischen, selbst im Griechischen und Lateinischen und allerlei „Ursprachen" der Aborigines, der Südsee, der Inseln im Pazifik usw. – und das kollektive Unbewußte eines Landes hat ein Wort oft so geformt im Laufe der Geschichte, daß es zu einem Wort aus Lemuria wurde. An Sprachschöpfungen und Sprachbewegungen war nicht immer der analytische Geist beteiligt – bei weitem nicht!

So hat die deutsche Sprache eine ganz segensreiche Entwicklung genommen mit ihrem Wort der Bestätigung und Affirmation, mit dem Wörtchen „Ja".

Mit dieser Silbe Gottes, mehrere hundertmal am Tage gebraucht, ruft der Deutsche die Frequenz Gottes „der Führung und Liebe" in sein Leben.

Sprachen des indischen Raumes sind im Bereich des Religiösen voller Laute der Göttin: Shiva, Shakti u.s.w.

Das Quadrat war bei den Lemurianern übrigens nie exakt gezeichnet; die Linien waren nicht ganz gerade, sondern leicht nach außen geschwungen. Sonst hätte das Quadrat nach lemurianischer Auffassung keine Kraft gehabt. Es hatte wohl eine gleichseitige Form, aber keine Neunzig-Grad-Winkel; genauso auch die Sechsecke. Auf diese Weise kamen die Sechsecke dem Kreis sehr nahe.

Kapitel 24

Mandalas

Mandalas zu legen, zu zeichnen, in Kristalle zu programmieren, in die Luft zu malen, zu Skulpturen zusammenzubauen war viel mehr als das bloße Repertoir von Kinderspielen und Zeitvertreib von Erwachsenen.

Es war eine Wissenschaft für sich.

Mandalas repräsentierten sehr umfassend die Philosophie und Realitätsauffassung der Lemurianer.

Die Funktion der Mandalas ist nicht leicht zu beschreiben. Ich versuche es einmal so:

Wir Menschen heute haben das Gefühl, daß das, was wir sehen, hören, schmecken und fühlen, außerhalb von uns selbst ist. Dann kommt eine „Wand", der Körper mit seiner Haut, dann das Fleisch und die Blutgefäße. Der Kopf beispielsweise beginnt von außen nach innen mit Haaren, Haut, Augen, Nase und Mund, dann kommt etwas Fleisch, dann der Schädel und dann das Gehirn. Und das Gehirn, verbunden mit den Sensoren von Auge, Nase, Mund und Haut, sagt uns, was da draußen ist.

Der Lemurianer empfand dies anders. Er sah und spürte seinen Körper in allen Einzelheiten, und dennoch war das da draußen zugleich in ihm, und die „Straße", das „Tor" zwischen innen und außen war sehr weit. Alles, was er durch die Sinne wahrnahm, nahm er noch anders wahr – sozusagen durch einen Klang, eine Bestätigung, eine Wertung von innen.

Nun, das ist auch für uns so – eigentlich. Nur haben wir das Augenmerk sehr nach außen gerichtet und legen auf diesen inneren Klang, die innere Antwort auf das Äußere, keinen so großen Wert mehr.

Wir müßten uns geradezu zwingen, immer wieder die Augen zu schließen und uns zu fragen: Was will uns das da draußen eigentlich sagen, was ist „der Klang", was ist die Magnetik, was ergibt das Zusammenwirken der Teile, die ich sehe? Wie spricht mich das an? Was hat dies mit mir zu tun? Dies könnte man beschreiben als die lemurianische Ver-*antwort*-ung.

Diese Verantwortung, die der Lemurianer spürte, war tief Teil seiner selbst. Es war seine Ästhetik, die einen wesentlichen Bestandteil seiner Lebensqualität ausmachte.

Er hatte ein klares Gefühl dafür, wenn etwas „stimmte". Er spürte es über seine Chakren als „Magnetik". Und es machte ihm nichts so sehr Freude, als Dinge in seinem Leben so lange zu verändern, bis sie „stimmten". Dies konnten nichtmaterielle oder materielle Dinge sein.

Wenn Dinge stimmen und zusammenstimmen – und wir benutzen dieses Wort jetzt ohne Anführungszeichen –, dann entwickeln sie eine große Kraft, sie werden erfüllt mit großer Energie. Sie werden Wahrheit.

Ein Beispiel:

Mirja war traurig, weil Pakja gegangen war. Sie war wütend auf den Wissenden. Und so saß sie in ihrem Garten, weinte und ballte die Fäuste.

Ihr Vater sah das und rief die Familie zusammen. Nun – nach unseren heutigen Maßstäben hätte man Mirja durch Tanz und Gelächter, durch Singen wieder „aufgeheitert". Anders die Lemurianer.

Vater, Mutter, die Geschwister traten heran und versuchten sich mit den Gefühlen von Mirja zu identifizieren. Sie stellten sich um Mirja herum auf und nahmen bestimmte Körperhaltungen ein, innere Haltungen, bis sie alle das Gespür hatten, daß sie in der Art, wie sie standen, sich fühlten und dachten wie sie. Sie führten mit den Händen Gesten aus, die den Zustand Mirjas wiedergaben. So entstand ein menschliches Mandala der Wahrheit um Mirja herum.

In diesem Augenblick blickte Mirja auf und *sah* ihre Wahrheit. Dadurch entstand eine große Kraft, und Mirja fühlte sich verstanden und in der Verantwortung. Das da draußen spiegelte ganz und gar wider, was da drinnen war.

Nun begann die zweite Phase dieses lebendigen Mandalas. Die Familienmitglieder begannen sich, wieder der Stimmigkeit nachspürend und nie die magnetische Synergie des Mandalas verlassend, wie ein großes gemeinsames lebendiges Bild zu bewegen und neue Muster in der Art, wie sie standen und sich bewegten, zu erzeugen. Dies unterstrichen sie mit Gestik und Mimik. Sie dramatisierten den Zustand Mirjas und bewegten sich langsam in die Lösung und in die Heiterkeit. Auf diese Weise bewegte sich der innere Zustand Mirjas. Von der erzeugten Resonanz ermutigt, bewegte Mirja jetzt etwas aktiver ihren inneren Zustand, und in diesem Rhythmus bewegten sich die Menschen um sie herum, bis Mirja ihren inneren Frieden wiedergefunden hatte, aufstand und alle umarmte.

Mirja bekam also in ihrem zornigen, verzweifelten, etwas festgefahrenen Zustand Hilfe von außen durch Menschen, die ihr nahestanden. Diese gaben sich völlig hin, verließen sich sozusagen selbst und stimmten sich auf Mirja ein, bis das Gesamtbild stimmig war und sich die Kraft der Wahrheit entfaltete – hier zunächst die „negative" Wahrheit – die dann die Leitkraft war, an deren Intensität man „dranblieb", bis sich die „positive" Wahrheit, das neue Stimmungsbild Mirjas, eingestellt hatte.

Bemerkenswert ist, daß sich die Magnetkraft der „negativen Wahrheit" in der Stärke gegenüber der Magnetkraft der „positiven Wahrheit" nicht verändert hatte.

Beide Zustände Mirjas und jeder Zustand dazwischen waren die Aspekte von Wahrheit und blieben Wahrheit und dadurch immer kraftvoll und lebendig. Und immer in der Ver*antwort*ung.

Mandalawissende aus der Kristallstadt des Mandalawissens konnten gewaltige Kräfte durch Mandalas in Bewegung setzen. In ihren Forschungen waren sie über die Kombinationen von Symbolen in Mandalas an die Kodes des Zusammenhaltes von Materie und Kosmos herangekommen und an die Fähigkeit, diese Kodes aufzulösen. Wir sprechen hier von der Kraft des Raumes zwischen den Elementen des Atoms, der „Energie dazwischen", der machtvollsten Energie des Universums.

Da diese Wissenden aber im Verlauf ihrer Forschung selbst ihre persönliche Makellosigkeit und Integrität verbessern mußten, um nicht von den Kräften hinweggefegt zu werden, hatten sie in ihrer Weisheit die fast fertigen Symbolmandalas unvollständig gelassen und die Schlüsselsymbole, die das Mandala zu dieser unermeßlichen Kraft komplettiert hätten, auf hoher Ebene versiegelt.

Die unvollständigen Mandalas und die zu ihnen passenden Schlüsselsymbole, die ganze Dimensionsketten erschüttern und verändern können, sind nur Menschen und Wesenheiten von höchster Integritätsstufe zugänglich. Das kosmische Mandala ist unvollständig und auf der Suche nach dem passenden „Satz" von Schlüsselsymbolen, die ihm im Anbeginn der Zeiten genommen wurde. Dadurch ist die Zeit-Raum-Ausdehnung mit ihren Kräften konstant.

Immer wieder, aus unterschiedlichen Gründen, wurden Wesenheiten und Menschen Symbole übergeben, um sie in das kosmische Mandala einzubringen – mit all den geschichtlichen Erschütterungen, Rotationen und Mustern, die dieses Symbol bewirkt.

Das Leben selbst galt auf Lemuria als Mandala.

Nach dem Tod wird die Wahrheit des letzten Lebens im Zusammenspiel mit allen anderen Inkarnationen in seiner Kraft erfahren. Mit dieser Wahrheit kommt das Wesen in das nächste Leben. Dieses Inkarnations-Mandala heißt in der Sprache der „Menschen der späten Tage" Karma. Karma ist aber nur dazu da, die Wahrheit in das neue Leben zu bringen, um von da aus die Veränderungen in Gang zu setzen. Karma wird leider falsch verstanden. Es ist NICHT die negative Wahrheit über den Menschen. Es ist die Wahrheit, von der in jedem Leben neu ausgegangen wird.

Dann hat man natürlich die Entscheidung, dieses Karma-Mandala auseinanderzunehmen und die Hälfte davon „unter den Teppich" zu kehren, oder man steht zu dem Karma in seiner ureigensten Kraft. Karma hat LEBENSKRAFT. Wer sein Karma nicht als die lebendige Wahrheit, seine lebendige individuelle Wahrheit annimmt, wird keine Kraft in seinem Leben haben. Und die Kraft zum Wachstum und zur Veränderung wird schwächer sein.

Das Wesen sucht sich vor seiner Geburt die Eltern, die Umstände seiner Geburt, die inneren und äußeren Blockaden, Muster und Unterstützungen nach der Magnetkraft dieses Karma-Mandalas aus.

Leider gibt es im Verlaufe eines Lebens viele wohlmeinende und nicht so wohlmeinende Lehrer, Therapeuten, Familienmitglieder, Lehren, Philosophien, religiöse Dogmen etc., die dem heranwachsenden Menschen nicht mehr erlauben, mit der Magnetik des eigenen Lebensmandalas – auch mit all seinen „Schattenseiten" – in Kontakt zu bleiben. Therapie, Belehrung, Dogmatik, alle Arten von Unterdrückung und Rechthaberei und andere Einwirkungen, wenn sie den Menschen nicht dort abholen, wo er ist, nehmen ihm die Lebenskraft.

Menschen, die ihr eigenes Mandala verraten haben, indem sie Teile davon abspalteten, „unter den Teppich kehrten", können die Wahrhaftigkeit von Menschen mit intaktem Lebensmandala kaum ertragen. Sie werden versuchen, dem anderen ihre Meinung aufzuzwingen – wenn es sein muß, mit Gewalt. Und so wird vielen Kindern das Leben geraubt.

Das Lebensmandala, das Mandala der Seele, hat lichte Seiten und Schattenseiten. Beide Seiten machen die Kraft eines Menschen aus. Wenn man die „negativen" Teile des Mandalas aus einem Kind herausredet, herausdroht, herausprügelt oder durch Ignorieren zerstört, fällt das positive in sich zusammen. Von da an wird eine Lüge gelebt. Der Mensch wird zur grauen Maus, zum Mitläufer – und wird seinen Lebenszweck verpassen. Die Ver-ANTWORT-ung für das eigene Leben erlischt.

Viele Eltern, die den letzten Krieg erlebt haben, voll von Schuld über die eigenen negativen Anteile ihres Mandalas, konnten diese Anteile in ihren Kindern nicht ertragen. Andere konnten wiederum die Anteile von Unschuld (Integrität, Wahrhaftigkeit) und Hoffnung (Kreativität) nicht ertragen. Da beide Anteile einen vitalen Sog erzeugen, der LEBEN bedeutet, wurden diese Kinder ruhiggestellt, das heißt, ihnen wurden beide Anteile genommen.

Es gab viele Arten von Mandalas auf Lemuria:

- das persönliche Mandala als Wiedergabe des Zustandes, in dem man sich gerade befand;
- das Mandala der Huldigung und Verehrung Jashuahs;
- das Mandala der Veränderung, wenn man eine Veränderung in seinem Leben erreichen wollte, und das Mandala der Vision, ein Mandala, das einen Zustand, ein Ergebnis, eine Manifestation beschreibt, die man gerne erreichen würde.

Es gab Mandala-Experten unter den Ältesten und den Weisen. Dann gab es – wie oben erwähnt – Mandalawissende, die Mandalas auf hoher Ebene schufen.

Das Mandala, so war die Auffassung in Lemuria, ist ein Bild, das im Prozeß des Werdens schon machtvoll ist und nach Abschluß und Weihung eine magische Kraft erhält.

Mandalas waren für alle Sinne: Sie wurden getastet (Oberfläche, Lage, Form, sogar Grade der Feuchtigkeit, Kälte, Wärme, Textur, Gradationen), manchmal sogar bei geschlossenen oder verbundenen Augen oder auch „blind" gelegt, sie wurden gerochen, das heißt, bestimmte Aromen, Kräuter, Blumen wurden aufgetragen, die nachher „abgerochen" wurden.

Es wurde über sie geblasen und beachtet, welche Geräusche sie machten; sie wurden besungen oder „abgesungen", als ob sie Notenpartituren seien.

Alles Gegenständliche und Ungegenständliche konnte zu Mandalas herangezogen werden, sogar Tiere und Menschen stellten sich mitunter in große Mandalas hinein und waren Teil von ihnen. Um einen Menschen oder ein Tier zu ehren, zu heilen oder ihm sonst etwas Gutes zu tun, stellte man sie in die Mitte und legte ein Mandala um sie herum. Nicht selten wurden die gelegten Gegenstände zu Geschenken, die „der Mittelpunkt" dann auch behalten (oder „auffuttern") durfte.

So legte man auch Mandalas um Bäume und Plätze, die man so ehren und heiligen wollte. Man legte Mandalas um Kranke und Schwache, die man kräftigen wollte.

Man könnte sagen, ein Mandala war das bewußte Zusammenfügen von Teilen, um etwas zu schaffen, was mehr war als die Summe der Teile. Die Beziehung der Teile im Mandala schuf ein neues Bild mit einer neuen Magnetik.

Dabei waren die Lemurianer sehr künstlerisch veranlagt, achteten je nach Absicht des Mandalas auf Linien, Farben, Fortführungen und Weiterführungen von Flächen und Linien. Die „Kompositionsgesetze" erhielten sie aus der Magnetik des Mandalas, seiner Stimmigkeit, die sie mit ihren Chakren erspürten, insbesondere mit den Herzchakras und den Kopfchakras, die zusammen das Dritte Auge erzeugen, und dem Scheitelchakra.

Wobei die Stimmigkeit nicht das war, was wir gemeinhin unter „Harmonie" verstehen. Sie beinhaltete eine bestimmte Spannung. Mandalas waren also nicht symmetrisch, nicht ausgewogen, nicht gleichmäßig verteilt – sondern rhythmisch, organisch, spannungsgeladen – lebendig.

Jeder Lemurianer hatte für diese Lebendigkeit ein ungetrübtes, klares Gefühl. Es entsprach der Makellosigkeit und der Integrität seines Wesens.

Selbst wenn ein Tisch oder Platz zum Essen hergerichtet wurde, wurde er nach der Stimmigkeit gedeckt. Auch wie die Speisen angerichtet wurden, entsprach der Magnetkraft der Stimmigkeit.

Wie gesagt, das war für den Lemurianer ganz natürlich. Er dachte nicht darüber nach. Er drehte und verschob die Elemente, legte um und gab so lange keine Ruhe, bis alles stimmte, bis die Energie des Ganzen „stand".

Dies wurde auch in Schulen gelehrt: die verschiedenen Arten von Mandalas und wie man auf die Kraft achtete, wie man bei der Veränderung von Mandalas an der Kraft blieb, wie man die Kräfte von Mandalas ausrichten konnte, damit ihre Kraft bestimmte Dinge bewegte oder tat.

Heilwissende sahen auch die Aura des Menschen als Grundmuster eines Mandalas an. Mit Kristallen und Symbolen konnten sie die Aura verändern und störende Elemente umwandeln. Sie konnten das Mandala der Aura wieder stimmig machen und ihr die Lebenskraft zurückgeben.

Kleidung und die Kombination von Kleidungsstücken waren Mandalas. Auch hier wurde darauf geachtet, daß Schnitt, Formen und Farben und die aufgenähten Symbole, die Kristalle, Schmuckstücke, Kordeln, Schnüre, Stickereien usw., die auf den Kleidern aufgebracht waren, insgesamt der Energie des Menschen und dem geistigen Mandala seines Höheren Selbst entsprach. Somit bekam der Lemurianer über seine Kleidung immer die Kraft seines Höheren Selbst. (Deshalb übrigens: Kleider *machen* Leute!)

Je nachdem, wie viele Initiationen ein Mensch hinter sich hatte, kamen neue Symbole und neue Kleidungsstücke und Kleidungsteile hinzu. Die Gewänder der Ältesten und Weisen waren wahrhaftig prachtvoll. Jede Initiation hatte ein generelles Grundsymbol und viele individuelle Symbole, die durch Weise, Älteste und Wissende als Vertreter des Höheren Selbst des Probanden gegeben wurden.

Es wurden besondere Kleidungsstücke angefertigt, von denen jedes eine bestimmte Ausstrahlung und eine bestimmte „Innen-strahlung" hatte.

Jeden Abend vor dem Abendessen zog sich der Lemurianer nach kurzer Waschung eines dieser festlichen Kleider an und schmückte es zusätzlich nach der Resonanz des Tages.

Jede lemurianische Gegend hatte eine Mandala-Spezialität. Die Fischer bauten riesige Mandalas aus Muscheln, Sand und Korallen, die sie an den Felsen und Klippen anbrachten, um die Delphine, Wale und die anderen Lebewesen der Meere zu ehren und zu erfreuen und der Göttin für die reichen Fänge zu danken.

Die Lemurianer der Waldgebiete gestalteten wunderbare Mandalas aus Zweigen, Beeren, Blättern, Kräutern, Moosen und was der Wald sonst hergab. Dazwischen legten sie goldene und silberne Schmuckstücke und Kristalle. So schmückten sie auch Bäume, um sie zu ehren.

Zu bestimmten Anlässen und um kosmische Kräfte anzuziehen, machten Menschen von Tjabeth, die Hirten an den Hängen der inneren Gebirge, Mandalas aus Feuer, indem sie an den abfallenden Flächen Brände legten und an bestimmten Stellen verschiedene mineral- und metallhaltige Kristallmehle in die Feuer streuten, die dann nach bestimmten Mustern in allen Farben leuchteten.

Grundsätzlich mußten Mandalas nicht im Kreis gelegt werden, aber sie gingen immer aus von einer Mitte, von der nach außen gearbeitet wurde.

Menschen, die mit ihrem Lebensgefühl nicht zufrieden waren, legten zum Beispiel ein Zustandsmandala, das das gegenwärtige Gefühl beschrieb.

Dazu nahmen sie Gegenstände, die zum gegenwärtigen Zustand paßten, und legten sie in einer Abfolge von innen nach außen. Man versuchte, mit dem gewichtigsten Gegenstand zu beginnen und ihn dann sozusagen mit den anderen Gegenständen um ihn herum zu erläutern oder zu erweitern.

Danach veränderte man das Mandala so, daß man wieder in die innere Balance kam.

Diesen Prozeß, von einem zum anderen Mandala zu gehen, um eine Veränderung in sich oder in anderen oder in der Zukunft vorzunehmen, nannte man in Lemuria „den Weg des Mandalas gehen".

Mirja, die Lieblingsschwester Pakjas, hätte zum Beispiel noch eine andere Möglichkeit gehabt, um mit ihrem Abschiedsschmerz um Pakja fertig zu werden.

So würde sie zunächst einen Gegenstand in die Mitte legen, der ihren Abschiedsschmerz am besten symbolisiert.

Vielleicht war dies ein abgebrochener frischer Ast, aus dem das Harz „wie Tränen" quillt. Dann würde sie andere Gegenstände darum anordnen, dunkle Steine, zerbrochene Muschelteile, verwelkte Blumen, Kräuter mit einem bestimmten Aroma, Kordeln, Tücher, bis das Gesamtbild nach ihrem Gefühl ihren Schmerz widerspiegelte.

Daraufhin würde sie das Mandala einige Minuten bis einige Stunden lang betrachten, voll den Schmerz und die Liebe zulassen und diese Emotionen und Gefühle Schritt für Schritt an das Mandala übergeben, bzw. eine Verbindung zwischen dem Mandala und ihrem eigenen Schmerz herstellen, als ob beide eins seien.

Danach würde sie beginnen, das Mandala zu verändern, vielleicht bestimmte Gegenstände herausnehmen, ein buntes Tuch über den Ast legen, neue, frische Gegenstände in das Bild hineinkomponieren wie beispielsweise Schmuckstücke, Perlen etc., intakte Muscheln.

Ganz allmählich würde sich das alte in ein neues Mandala umformen, das die neue Freude und Zuversicht widerspiegelte. Sie würde immer in Verbindung mit diesem Mandala bleiben, bis sich der innere Frieden eingestellt hatte und die Trauerarbeit geleistet worden war.

Dabei durfte sie ruhig ihren Emotionen und Gefühlen beim Bauen des Mandalas freien Lauf lassen.

Es gab Lemurianer, die Mandalas, die ihren Ärger ausdrückten, durchaus auch ärgerlich zusammenstellten, mit ärgerlichen Bewegungen, bis sich die

Bewegungen während des Mandalaweges veränderten und das neue Mandala mit Entspannung gelegt werden konnte.

Es gab Mandala-Arbeit, um Probleme zwischen zwei Menschen zu lösen. Die beiden Kontrahenten saßen sich gegenüber und legten jeweils ein Mandala über das Problem, das sie mit der anderen Person hatten oder zu haben glaubten. Wenn sie damit fertig waren, erklärten sie sich gegenseitig ihr eigenes Mandala und dann das Mandala der anderen Person. Damit war schon eine gewisse Klärung erreicht. Dann begannen sie, ihre Mandalas aufzulösen und ineinanderzulegen bzw. ineinanderzuschieben und neue Gegenstände dazuzulegen, bis ein Mandala der Synergie entstand, das auch die Lösung des Problems darstellte. Und dann sprach man miteinander über das neue Mandala, und der Streit, das Problem war vergessen bzw. die Lösung gefunden.

Solche Lösungs- und Schlichtungsmandala-Prozesse wurden auch unter der Leitung von Mandala-Experten unter den Weisen und Ältesten des Dorfes und Mandala-Wissenden in großem Stil zwischen Familien und sogar ganzen Dörfern durchgeführt. Dies waren oft riesige Mandalas mit zum Teil auch großen Gegenständen bis hin zu dreidimensionalen Aufbauten.

Oft kamen dann Mandala-Wissende bzw. wurden gerufen, die genau wußten, welche Kristalle mit welcher Programmierung am Schluß in die Mandalas hineingelegt werden mußten, um das „Herz" der Parteien zu verändern und wieder einander zukehren zu lassen.

Die fertigen Schlichtungs- und Lösungsmandalas wurden dann geheiligt, damit sie ihre Wirkung in den Herzen der Beteiligten taten, dann wurden sie eine Zeitlang, die von den Experten bestimmt wurde, „zur Wirkung" liegengelassen und dann mit viel Freude wieder auseinandergenommen.

Manche Mandalas mit speziellen Botschaften wurden aber auch fixiert und jahrelang, jahrtausendelang aufbewahrt und immer wieder, auch in Ritualen, geweiht und magnetisiert.

Andere, oft sehr große Mandalas wurden erstellt, um sich bei Jashuah für etwas zu bedanken. Es gab Erntedank-Mandalas, ähnlich den Früchteaufbauten bei Erntedankfesten, wo die Früchte des Waldes und Feldes zu kunstvollen Gebilden zusammengestellt wurden.

Unsere Erntedankfeste – hoffentlich wird die Tradition noch lange gepflegt – sind möglicherweise Erinnerungen an diese Ernte-Mandalas von Lemuria.

Bei Hochzeiten (eigentlich: Paarweihungen) wurden von allen Hochzeits-
gästen für das neue Paar Mandalas gelegt, oft mit wertvollen Schmuckstücken,
Kristallen, Kleidern und anderen Dingen, die das Paar dann als Geschenke behalten durfte.

Bei Totenfeiern und Geburten wurden Begrüßungs- und Abschiedsmandalas
gelegt.

Mandalas waren auch Gesellschaftsspiele. Mitunter „krönte" man einen
„Mandalakönig".

Kapitel 25

Gefühl und Verstand

Wie gesagt: Lemurianer hatten ein sehr tiefes Verständnis oder besser: Gefühl für Gegenstände und ihre Lage zueinander. Es war eine Art Kunstverständnis von Harmonie, Spannung und Entspannung, die man durch die bestimmte Lage von Gegenständen erreichen konnte. Man *sah* einfach Bedeutung und Beziehung. Man spürte die Magnetik des Zusammenspiels von Farben, Form, Textur, Licht, Glanz, Oberfläche etc.

Dies lag an der hohen Integration von Intuition und Verstehen im Lemurianer. Seine Gehirnhemisphären waren völlig ausbalanciert und in Fluß miteinander. Es gab keine Trennung oder Spaltung.

Gefühl und Verstand arbeiteten in völliger Harmonie miteinander.

War etwas aus der Balance – und das sah ein Lemurianer einem anderen sofort an, meist an den Augen oder an der Art der Aura –, gab es viele Techniken, um sie wieder ins Gleichgewicht zu bringen.

Eines war das Singen bestimmter heiliger Gesänge mit bestimmten Worten und Klängen, die man so lange sang, bis der Ausgleich erreicht war.

Ein anderer kraftvoller Harmonisierer war das Betrachten eines Sonnenuntergangs. Dazu gehörte die Konzentration auf die Naturgeräusche wie Brandung, Wind, Blätter, Tierstimmen.

Eine andere Technik war, rechts und links am Kopf gleichschwingende Kristalle anzubringen. Solche Balancierer gab es in jedem Haushalt. Oft waren sie in die Kopfbedeckungen eingenäht, die zu den Festgewändern gehörten.

Eine andere Hilfe waren bestimmte Bewegungen der Augen im Zusammenspiel mit Bewegungen von Armen und Beinen – eine Mischung aus Tai Chi und Feldenkrais-Übungen, wenn man so will.

Beide Gehirnhemisphären waren auch nicht so unterschiedlich, beide konnten alle Funktionen erfüllen. Sie schwangen im Gleichtakt. Somit konnte der

Lemurianer etwas, was wir heute nicht mehr können: Zwei leicht unterschiedliche Gedanken zur gleichen Zeit denken, etwa „Shu liebt mich" und „Shu ist die glückselige Schöpferin der Erde". Diese beiden Gedanken führte der Lemurianer in einen Gedanken über wie zwei Bilder zu einem plastischen Bild, und dadurch wurde er ein plastischer Gedanke mit einer für uns kaum begreifbaren neuen Bedeutungsweite und Bedeutungstiefe. Die beiden Gedanken waren in einen dritten Gedankenraum, so müßte man sagen, überführt, ein Stereogedanke sozusagen.

Diesen Stereogedanken konnte er dann auch telepathisch ausdrücken, oder wenn er ihn aussprach, sprach er die beiden Sätze aus, indem er sie unterschiedlich modulierte, aber auf einmal aussprach. So war das Sprechen der Lemurianer eher dem klirrenden, glucksenden und singenden Rauschen eines Wasserfalles zu vergleichen. Die beiden Modulationen wurden getrennt empfangen und wieder plastisch zusammengesetzt.

Wie wir heute konnte er auch zwei Bilder zur gleichen Zeit sehen und „verschmolz" sie zum räumlichen Sehen. Dennoch war sein Gesichtsfeld sehr viel weiter, weil das linke Auge einen sehr weiten Bereich nach links erfaßte, während das rechte Auge einen sehr weiten Bereich rechts erfaßte. Er verschmolz dieses räumliche Bild mit einem dritten Bild, das er über sein „Drittes Auge" wahrnahm.

Um die Eigenschaft dieses lemurianischen Sehens wenigstens in etwa beschreiben zu können, stelle sich der Leser vor, man könne nur mit dem linken Auge sehen. Eine Landschaft käme einem dann wie eine Postkarte vor. Man wüßte zwar, daß die Berge „da hinten" sind und das Haus „da vorne". Aber das Bild hat keinerlei Tiefe. Man wüßte nicht, ob man ein Foto oder einen Film auf einer flachen Leinwand betrachtet oder ob man tatsächlich in einer Landschaft stünde. Das Bild wäre also flach.

Nun haben wir die Gnade eines rechten Auges, das dasselbe Bild aus einem klein wenig veränderten Winkel sieht. Zwei Bilder kommen also nun im Gehirn an und werden dort verschmolzen. Und etwas Großartiges geschieht: Durch die Verschmelzung zweier Aspekte aus der zweiten Dimension, die eigentlich das Bild unscharf machen müßten, entsteht Raum, entsteht die dritte Dimension. Und dieser Raum ist unendlich, und unsere Sichtweise dieses Raumes ist nur durch die Kapazität und „Auflösungsfähigkeit" unserer Augen begrenzt.

Während also in der zweiten Dimension ein schlechtes, plattes Bild entsteht, entsteht in der dritten Dimension durch zwei Aspekte ein räumliches, scharfes Bild. Was geschieht, wenn ein dritter Aspekt hinzukommt? Was wird aus dem räumlichen Bild, wenn ein weiteres „Bild" damit verschmolzen wird? Ein Bild, aufgenommen von einem dritten Auge.

Um wirklich sehen zu können, legte der Lemurianer also über das plastische Bild noch das „Bild", das von seinem Dritten Auge aufgenommen worden war.

Er konnte mit diesem Frequenzen ausstoßen, die wie die Laute der Delphine als feinstoffliche Echolote fungierten und einen weiteren Aspekt des Gesehenen lieferten. Dieser Aspekt wurde im Gehirn mit dem räumlichen Bild verschmolzen und eröffnete ihm wiederum eine völlig neue Dimension: Der Lemurianer war immer auch dort, wo er hinblickte.

Diese Fähigkeiten sind für uns heute rudimentär in der Intuition enthalten, das heißt, wir haben noch solche Fähigkeiten und können sie auch ausbauen.

Es ist das, was der Schamane Don Juan mit Castaneda trainierte: durch die bewußte Trennung der Gehirnhemisphären eine neue Art von Plastizität der Welt zu erreichen und sowohl auf dem Berg zu stehen als auch am Boden der Schlucht zu sein. Alle diese Dinge, eingeschlossen die Überwindung von Zeit und Raum, wenn das wichtig war, waren für den Lemurianer das Selbstverständlichste „von der Welt".

Um Castanedas Terminologie zu benutzen: Das Leben des Lemurianers *war* das Leben des makellosen Kriegers. Jeder Lemurianer wäre zu jedem der Dinge, die der indianische Schamane Don Juan tun konnte, fähig gewesen – und die Wissenden zu noch viel mehr.

Don Juans Verhalten zu Pflanzen und Tieren, die Liebe und der Respekt für die Erde, seine Makellosigkeit in Gedanken und Gefühlen sind original lemurianisch. Schamanen wie er haben die lemurianische Resonanz „angezapft" und weitergetragen.

Es ist ja offensichtlich, daß sich das lemurianische Gedanken- und Kulturgut vorzüglich in den indianischen Stämmen erhalten hat. Die Achtsamkeit der Indianer untereinander, die Achtsamkeit gegenüber der Natur, das demütige Wissen, einem allumfassenden Gott verantwortlich zu sein, ist zutiefst lemurianisches Gedankengut.

Kapitel 26

Alt und Jung, Meister und Inkarnationen

In unseren Breitengraden geht die Lehre um, daß einem das Ende bestimmt sei, daß es eine Herausforderung Gottes oder des Schicksals sei, an diesem Verdikt zu rütteln. Dennoch wird darüber nachgedacht, ob Alter und Tod nicht vielleicht eine Entscheidung sind. Und so sahen und lebten es auch die Lemurianer.

Es war Entscheidung von Anfang an. Die Sirianer, Plejadier, Orioner und ihre Mischformen, die sich Körper suchten, ließen die Körper, die sie bewohnten, immer wieder sterben, um von Körper zu Körper das genetische Material zu verbessern und der Vollkommenheit ihrer Sternenherkunft anzupassen.

Der Lemurianer starb nicht, weil er sein Lebensziel nicht erreicht hatte oder weil er einem Muster in sich folgte, weil er einer schicksalhaften Bestimmung folgte oder einer inneren Uhr. Er starb nicht wegen Krankheit oder weil der Körper zu schwach wurde. Der Körper des Lemurianers tauschte sich Zelle für Zelle im gleichen Jahresrhythmus aus wie der Körper des „modernen" Menschen. Und da er kein Altersmuster in sich trug, war diese Komplettregeneration auch eine wirkliche Komplettregeneration.

Die Lemurianer starben, wenn sie das Gefühl hatten, einen Lebenszyklus abgeschlossen zu haben. Und die Entscheidung lag bei ihnen.

Zugegeben: Die Entscheidung kam vom spirituellen Wesen des Menschen – und das Ego mag für einen Moment überrascht gewesen sein. Aber da das Ego bei Lemurianern keine dominierende Rolle hatte, sondern Gefäß war, ausführendes Organ sozusagen, war das Ego kein Problem für den Lemurianer. Der Lemurianer überforderte sein Ego nicht mit Entscheidungen über Leben und Tod, und daher blieb es friedlich und dienstbereit.

Es gab noch einen anderen Grund für das bewußte Sterben auf Lemuria.

Das Land begann mit einer Bevölkerungszahl von knapp tausend Menschen. Diese Zahl stieg binnen weniger Jahrhunderte auf knapp 3 Millionen, und diese

Zahl hielt sich über die ganzen 60 000 Jahre der lemurianischen Epoche. Mit kleinen Schwankungen.

Dies bedeutete, daß Lemurianer bewußt starben, um anderen Seelen die Möglichkeit zu geben zu inkarnieren.

Geist und Seele des Gestorbenen zogen sich dann für eine Weile in die Astralwelten und die dortigen Ruheplätze zurück, um dann noch einmal zu inkarnieren oder auch nicht mehr oder auch nie mehr.

Da es kein „Karma" in unserem Sinne auf Lemuria gab, gab es auch kein MUSS der Inkarnation. Und nicht alle lemurianischen Seelen, die einmal inkarnierten, waren wieder zugegen bei dem Tag der „Großen Entscheidung".

Aber auch sie rangen mit der Entscheidung, ob sie – nach der Hinwegnahme von Lemuria – in Atlantis oder in anderen Kontinenten inkarnieren wollten.

Es gab Seelen, die sich hundertmal und mehr in Lemuria inkarnierten. Es gab auch solche, die sich nur zweimal oder dreimal dort inkarnierten, manche fünfhundertmal und mehr. Insbesondere die Wissenden auf Lemuria inkarnierten sich „zunächst" sehr häufig.

Irgendwann waren sie aber soweit und hatten ihre Stofflichkeit so in der Beherrschung, daß sie nicht mehr inkarnieren mußten. Sie konnten sich dann nach Belieben materialisieren und dematerialisieren.

Für sie gab es keinen Tod mehr und keine Geburt. Diese Meisterschaft erreichten nicht alle Wissenden, aber doch eine ganze Anzahl. Sie wurden zu Meistern und Meisterinnen des Wissens.

Einer dieser Meister, der schon in einer frühen Periode von Lemuria nicht mehr inkarnierte, sondern dort als Ur-Meister weilte, den Weg nach Atlantis vorbereitete und auch atlantinischer Meister war, ist der unter dem heutigen Namen bekannte Meister Maha Chohan. In einigen esoterischen Kreisen gilt er als der kosmische Repräsentant des Heiligen Geistes, Aeolus.

Er hat bei Aura-Soma die Quintessenz Nr. 3 und die Balance-Öl-Flasche B62, also wieder eine 8. Seine Farbe und sein Stein ist der Türkis, es ist das visionäre Herz, die tiefe Bewußtheit auf der dritten Ebene.

Vicky Wall, die Begründerin von Aura-Soma, schreibt über Maha Chohan:

„….Eine weitere Qualität dieses lemurischen Meisters ist die Verbindung zwischen Verstand und Geist. Wobei vorwissenschaftliches Wissen in seinem tiefsten Aspekt manifestiert wird."

Seine Farbe ist das Türkis, die Farbe des zukünftigen Atlantis/Lermurias, eine Tertiärfarbe aus Gelb(Gold), der Farbe Lemurias, und Blau von Atlantis.

Die Öle und Essenzen von Aura-Soma haben definitiv ihren Ursprung in Lemuria. Dort waren sie aber nicht so starkfarbig. Sie hatten eher Erd- und Pflanzenfarbtöne mit einem leicht goldenen Schimmer. Ihre starke Farbe bekamen die Kräuter-, Kristallessenzen in den Kristallgefäßen nicht durch ihre materielle Substanz, sondern durch das jeweilige Energiefeld, die Aura der Substanz, die die Lemurianer natürlich sehen konnten. Diese Aura generierte die leuchtenden Farben der Essenzen. In der dritten Epoche von Atlantis bestand Aura-Soma aus starkfarbigen reinen Kristallessenzen, die in zwölf verschiedenfarbigen Lagen in den verschiedensten Farbkombinationen übereinanderlagen und dort die „flüssigen Farben der Heilung" hießen. Sie wurden in riesigen Kristallschüsseln aufbewahrt und waren herrlich anzusehen. Nach dem Fall von Atlantis wurden die Idee und einige Rezepturen nach Ägypten mitgenommen, wo die starkfarbenen Substanzen das Entzücken der ägyptischen Frauen erregten und sich auf dem ägyptischen „Markt" zunächst nur als Schönheits- und Schminkmittel einführen ließen. Die Geschichte von Aura-Soma ist daher äußerst interessant und spannungsgeladen, und das heutige Aura-Soma spiegelt alle diese Elemente wider. Der Segen und das Versprechen, das auf den Produkten von Aura-Soma liegt, stammt aus Lemuria. Die Kraft dieser wunderbaren Essenzen ist nicht verdient worden und nicht persönliches Eigentum. Sie ist eine Gnade. Dies schreibe ich für Vicky Wall, eine Wissende auf Lemuria und eine Priesterin in Atlantis.

Weitere Meister, die sich auf Lemuria ausbildeten und seitdem segensreich wirken, waren Hilarion und Lady Nada, aber darüber hinaus noch viele andere, die im Laufe der Jahre im Bewußtsein der Menschheit auftauchen werden.

Mystiker wie Angelus Silesius und Meister Eckhart waren lemurianische Wissende.

Die mystischen Bewegungen seit dem Altertum bis in die heutigen Formen hinein, in all ihren Bizarrheiten, Fanatismen, Askesen und Geheimniskrämereien, waren immer wieder der Versuch, den Weg nach Lemuria zu finden. Denn Lemuria steht im Herzen der Menschheit für das unmittelbare Erleben Gottes. Dies ist und war die Grundlage der Mystik. Nur: Nach Lemuria findet man nicht durch Askese!

Es gab aber auch angehende Meister und Meisterinnen, die durch eine Art Geburtsvorgang gingen. Die würde man heute Jungfrauengeburt nennen. Sie materialisierten einen Fötus in einem jungen Mädchen, das ihnen spirituell besonders nahestand, und inkarnierten sich kurz vor oder nach der Geburt in das Kind.

Es waren solche Wissende oder Meister, die einen Geburtsvorgang erleben wollten – um eine bewußte Erfahrung zu machen, etwas zu lernen oder aus anderen Gründen, die in der Integrität und Aufgabe des Meisters lagen. Möglicherweise auch deshalb, um in beiden Geschlechtern eine Meisterschaft zu erringen oder um ein Mädchen zu werden, das wiederum einen Meister gebiert.

Diese Jungfrauengeburten waren selten, aber nicht ungewöhnlich. Der Meister, die Meisterin oder ihre Abgesandten verkündeten dies schon immer rechtzeitig den Familien und dem möglichen Partner der werdenden Mutter.

Das Mädchen wurde sowohl von Feen als auch durch andere Zeichen davon in Kenntnis gesetzt. So auch die Ältesten im Dorf, die Weisen und die Familie selbst.

Dieses Mädchen wurde in großen Ehren gehalten und galt schon früh als Weise: „die, die einen Meister geboren hat". Nicht selten war ein solches Mädchen selbst auf dem Wege zur Meisterschaft.

In den Kristallstädten wurde das Geheimnis dieser Vorgänge so offen diskutiert wie bei uns vielleicht politische Ereignisse. Man war dort Wahrer von Mysterien, die auf einer hohen und den höchsten Ebenen einen Sinn machten und machen.

„Die Gedanken Gottes sind höher als die Gedanken des Menschen", und so waren die Gedanken in den Weißen Städten, den Kleinoden, den „Schulen" Jashuahs, höher als die der „normalen" Lemurianer.

Dieser Tatsache fügten sie sich. Nicht aus Devotheit, nicht aus Schwäche, nicht aus Unterwürfigkeit – sondern weil sie in diesem Kosmos ruhte wie eine Blume, die sich nicht hinterfragt. Lemurianer forschten, sie erschufen, aber sie hinterfragten nicht die Mysterien, da sie selbst aus dem Stoff der Mysterien waren.

Jashuah wandelte auf Lemuria, und Lemuria ruhte in Jashuah, und sie waren eins.

Der Lemurianer war eins mit sich, der Schöpfung, Jashuah und dem Kosmos – er hatte auch keine einzige *Instanz* in sich, dies zu hinterfragen.

Ein Hinterfragen begann erst in den letzten Jahren von Lemuria, als das neue Licht, die neue Energie, das neue Paradigma von Atlantis seine ersten Schwingungen aussandte. Diese Schwingung, die ausging vom atlantinischen Meisterkristal Sin, machte der Schwingung von Akshah „Konkurrenz", dadurch entstanden Interferenzen und dadurch Irritationen der Mentalresonanz der Lemurianer.

Diese Interferenzschwingungen hatten einen Effekt auf das Gehirn, indem es die Resonanz der jeweiligen Gehirnhälfte gegeneinander versetzte. Ein „Spalt" entstand, der eine neue Dynamik bewirkte. Dies war die neue psychische und mentale Kraft des Atlantiners. Sie regte auch die Zirbeldrüse an, sich zu vergrößern, und ihre Kapazität stieg um ein Vielfaches, wurde aber mehr zu einem eigenständigen „Organ" und verlor die gleichberechtigte Funktion des „dritten Bildes", die wir oben beschrieben haben. Auch andere Gehirnteile nahmen an Funktion, Fülle und Kapazität zu. Es entstanden Resonatoren und Empfänger in einer bis dahin nicht bekannten Macht. Davon aber später mehr.

Das gehirnliche Ungleichgewicht und die leichte Spaltung ließen den analytischen Verstand heranwachsen. Es wurde mehr und mehr hinterfragt. Intellekt und Intuition, ursprünglich integriert im reinen lemurianisches ICH BIN, gleichschwingend und in Balance gehalten durch die EINE Schwingung Akshahs, wachten auf als eigenständige Instanzen und begannen sich gegenseitig zu fragen: Wer bist du? Eine neue Art von ERKENNTNIS war geboren.

Die biblische Paradiesgeschichte ist insofern „nicht korrekt" und typisch für den Schuldcharakter dieses Mythos, als der Mensch nicht durch seine Schuld aus dem Paradies vertrieben wurde, sondern sich dazu entschied. Die Hinwegnahme des Paradieses war durchaus im Plan Jashuahs. Richtig ist aber, daß „Erkenntnis" in das Paradies kam und das Verhältnis zwischen Jashuah und Mensch irritierte. Die Schlange ist ein Symbol für Poseidon, den Gott von Atlantis.

Es gab Lemurianer, besonders Wissende auf dem Weg zur Meisterschaft, die sich dann und wann, zwischen ihren lemurianischen Inkarnationen, auch im „Rest der Welt" inkarnierten. Sie taten das, um Erfahrungen zu sammeln. Dies taten auch insbesondere Träumer und Visionäre, um Stoff zu haben, wenn es um die Gestaltung von Zukunft ging. Sie wußten von Jashuah, daß Jashuah nicht nur Lemuria ist. Sie wußten über ihre Inkarnationen, an die sie sich nach der Rückkehr nach Lemuria erinnerten, von ganz anderen Verhaltensweisen von Menschen, als man sie auf Lemuria kannte.

Sie erlaubten sich diese Fremdinkarnationen, um für die Aufgaben nach der Hinwegnahme Lemurias besser vorbereitet zu sein und ihr „System" einem nicht zu plötzlichen Schock auszusetzen, wenn sie die „normale" Welt betraten.

Sie traten in diesen Inkarnationen nicht selten als Propheten, Heiler, Berater auf. Sie hatten es aber nicht selten sehr schwer, wenn sie überhaupt gehört wurden. Die im Alten Testament beschriebenen Je-Sha-Ja und Je-Re-Mi-jah waren solche Propheten und lemurianische Wissende.

Dieses Wissen blieb auf Lemuria geheim. Es wurde nicht einmal Akshah anvertraut, damit er nicht aus der Balance fiele. Es wurde kodiert in speziellen Kristalltresoren der Weißen Städte eingelagert oder blieb in dem persönlichen nicht dokumentierten Besitz des Wissenden oder Meisters.

Es gab Meister, die sich materialisieren und dematerialisieren konnten und Parallelwelten besuchten.

Sie benutzten bestimmte Kristalle, mit denen sie bestimmte Symbole zeichneten, um einen Spalt zwischen den Welten und Zeiten zu öffnen und durch das Tor in die andere Realität zu schlüpfen. Denn dort, wo Lemuria existierte, waren nichts als Wasser und eine sehr große und einige kleinere Inseln.

Die große Insel hieß Mu, „das Land". Diese Insel war besiedelt, und ihre Einwohner, meist friedlich in ihrer Art, waren entzückt, wenn diese wunderbaren Wesen so „aus dem Nichts" auftauchten. Sie machten ihnen zu Ehren große Skulpturen und verehrten sie als Götter. Aber Mu wußte nichts von Lemuria. Und das gewöhnliche Lemuria wußte nichts von Mu. Obwohl beide (spiegelbildlich) ineinanderlagen, waren sie doch getrennt – dieselbe Zeit, verschiedener Raum.

Diese Spiegelbildlichkeit bedeutet, daß Linkshänder einen kleinen Vorteil im Zugang zu Lemuria haben. Linkshänder haben ihre Spiegelbildlichkeit mitgebracht. Daher auch die „Rechtschreibschwächen" von Linkshändern, wenn sie plötzlich spiegelbildliche Buchstaben schreiben. Man sollte Gnade mit diesen Kindern haben und auf keinen Fall versuchen, sie auf Rechtshänder zu trimmen, und vor allem sollte man sie auch spiegelbildlich schreiben lassen. Die Frustration, die daraus entsteht, daß man einen Linkshänder oder eine Linkshänderin auf rechts trimmt, kann Folgen haben und zu Desorientiertheit führen. Es ist für Linkshänder schon schwer genug, in dieser rechtslastigen Welt zu leben. Der Linksverkehr in England, Australien, Südafrika und einigen anderen Ländern ist zur Balance unserer Welt und zur Erhaltung der Verbindung zum Spiegelbild-Original der Erde unbedingt notwendig.

Einige von den kleinen Inseln im Parallelraum zu Lemuria heißen heute: Hawaii.

Und so schlüpfen die Wissenden durch den Spalt und stehen auf der Insel Mu, um von dort die Welt zu erforschen, die Welt des *einen* Planeten Erde, der Lemuria nicht kennt – aber von ihm träumt.

Kapitel 27

Der Geist und das Ego

Die Wissenden kannten etwas, das wir „Ego" nennen. Sie nannten es: „das Gefäß oder die Form". Das Organ des Egos war das Gehirn, das Nervensystem und der Körper mit seinen Funktionen, Sinnen und seiner Motorik.

Das Ego lieferte die Informationen der Außenwelt an die Innenwelt. Und dort war das eigentliche ICH des Lemurianers, seine Seele und sein Geist.

Und Seele und Geist waren wiederum der kosmischen Integrität, dem Geist Jashuahs und der Liebe Mama-Ahanahs verpflichtet.

Der Lemurianer gab seinem Ego nie das Recht, Entscheidungen zu treffen. Zu dieser Funktion ist das Ego nicht ausgebildet. Das Ego war eher das Gefährt, das vom Geist und der Seele gesteuert wurde.

Es war Gefäß, aber nicht der Inhalt.

Daher konnte es auch nicht zu einem negativen und störenden Ego werden.

Negatives, störendes, rebellisches Ego entsteht dann, wenn man ihm Aufgaben zumutet, die nur der Geist ausführen kann, und ihn dann die Konsequenzen seiner Fehler spüren läßt, bis es so „sauer" wird, daß es zum Negativen Ego umkippt und sich gegen sich selbst und gegen das ICH richtet.

Dies ist die eigentliche Krux des modernen Menschen. Sein Ego ist negativ geworden, weil es überlastet wurde, da er dem Geist nicht genug Raum gab. Das Rezept, deshalb das Ego völlig auszuschalten oder abzuschaffen und ein Egoloses Leben zu führen, ist so widersinnig, wie wenn man einen Strauß Blumen ohne Vase ins Wasser stellen will.

Sogenannte Ego-lose Menschen sind in der Gefahr, ein so großes Ego zu haben, daß sie annehmen, sie hätten keines, weil sie es nicht sehen können, oder sie haben es tatsächlich ausgeschaltet und sind unfähig, die Alltagsfunktionen auszuführen wie: Autofahren, Haushalt, Beruf etc. Ich kenne eine ganze Reihe Menschen, die so unzufrieden mit ihrem Ego waren, daß sie versuchten, es abzutöten, und es auch schafften, es zumindest „ohnmächtig" zu machen. Was dann einsetzen kann, ist eine Art Orientierungslosigkeit, in der sich auch das Tor des Unter- und Unbewußten weiter öffnet und unmittelbar Einfluß nimmt. Wenn das Unterbewußte dann nicht in guter Verfassung ist, kann das bedenklich werden. Es liegt nicht am Ego, daß wir unsere Spiritualität und unser Leben nicht so leben können, wie wir eigentlich wollen, sondern an der Art, wie das Ego operiert. Das Ego kann nichts dafür, daß wir ihm Aufgaben übertragen haben, die zu lösen es einfach nicht in der Lage ist. Es kann den Geist nicht ersetzen – und das ist das einzige Problem.

Wenn „Gurus" Menschen dazu bringen wollen, ihr Ego in der spirituellen Gemeinschaft aufzugeben, liegt die Vermutung nahe, daß das persönliche Ego durch das Sekten-Ego ersetzt werden soll. Und da eine Reihe von Menschen eher dem „Ego" glauben als dem Geist, liegt die „Hingabe" an eine Sekte, Organisation, Ideologie, Massenhysterie, Massenmedien, ein Super-Ego wie im Dritten Reich, personifiziert durch „den Führer", immer nahe. Die meisten Menschen lassen 90 Prozent ihres Lebens von ihrem Ego bestimmen, das negativ ist und seinen Wirt belügt, bestiehlt und ihm meist schadet. Und das alles nur aus Ärger, daß es etwas tun soll, was es nicht kann, nämlich: leiten, führen, geistvoll entscheiden. Manche Menschen haben auch ein geschwächtes Ego, das dann gern diesem Großen Bruder Ego nachläuft. Die Deutschen haben tendenziell ein eher schwaches Ego.

Wünschenswert ist ein starkes, gutes, positives Ego, das seinen Meister, den menschlichen Geist, kennt und ihm dient. Dazu muß der Geist, repräsentiert im Selbst, aber auch seine Aufgaben erfüllen und wirklich hier sein wollen. Frühkindliche Traumata aller Art, Gewalt, Seelenschmerz, Scham, mangelnde Unterstützung in den Ritualzeiten, Nicht-gewollt-Sein schwächen die Bereitschaft des geistigen Selbst, seine Aufgaben zu übernehmen. Dann wird das Ego, das Gefäß, vorgeschickt, das diese Aufgaben aber nicht übernehmen kann und wegen der Überlastung unberechenbar und negativ wird. „Kuck mal, wer hier spricht ..." ist eines der wichtigsten Aufgaben in Therapie und Lebensberatung.

Die Lemurianer wußten aber von dieser möglichen Gefahr, und deshalb achteten sie darauf, daß sie ihren Kindern gute Eltern waren: daß sie sie mit Rat durchs Leben begleiteten und ihnen nichts zumuteten, was sie in ihrem Alter nicht verstehen oder nicht leisten konnten. Seele und Geist waren in Liebe verschmolzen und gesättigt. Nach diesen Grundsätzen handelten auch die Lehrer, die Weisen, die Ältesten und die Wissenden. Kinder wurden nicht überfordert –

im Gegenteil, man genoß ihre rätselhaften magischen Qualitäten, ihr Anderssein und lernte davon.

Wichtig war natürlich, daß die Erwachsenen selbst ihre Spiritualität lebten, in ihr eine Heimat, Geborgenheit und einen Rat hatten und dies an die Kinder weitergaben.

So blieben auch die Kinder und Jugendlichen in Kontakt mit ihrem wahren Ich, mit ihrem spirituellen Wesen, dem Sternenwesen, dem Höheren Selbst. Dadurch hatten sie immer eine Heimat, einen Anker und eine Quelle der Leitung.

Dies zeigte sich daran, daß der lemurianische Mensch diese tiefe Verbindung zwischen sich und der Außenwelt genoß, weil er immer zugleich in der Außenwelt deren Wesenswelt erlebte, die wieder mit seiner Wesenswelt korrespondierte. Und diese beiden waren eins.

Seele- und geiststärkend waren die Rituale der Lemurianer. Hier wurde sowohl das Gefäß, das Ego, zur sanften Reife gebracht wie auch „der Inhalt des Gefäßes", der steuernde, interpretierende Geist, auf seine Aufgaben vorbereitet. Die Rituale waren die Verbinder und Integrierer von Geist und Ego.

Das im Wachstum begriffene Ego des Kindes und des Heranwachsenden blieb daher gut und positiv, weil es sanft auf seine Synergie mit dem Geist vorbereitet wurde. Ein positives, reifes Ego ist ein wunderbares durchlässiges, den formsuchenden Geist unterstützendes Gefäß und sollte als „das Auge in die Welt" geliebt werden.

Kapitel 28

Kristallseher und Heiler

Um jeden Menschen war ein Lichtschein. Wir nennen diesen Aura. Die Aura war sozusagen die Visitenkarte. An der Aura konnte man ablesen, in welcher Stimmung der Mensch war, welche Gefühle er gerade hatte, ob er traurig war oder fröhlich. Aber man konnte auch ablesen, ob er Musiker war oder Sänger, Visionär oder Kristallwissender.

Bestimmte farbliche und grafische Symbole in der Aura zeigten dies an. Jeder Lemurianer hatte einen programmierten Kristall, mit dem er die Feinheiten und Details der Aura der anderen Person sehen konnte – man würde heute sagen: eine Art Aura-Brille. Denn nicht immer wollten sie die Symbole und Bilder in der Aura sofort so deutlich sehen. Manchmal machten sie sich einen Spaß daraus, zuerst zu raten, was der andere wohl für ein Mensch war, bevor sie durch den Kristall schauten.

Natürlich konnten geschulte Seher auch die Ursachen von Problemen und Krankheiten, emotionalen und seelischen Störungen in einer Person sehen. Solche Krankheiten und Störungen gab es nicht oft in Lemuria, und meist waren sie eingeschleust durch Energie aus anderen Ebenen und Welten, durch Wesenheiten, die es doch geschafft hatten, den Schutzschild von Lemuria zu überwinden. Das gab es dann und wann, insbesondere wenn diese Wesen die beschützenden Engel darum baten und ihnen aus Barmherzigkeit oder anderen Gründen Einlaß nach Lemuria gewährt wurde (wie zum Beispiel mir).

Es gab Heiler auf Lemuria, die sich eher „Wiederhersteller" nannten. Da und dort kam es vor, daß ein Kind, ein Jugendlicher oder Erwachsener sich verletzte oder erkrankte – meist dann, wenn die Reinheit getrübt war.

Zunächst – und darüber berichteten wir an anderer Stelle – wurde an dieser Trübung der Reinheit gearbeitet. Zugleich oder danach wurde nach dem Heiler geschickt, um die körperlichen Konsequenzen, die Wunden und die Krankheit, zu heilen.

Für den Heiler war es sehr wichtig zu wissen, wie die Wunde oder Krankheit entstanden war, nicht, was die Symptome waren. War ein Kind gefallen, so nahm er von dem Ort des Unfalls, der ihm vom Kind gezeigt worden war, Erde und befeuchtete sie mit seinem Speichel und trug das Gemisch auf die Wunde auf.

Der Speichel des Heilers galt als heilend, und die Erde, die einmal „negativ" mit dem Kind in Kontakt war, kann nun, da sie das Kind „kennt" und mit ihm eine emotionale Verbindung eingegangen ist, positiv auf das Kind einwirken. Vor dem Auftrag des Gemischs wurde der Verband mit einem Kristall, einem heiligen Gesang, einem Symbol oder ähnlichem magnetisiert.

Hände auflegen, ein Elixier geben und mit Kristallen arbeiten, die die gesunde Prägung des zu behandelnden Organs ausstrahlten, war die „ärztliche Routine" der Heiler.

Manche Heiler waren Experten darin, das Wach-und Traumbewußtsein des Patienten zu trennen und mit ihren Heilschwingungen in den entstandenen Spalt hineinzuschlüpfen und die Heilung vom Unterbewußtsein her zu unternehmen.

Manche Heiler versetzten sich selbst und den zu Heilenden in Trance, und beide verließen den Körper, um zusammen nach entsprechenden Maßnahmen zu suchen. Auf diese Weise fanden sie die Farben, Kristalle, Kräuter und Elixiere, die für die Heilung wichtig waren.

Eine andere Art war, daß der Heiler die kranke Schwingung des Patienten voll aufnahm, in die Gesundheit transformierte und die Schwingung an den Patienten zurückgab.

Andere heilten mit Mandalas oder Manadalaspielen, wieder andere mit Heilsymbolen aller Art.

Grundsätzlich ging es darum, die heilende Schwingung an den Körper- oder Seelenteil zu bringen, der es brauchte.

Der Unterschied zwischen den Heilmethoden lag allein im Charakter des zu Behandelnden. Wichtig war die Art, wie er empfing und was die fürsorglichste Art war, mit ihm umzugehen.

Heilerinnen waren auch die Hebammen, die Geburten vorbereiteten und unterstützten.

Manchmal gingen Hebamme und Mutter (oft zusammen mit dem Vater) in gemeinsame Trance, um dem Kind „von innen" bei der Geburt zu helfen.

Ich bitte die Ärzte unter meinen Freunden und Lesern um rechtes Verständnis dessen, was ich im nachfolgenden sage.

Lemurianer würden entsetzt aus den meisten unserer Hospitäler, Kliniken und Arztpraxen weglaufen. Die Idee, Körper zu öffnen, Organe zu beschneiden und zu entfernen bzw. auszutauschen, wäre für den Lemurianer unvorstellbar gewesen. Ein solches Ansinnen, ja der bloße Anblick einer solchen Handlung hätte ihn (sein Gefäß) schon töten können. Sein Ego hätte solch einen Schock kaum überlebt, und sein Geist und seine Seele hätten „alle Hände voll zu tun" gehabt, um nach Heilung und Ausweg aus dem Schock zu suchen.

Chirurgie in unseren Landen mit all ihren neuen, segensreichen Errungenschaften und Techniken ist ein Relikt aus Atlantis. Da in Atlantis zum Ende der dritten Epoche mehr und mehr integre Heilmittel in Form von Heilungskristallen durch den Mißbrauch der Kristallenergie fehlten, versuchte man durch Implantate von Kleinstkristallen mit Gesundheitsprägung Organe zur Heilung zu bewegen.

Bald fand man heraus, daß man ja auch das ganze Organ beschneiden oder ganz herausnehmen konnte, und hatte wieder einen guten Kristall gespart.

Chirurgie mit Kristallen, Kristall-Lasern und Implantaten von Kristallen waren tägliche Praxis in Atlantis. Aber auch hier wurde viel Mißbrauch getrieben. Je weiter eine Gesellschaft von Gott entfernt ist, umso mehr muß sie diese Art der „Heilung", das Beschneiden und Herausnehmen von Organen und andere Verstümmelungen, praktizieren.

Denn die Therapie mit Kristallen und anderen Schwingungsverfahren bedarf der Integrität des Menschen und seines Ruhens in Gott.

Auch das Heilen mit starken chemischen Stoffen wäre dem Lemurianer nicht in den Sinn gekommen. Er wußte, daß die wirkliche Heilkraft in der Feinheit, in der Prägung, in der Resonanz bestand und nicht in der stofflichen Grobheit.

Tabletten in unseren Stärken hätten den Lemurianer glattweg getötet, auch wenn es „nur" ein Aspirin gewesen wäre, oder es hätte ihn zumindest schwer krank gemacht. Denn chemische Präparate, im lemurianischen Licht gesehen, wandeln den Körper in noch mehr Materie um; sie trennen ihn vom Licht, sie

„atlantinisieren" ihn. Eine harmlose Situation einer Schwingungsstörung oder Schwingungsdifferenz wird in unseren gängigen Heilverfahren sofort als Kriegserklärung aufgefaßt, und dementsprechend wird eine Armee von Polizisten in das Blut hinein in Gang gesetzt. Diese Armee regt das kranke Organ an, sich zu rüsten und gegen den vermeintlichen Angreifer anzugehen. Hier wird dann geblockt und betäubt (Giftgasangriffe), geschossen und gebombt, hier werden Gefangene gemacht. Diese werden dann getötet und hinausgeworfen.

Schlimmer sind die chemischen Mittel, die gar nichts vorfinden und betrübt feststellen müssen, daß sie „nur" dazu da sind, eine seelisch-körperliche Reaktion ruhigzustellen. Dies tun sie im Gehirn und zentralen Nervensystem, aber zugleich lassen sie ihre Agressivität an Unschuldigen aus: an Organen, Haut, Darmflora, was auch immer.

Homöopathie, und Gott sei Dank gibt es sie, ist eine der lemurianischen Verfahren. Sie arbeitet mit Prägung. Und Prägung wird umso kraftvoller, je feiner sie ist, da hier weniger mehr ist, da es um das Urmuster der Kranheit geht und nicht um tausend Varianten. Je mehr ein Elixier verdünnt ist, umso reiner wird die Prägung, weil sich das Urmuster, das Urwesen des Elixiers zeigt, das Ur-Hologramm, das nur wenige Moleküle braucht, um Symbol zu sein. Jedes Molekül mehr ist eine Trübung und unnötig und schwächt den Effekt.

Ja, es gab Bakterien und Viren auch auf Lemuria. Es gab Kleinstlebewesen, die zum Teil als Parasiten im Körper der Lemurianer wohnten. Diese gingen aber respektvoll mit dem Körper ihres Wirtes um, um selbst am Leben zu bleiben, was schließlich ganz logisch ist. Ihre Abfallprodukte wurden ausgeschwemmt, und wenn sie einmal überhand nahmen, war der Heiler da, der mit entsprechender Resonanz das Gleichgewicht wiederherstellte und damit sozusagen die Bakterien und Viren disziplinierte. Aber es wäre ihm nie in den Sinn gekommen, zu versuchen, sie auszurotten.

Das Bekämpfen und Ausrotten ist atlantinisch und basiert auf der Tatsache, daß der Mensch in Atlantis damit begann, die Defizite in seiner Ethik, Integrität und seinem Gottvertrauen mit Gewalt und Kriegserklärungen auszugleichen. Auch im Körper!

Dies hat natürlich dann wiederum die Bakterien und Viren auf den Plan gerufen, die ihrerseits auf ihre Art um das Überleben kämpfen und resistent zu werden versuchen. Daraufhin wird der Krieg immer erbitterter.

Diese Muster schwirren im kollektiven Un- und Unterbewußten seitdem herum und tauchen auf und wieder hinab im Zuge des Bearbeitens des atlantinischen Karmas. Sie manifestieren sich – sozusagen aus dem Blauen heraus!

Der Aids-Virus ist eine dieser Manifestationen.

Starke Medikamente und Antibiotika (man beachte das Wort!) sind Kriegserklärungen, die nur wieder andere kriegerische Angriffe hervorrufen. Dies ist nicht der Weg zum Heil.

Aids kann nur über die entsprechende Resonanz und gleichzeitige Bearbeitung und Heilung des atlantinischen Karmamusters geheilt werden. Wenn man versucht, es über Krieg zu heilen, wird ein anderes, noch widerstandsfähigeres Virus auftauchen usw. usw.

Eine der grundlegenden Heilungsmethoden unserer Zeit sollte die Heilung mit dem geprägten Kristall werden. Davor aber steht die Heilung unserer Beziehung zu Kristallen. Und das schließt ein die Heilung unserer Beziehung zu Gott.

Kapitel 29

Ethik und Ästhetik

Ethik ist Ästhetik des Geistes, so heißt es. Und so war es auch in Lemuria. Es gab keine Gesetze in Lemuria, es gab aber eine Ethik, die besungen wurde, in Symbolen gelegt war, über die gesprochen, die gelehrt und in Ritualen verankert wurde. Dennoch waren die ethischen Werte und das auf ihnen basierende Verhalten in Harmonie mit der natürlichen Integrität der Lemurianer.

Jede ethische Regel – besser vielleicht sogar ethischer Wert oder Haltung – hatte ihren Kristall in Akshah und sandte ihre Schwingung aus.

Die „Regeln" sind in der Essenz dem Buch von David Hatcher Childress „Lost Cities of Ancient • Lemuria&The Pacific" entnommen, wo wiederum aus dem Buch „The Ultimate Frontier" von Eklal Kueshana zitiert wird. (Wobei Hatcher hier meiner Ansicht nach über die Lebensregeln von Mu und nicht über die ethische Haltung Lemurias schreibt).

Ich übersetze und ergänze/vereinfache:

1. Niemand profitiere auf Kosten eines anderen.
2. Niemand soll einem anderen etwas mit Gewalt wegnehmen oder ihm Gewalt antun.
3. Die Natur gehört allen. Zunächst aber gehört sie sich selbst.
4. Jeder hat die gleichen Rechte, geistig und seelisch zu wachsen.
5. Das Erringen von Würden, Ämtern und Positionen beruht einzig allein auf Verdienst, Können und Reife.
6. Wer Wert gibt, erhält Wert.
7. Niemand mischt sich in die Angelegenheiten eines anderen ein, außer er wird gefragt.
8. Die Integrität des Lebens von Körper, Geist und Seele und ihre Würde sind unantastbar.

9. Eine Frau oder ein Mann darf nicht in die Partnerschaft oder Ehe gezwungen werden. Das Heim ist heilig.

10. Die Mehrheit entscheidet. Die Ältesten, in der Weisheit Jashuahs, haben das letzte Wort.

Diese zehn Haltungen sind die lemurianisch erweiterten Lebensregeln von Mu.

Zwei weitere Haltungen gehören dazu:

11. Alles, was ist, ist ein Teil von mir. Wie ich mit „Allem, was ist" umgehe, so gehe ich mit mir selbst um.

12. Ich bin der Tempel und die Wohnstatt Jashuahs. Dementsprechend verhalte ich mich.

Zwölf Kristalle also waren mit dieser Haltung programmiert und mit den entsprechenden Symbolen versiegelt.

Ihre Originale resonierten in Akshah, und viele Häuser hatten ein Set kleiner Kopien davon auf ihrem Hausaltar. Gesetze gab es auf Lemuria nicht.

Gesetze sind eine atlantinische Erfindung. Das „Gesetz" ist ein Korsett der Gesellschaft, wo Anmut, Natürlichkeit und ethische Ästhetik fehlen.

„Gesetz" erlaubt den Mächtigen zu manipulieren und den Untergebenen, sich zu rächen und zu rebellieren. Insgesamt für alle gilt: Man lehnt sich gegen die eigene Ethik und Ästhetik – und ihr Zusammenspiel: die persönliche Integrität – auf. Gesetze erscheinen immer dann, wenn persönliche Werte schmerzhaft werden und man Übertretungen der persönlichen Integrität nicht bearbeiten kann oder will.

Gesetze führen zu Kriegserklärungen und Kriegen und sind auch deren Folge. Sie sind die Form, die den Inhalt vergessen lassen. Sie sind die Digitalisierung des Geistes, Befehle, nach denen Computer funktionieren oder auch nicht.

Gesetze dienten im späten Atlantis dazu, Menschen „in Schuld" zu bringen, um sie dann zu mißbrauchen und die eigene Schuld zu vertuschen. Sie dienten dazu, Menschen ihrer persönlichen Integrität, ihrer Ethik und Ästhetik zu entfremden, damit sie sich der „Wahrheit" und dem Ego der Mächtigen anschlössen.

Sie dienen dazu, den Menschen glauben zu machen, daß Selbstbestimmung unnötig, Kontrolle wichtigstes Organ und Bestrafung unerläßlich ist.

Gesetze und Verordnungen dienen auch dazu, ungerechtfertigte Ansprüche und Machenschaften der Regierung eines Staates gegen die persönliche Integrität und Eigenverantwortung seiner Bürger durchzusetzen.

Wenn Älteste in Lemuria in einem Dorf „Recht" sprachen oder in einem Streitfall schlichteten, schlossen sie die Kontrahenten mit ein und wiesen sie mit Hilfe von „göttlichen Instrumenten" auf deren eigene Integrität hin. Sie suchten den Konsens im anderen hervorzurufen, ihn an seine Ethik und Ästhetik und die Ethik und Ästhetik Jashuahs zu erinnern.

Die Integrität der geklärten Augen, des vollen Flusses der Energie und Freude, der Vitalität und der unversehrten, leuchtenden Aura, der gereinigten Chakren war das Ziel von Schlichtungen und Rechtsprechungen – und nicht, einem Gesetz Rechnung zu tragen.

Auf diese Weise wurde auch Land verteilt. Die Ältesten spürten in die Resonanz des Landes und erspürten mit Hilfe von Kristallen oder anderen Befragungsmitteln, mit wem das Land an diesem oder jenem Ort am besten zusammenarbeiten würde. Meist wurden hier noch ein Weiser oder eine Weise mit hinzugezogen. Acker-, Weide-, Wald- und Bauland waren nie jemandes Eigentum – es gehörte der Erde und damit der Göttin, die befragt wurde.

Es gab kein Gesetz und keine Strafe. Der Mensch richtete sich selbst, er richtete sich selbst im Sinne von ausrichten, ausrichten auf Jashuah.

So, wie sich jede Seele nach ihrem Tod selbst richtet, indem sie das Leben, das sie gelebt hat, unter dem Aspekt der Integrität, der Ethik und der Ästhetik Gottes betrachtet.

Die Hölle ist eine atlantinische Erfahrung, genauso wie der verurteilende und strafende Gott. Beide sind äußerst geeignete Mittel, um den Menschen in „Schuld" zu bringen. Denn die „Hölle" ist natürlich auch eine Menschheitserfahrung des Tages des Unterganges von Atlantis. Aber das war *Atlantis!*

Atlantis ist in den Menschen von heute schon in mancher Hinsicht geheilt. Dafür kam Christus, der Heiler. Und mit ihm die Gnade der Vergebung durch den persönlichen Gott. Jashuah kam in der Gestalt von Joshua, Jesus, und gab dem Menschen die göttliche Ästhetik zurück. Joshua hielt nichts vom Gesetz, er hielt aber alles von der Reinheit des Herzens, der Gedanken, der inneren Haltung und der Einheit mit Gott. „Ich und mein Vater sind eins."

Die Menschen auf Lemuria waren sehr, sehr schön. Diese ethische Ästhetik wirkte sich auf ihren ganzen Körper, ihren Gang, ihre Stimme, ihr Lachen, ihre Bewegung aus. Nur ein Wort kann das beschreiben: „Anmut". Im Englischen sind Anmut und Gnade dasselbe Wort: Grace.

In dieser Natürlichkeit lag so viel Kraft. Die lemurianischen Menschen waren schlank, leicht und nicht übertrieben muskulös. Dennoch hatten sie große körperliche Kräfte, wenn es darauf ankam. Zusätzlich hatten sie noch allerlei unterstützende Atemtechniken, wenn sie zum Beispiel sehr schwere Dinge von einem Ort zum anderen tragen mußten.

Diese Natürlichkeit brachte auch Wunder hervor. So gab es Wissende, aber auch „einfache" Lemurianer, die die Gabe hatten, im Geist Prägungen zu generieren und auf andere Materie zu übertragen.

Die Verwandlung von Wasser in Wein wäre für diese Lemurianer keine Schwierigkeit gewesen, hätten sie doch nur geistig die Prägung von Wein generiert und auf das Wasser aufgebracht, bis es zu Wein geworden war.

Das gleiche galt für Lemurianer, die sich teleportieren konnten oder auch die Levitation beherrschten. Es waren solche, die also auf Wasser und auch in der Luft gehen konnten. Sie konnten dem Sturm Einhalt gebieten und Wolken vor dem Mond weg- oder einen Wolkenring über ein Haus hinzaubern.

Dies alles taten sie aber nur im Einklang mit ihrer inneren Integrität, im Einklang mit Jashuah. Im Einklang mit ihrer inneren Ausrichtung.

Unter den Lemurianern gab es alle Nuancen der Augen- und Haarfarben. Diese richteten sich meist nach der Umgebung. Die Bewohner des Landes der Fjorde hatten hellblaue Augen und blonde bis rotblonde Haare. Die Fischer an den Küsten meist dunklere blaue Augen und blonde, dunkelblonde und braune Haare. Die Menschen in den Wäldern hatten braungrüne bis tiefbraune Augen und dunkle Haare. Die Hirten auf den Hochländern hatten graue Augen und aschblonde Haare. Die Lemurianer der Feuchtländer hatten grasgrüne bis schwarze Augen und schwarze Haare. Sie sahen vielleicht manchmal etwas furchterregend aus mit ihrem wilden, krausen Haar. Sie hatten auch eine sehr dunkle Hautfarbe, während die Hauttöne der anderen Lemurianer alle Schattierungen zwischen helleren und dunkleren Hauttönen aufwiesen.

Wettergegerbt waren die Gesichter aller Erwachsenen, besonders der Älteren und Ältesten. Aber aus allen Gesichtern sprühte der ungebrochene, natürliche, frische und anmutige Geist – gewürzt mit etwas Schalkhaftigkeit, Humor und einer Prise offener Neugier.

Kapitel 30

Numerologie und Symbolik

Dieses Kapitel ist nur für diejenigen, die diesen Aspekt des Geistes lieben.

In der Nacht vom 14. auf den 15. Februar 1996 wurde mir eine Zahl so intensiv durchgegeben, daß es mich sofort aufstehen ließ, um sie auf einem Zettel an meinem Computer aufzuschreiben. Ich hatte sowieso das Gefühl, daß ich die ganze Nacht mit Zahlen umging, aber von dieser Zahl wachte ich auf. Nachdem ich ein großes Glas Wasser getrunken hatte, legte ich mich wieder zu Bett – und rechnete im Kopf weiter. Was so ein Kopf alles rechnen kann … bis ich dann doch wieder einschlief.

Am nächsten Morgen ging ich zum Computer, und da stand sie noch, die Zahl, die ich vielleicht jetzt schon vergessen hätte: Die Zahl des Menschen von Lemuria war 67,5. Keine gerade attraktive Zahl, fand ich. Aber bei näherem Hinschauen doch interessant. Es wurde mir nämlich gesagt, daß es sich hier um die Zahl von Mann und Frau handele und daß sie sich aus der Zahl der „Verschmelzung", also 135 entwickelt habe. 135 ist eine sehr schöne Zahl. Das war also die Zahl des Androgynen. War es die Zahl von Jashuah?

Meine lemurianischen Freunde hielten sich hier bedeckt. Es sei eine Nebenzahl Jashuahs. Ich bekam bis jetzt die Zahl Jashuahs ebensowenig wie sein Hauptsymbol.

Meine Freunde sagten, daß das Hauptsymbol Jashuahs = „Gott/Göttin/alles was ist" auf Lemuria äußerst selten verwendet wurde, weil es sehr, sehr machtvoll war. Dieses Symbol sei eigentlich nur einmal in großem Stil verwendet worden, nämlich als Ja-Aresh die Weisen um das Magische Land in die Berge berufen hatte, die dort das große Symbol tagelang mit aktivierten Kristallen in die Luft zeichneten.

Dann seien die großen Blitze vom Himmel gekommen, die die Obsidiansäulen hätten aufsteigen lassen. Die Geburt der Kristallstädte und die Verwandlung

Akshahs sei die Folge gewesen. Das Symbol in der falschen Hand könnte verheerende Folgen haben.

Eine weitere Zahl war interessant. Es war die Zahl für die zwei Seelen des Menschen, die beiden Hälften links und rechts. Und auch diese waren die gleichen Zahlen und zwar je 33,75 also die Hälfte von 67,5. Darin steckten die 8, die 9, die 18 und die 3.

Ich ging weiter, denn wenn man dran ist, bleibt man dran. Und ich spekuliere so gerne mit Zahlen. Und ich bekam mit, daß sich meine lemurianischen Freunde köstlich amüsierten, denn offensichtlich hatten sie sich Gedanken darüber gemacht, wie sie ihr Zwölfersystem in mein Zehnersystem bringen. Nun denn…

Somit hatte Akshah die Zahl 18 (die Quersumme von 67,5) und pulsierte wohl in der Frequenz 67,5 Hertz.

Wie wäre es nun, wenn der Kristall Poseidons auf Atlantis, wie mir gegeben wurde, mit 60 Hertz schwang? Damit hätte der Interferenzstrahl, der Strahl der Macht, der neue Strahl der Atlantiner, eine Rate von 63,75 Hertz gehabt.

Wenn man nun die Zahl 6375 in Primzahlen zerlegt, erhält man, neben den üblichen 3 und 5, eine ganz neue Komponente: nämlich die 17.

Was war die Zahl 17?

Nun pochte aber doch mein Gewissen, und ich dachte, ich will doch einmal sehen, wie es mit dem Zwölfersystem aussieht. So hob ich die Zahl 6375 in das lemurianische Zwölfersystem und erhielt die Zahl 7650.

Diese Zahl hat schon wieder die 18!

Nun wurde ich neugierig und hob die Zahl des lemurianischen Menschen, nämlich die 67,5, in die Zwölfer-Ebene. Und was erhalte ich? Die 81! Deutlicher geht es nicht. Dies ist die 18, spiegelbildlich, und es ist die 9, enthalten als 9 mal 9 und in der Quersumme.

Meine lemurianischen Freunde erinnerten mich dann daran, daß ja in der Numerologie unseres Zeitalters die 9 als 0 gilt, und hopsten vor Vergnügen, als ich ihnen eröffnete, daß sie demnach alle Nullen seien. Dies gefiel ihnen.

Sie kugelten sich vor Lachen über die 0. Sie konnten sie nicht verstehen. „Was ist das für ein machtvolles Ding, das alles, was man damit multipliziert, zu null macht?" Unsere Rechenarten konnten sie nachvollziehen, aber bei der Null schrien sie vor Vergnügen. Anscheinend ist für sie die Null ein Beweis für unser verqueres Denken. Ich überlasse es dem Leser, herauszufinden, was sie damit meinten. Sie schienen sehr viel über uns zu verstehen, nachdem sie meinen

Erläuterungen über die Null, ihre Wirkung und was sie bedeutet, gefolgt waren. Aber jedesmal wollten sie die Geschichte von der Null wieder hören. Ganze Menschenaufläufe bildeten sich, denn wenn es etwas zu lachen gab, lachten alle gerne mit. Es war für den Menschen des 20.Jahrhunderts, den ich ja auch darstellte, etwas „peinlich".

Scherz beiseite. Ich fing also von vorne an.

Die Zahl des lemurianischen Menschen war 81 im Zwölfersystem.

Dann war die Zahl der Verschmelzung 162, also eine 9.

Und die Zahl der beiden Seelen eine 40,5 – auch eine 9.

Dann hatte Akshah die Frequenz von 81 – und der Poseidon-Kristall? Von 60 oder von 72 im Zwölfersystem? Wenn 72, dann war die Rate des Interferenzstrahles wieder, wie oben angegeben, 76,5.

Wenn die Rate im Zwölfersystem aber 60 war, weil der technische Quarzkristall eigentlich im Zehnersystem mit 50 Hz schwingt (in unseren Uhren beispielsweise), dann hatte der Interferenzstrahl eine Rate von 70,5 im Zwölfersystem und von 58,75 im Zehnersystem.

Beide Zahlen, so befand ich, machten numerologisch keinen Sinn. Man pflichtete mir bei.

Demnach war der Poseidonkristall ein manipulierter Quarzkristall oder ein anderer Kristall, der mit 60 Hz schwingt. Denn die Zahl 60 für ihn war mir klar durchgegeben worden, ich wußte nur nicht, in welchem System, und dachte zunächst, es sei logischerweise das Duodezimalsystem gewesen.

Die Rate der Frequenz des Interferenzstrahls der Macht von Atlantis ist also 63,75 im Dezimalsystem oder 76,5 im Duodezimalsystem.

Und beide geben mir die 17 beim Zerlegen in Primzahlen (ausgehend von 6375 und 7650).

Und nun? Noch einmal! Was ist die 17?

Und war die eigentliche Zahl von Lemuria vielleicht doch die 9, als gemeinsamer Nenner sozusagen für beide Systeme?

Oder ist die 9 vielleicht die Zahl des zukünftigen Lemuria?

8 plus 9 ist 17! Da liegt ein Geheimnis.

Ich bleibe dran.

Hier wollten sie, daß der Leser und ich es selbst herausfinden.

Inzwischen – ein Jahr später – gehe ich davon aus, daß die 8 die Zahl des hier beschriebenen Lemuria und die 9 die Zahl des zukünftigen Lemuria ist.

Kapitel 31

Astrologie, Planetenkunde, Sonnenphasen, Mondphasen

Lemuria hatte eine ausgebaute Astrologie und Planetenbeobachtung. Sterne waren von Anfang an Gegenstand großen Interesses und Mittler in der magischen Beziehung zum Kosmos.

Der Sternenhimmel war das Sternenmandala, das schon im reinen Anblick eine magnetische, erfrischende, reinigende Kraft besaß.

Es waren Grüße von der Heimat. Man empfand, daß die Sterne lachen und sprechen konnten, daß jeder Stern einen eigenen Charakter hatte und ein Wesen besaß.

So auch die Planeten. Ihr Charakter, ihre Wesenheit wurde noch mehr beschrieben und in Betracht gezogen, und so wurden Konjunktionen betrachtet und beachtet und der Stand zu Mond und Sonne.

Es gab Wissende, die in die Eigenschaften eines Planeten „hineingingen", selbst zum Planeten wurden, um die Dinge der Welt durch seine oder ihre Augen zu betrachten.

Die Städte der Sternen-, Planeten- und Mondwissenden besaßen alle Technologien, um Bahnen zu berechnen und Konjunktionen exakt zu bestimmen.

Zugleich aber beobachteten sie auch „außerirdische" Bewegungen. Sie waren sich, informiert durch Akshah und eigene Ermittlungen, darüber im klaren, daß die Erde ein beliebtes Ziel für mehr oder weniger wohlgesonnene Besucher ist. Sie wußten von dem Schutzschild der Göttin, wußten aber auch davon, daß er eines Tages weggenommen würde.

Durch ihre Zusammenarbeit mit den Visionären und den Träumern wußten sie auch, welche Aufgaben eines Tages auf sie zukommen würden. In den letzten tausend Jahren der Geschichte Lemurias war die Vorbereitung auf das, was kommen sollte, besonders groß.

So kannten die Planetenkundigen nicht nur Charakter und Einfluß eines bestimmten Planeten, sondern auch alle seine „Implantate" (Einlagerungen von Symbolen, magnetischen Pyramiden, künstliche Monde und andere verändernde Bauwerke) durch Außerirdische, die mit diesen Implantaten den Charakter der Planeten zu verändern suchten.

Der Planet Neptun war hier Gegenstand erhöhter Aufmerksamkeit. Ursprünglich einer der Lieblingsplaneten der Göttin, ihre „Sandale", wie sie ihn zärtlich nannte, hatte er sich im Laufe der Zeit verändert. Es war bewußtes Material in einer Konzentration auf ihn geschafft und verankert worden, die seinen Charakter veränderte.

Diese Materialien wurden beständig von den Lemurianern erforscht. Man versuchte, sie durch Bewußtseinsaktivitäten, verstärkt durch Kristalle, zu neutralisieren. Es gelang nicht ganz.

Neptun entwickelte eine eigene gottähnliche Wesenheit mit einer zunehmend zweifelhaften Ausstrahlung. Er wurde „der Täuscher" genannt. Sein Zeichen, der Dreizack, entsprach dem Zeichen der Göttin. Auch damit versuchte er, zu täuschen. Das vereinfachte Zeichen der Göttin entsprach dem Hebräischen Buchstaben Shin, eine Art Gabel mit drei Zinken, wobei zur Angabe, daß es sich um ein Sh handelt, rechts oben, auf die äußerste Gabel ein Punkt gesetzt wird. Neptun war das S- und hatte den Punkt auf der linken Gabelzinke.

(Der Name des Obelisken, der in der Mitte von Atlantis aufgestellt war und in seinem Inneren den Meisterkristall Poseidons mit seiner Atlantis-Schwingung beherbergte, hieß „Sin".)

Neptun, der Planet des Wesens Poseidons, des Gründers des Kontinents Poseid, auch Atlantis genannt, bereitete sich auf seine Mission vor.

Lemuria bekam – besonders in den letzten fünf Jahren vor der Hinwegnahme – seine Attacken und Angriffe zu spüren.

Diese kamen über den Himmel als große, pulsierende „Bewußtseinsmuster", seltsam geformte Gefährte aller Art, sich bewegende Symbole, die wie riesige Laser über den Himmel huschten. Zugleich strahlten diese künstlichen Himmelskörper seltsame Klänge aus.

Hier versuchten extraterrestrische Kräfte im Verbund mit Neptun-Wesenheiten und -Bewußtheiten, Unruhe auf Lemuria zu stiften und den Schutzschild zu zerstören.

Sie versuchten dies subliminal mit „Bewußtheitsenergie", indem man sich auf die Gehirnschwingungen der Lemurianer einstimmte und versuchte, so in die mentale Struktur der Lemurianer einzudringen. Das gelang indessen nicht, was Akshah und anderer galaktischer Hilfe (der Galaktischen Föderation) zu verdanken war, und der Spuk war so schnell zu Ende, wie er begann. Viele dieser störenden Raumschiffe wurden entweder von Blitzen der gewaltigen Schutzmächte zerstört, andere zogen sich schleunigst zurück.

Dennoch waren diese Angriffe eine Störung, und die Lemurianer brauchten einige Zeit, um sie zu verdauen. Man spürte doch diese seltsame Bedrohung, die von diesen Wesenheiten und ihren „Fahrzeugen" und ihrer gewalttätigen Motivation ausging. Man verstand es nicht, fühlte es aber doch.

Die Weisen und die Wissenden hatten alle Hände voll zu tun, ihre Landsleute zu beruhigen. Aber sehr schnell kehrte wieder Ruhe ein, und der Friede breitete sich aus über dem Land.

Man verband folgende Charakteristika mit den Himmelskörpern:

Pluto: geheimnisvolles Wissen, Magie, große Veränderungen, der Magier
Uranus: Klarheit des Geistes, der Visionär
Jupiter: Ekstase, Fülle, der Kreative
Venus: Herzensliebe, Liebe zur Göttin
Mars: Tatkraft, physische Sexualität, Fruchtbarkeit, Liebe zu Gott
Neptun: Geburt und Tod, Veränderung, der Träumer
Merkur: Musik, Gesang, Ausdruck, der Sänger, der Kristallwissende
Saturn: spirituelle Kraft, der Träumer, der Weise; der, der die Erde liebt

Daneben hatten die Lemurianer eine Beziehung zu Planeten, die wir nicht kennen.

Durch die Manipulationen an den Planeten haben einige im Laufe der Geschichte negative Eigenschaften bekommen.

Die Reinheit der Planeten wiederherzustellen ist eine der Aufgaben der Neuen Zeit.

Der Meisterplanet Lemurias war der Saturn mit seinen 23 Monden.

Den Mond nannten die Lemurianer die Hebamme der Erde. Für alles, was hervorkam, ob es das Kind war aus dem Mutterschoß oder der Schößling einer

Pflanze aus der Erde – sie sahen den Mond, der in Lemuria weiblich war und Shalumajah, gewöhnlich aber Shelmjana genannt wurde, als die *Kraft, die das Hervorbringen unterstützt.* Sie waren sehr sensibel für die Magnetkraft des Mondes und spürten diese Magnetkraft hauptsächlich im Genitalbereich.

Daß dieser Bereich „der heiligste Bereich Jashuahs" genannt wurde und „die Quelle des unstillbaren und gestillten Durstes nach Jashuah", war die Beziehung zum Mond, zur Mondin, will ich ab jetzt sagen, eine heilige und auch lustvolle.

Lust ist ja nur in unserer Zeit und besonders in der westlichen Welt getrennt vom Heiligen. Das ist Beweis genug, wie heilig „Lust" ist – und hier meine ich durchaus sexuelle Lust wie auch die Lust des Körpers insgesamt. Die Lemurianer empfanden sehr viel mehr körperliche Lust auf die verschiedenste Art und Weise. Lustvoll war das Niesen, das Urinieren und die Darmausscheidung. Alle diese körperlichen Verrichtungen waren natürlich, sogar heilig.

Shelmjanah, die Mondin, war zu jenen Zeiten noch nicht nur die Reflektion der Sonne, sondern hatte eigene Leuchtkraft. Die Magnetkraft war besonders stark bei Vollmond. Nicht selten gingen junge Mädchen, wenn sie das Herannahen der Periode spürten, hinaus auf eine mondbeschienene Wiese und ließen ihren Unterleib vom Mondlicht bescheinen. Sie empfingen Luna tief in ihrer Gebärmutter und hatten das Gefühl, daß das magnetische Licht das zu gebende Blut herauslöste und herauszog. Sie spürten dies in einer Spiralbewegung.

Von Wissenden empfangen: Ein Mondkristall vor dem Muttermund in Linksdrehung von der Vagina weggeführt, hilft bei stockender und daher schmerzhafter Menstruation und bereitet Schwangere auf eine leichte Geburt vor. Derselbe Kristall mit Rechtsdrehung und auf die Vagina hingeführt, hilft bei Unfruchtbarkeit, Angst vor Geschlechtsverkehr, Verspannung, Schwierigkeiten des Empfangens. So auch beim Mann: Linksdrehung weg von der Eichel hilft bei Potenz- und Ejakulationsstörung. Rechtsdrehung hin zum Penis hilft bei vorzeitigem Erguß, zu kurzem Orgasmus, bei „Weggehen von sich selbst" in der Liebe und auch bei Schwierigkeiten des Empfangens – übrigens auf allen Lebensgebieten. Auch beim „Liebe-Machen" ist es eine gute Möglichkeit der Frau, dem Manne eine längere Orgasmusphase zu ermöglichen, indem sie das Becken leicht im Uhrzeigersinn drehen läßt. Wenn sie beide die Ejakulation möchten, sollte sie sich gegen den Uhrzeigersinn drehen. Der Mann kann wiederum mit seinem Penis das tun, was wir oben beschrieben haben, was ein Kristall tun kann. Der Penis ist in vieler Weise ein Kristall mit weit größerem Spektrum an Fähigkeiten als die Mineralkristalle.

Die Freizügigkeit der Lemurianer in der Sexualität entsprach ganz und gar nicht der „Freizügigkeit" unserer Tage. Ich möchte dies klar betonen, damit das, was ich hier schreibe, nicht mißverstanden wird.

Lemurianer wären nie zu Gewalt in der Sexualität fähig gewesen. Päderastie war schon deshalb nicht möglich, da dies ein Akt der Gewalt gegen Körper, Seele und Geist des Kindes ist.

Lemurianer hatten ein natürliches Verständnis vom „Raum", in dem sich jeder andere Mensch befand – und wären niemals gewaltsam in diesen Raum eingedrungen – weder physisch noch psychisch noch spirituell. Meine Lemurianer legen großen Wert darauf, daß ich diese Feststellung hier noch einmal treffe. Sie empfinden die öffentlich dargestellte Sexualität in unserer Zeit als eine tiefe Entwürdigung, Entheiligung und vollkommen lustraubend. Sie sagen, daß wir keine wahre Lust empfinden, sondern eher die uralte atlantische „Lust", die heiligen Bezirke zu beschmutzen. Die „Lust", Gott in uns zu erniedrigen. Die wahre Lust, sagen meine Freunde, liegt in der Reinheit. Daher wird versucht, diese den Kindern zu nehmen. Denn: „Dem Reinen ist alles rein …" Und reine Augen sehen gut …

Noch einmal für alle, die es interessiert: Ich sprach mit meinen Freunden viel über den christlichen Glauben und das lemurianische Verständnis. Die Wissenden zeigten mir immer wieder, daß der Gott von Israel als ein Aspekt Jashuahs seinem auserwählten Volk das Land geben wollte, in dem „Milch und Honig fließt". Dieses Land hieß Kanaan und war das Gelobte Land. Es war der Weg heraus aus Ägypten – als der Repräsentation von Atlantis und des atlantischen Denkens – nach Lemuria. Das war es, was Gott versuchte. Die Mittel dazu waren zunächst die strikte Einhaltung von religiösen Gesetzen. Die sollte sich aber im Laufe der Wanderschaft mehr zu einer gelebten Ethik hin verwandeln, zum „Wandeln in und mit Gott". Jehovah sehnte sich nach seinem Volk und der Hochzeit mit Zion.

Die Sturheit der Menschen war zu groß, zu groß das Festhalten am Gesetz. Denn dieses Gesetz war immerhin ein Garant dafür, daß man sich nicht auf Gott in einer „Hochzeit" einlassen mußte. Auch Joshuah, Jesus, scheiterte an dem Festhalten am Gesetz, dem Gesetz, dessen bloße Einhaltung immer Gewähr dafür bietet, sich ja nicht auf Gott, auf Jashuah, einlassen zu müssen.

Kein Wunder, daß dieses Gebiet heute eines der größten Krisengebiete der Erde ist.

Viele Mädchen erlebten auf diese Weise ihre erste, durchaus lustvolle, Menstruation. Das Mädchen erlebte den Augenblick, da das Blut in das Erdreich sickerte, als eine „Opfergabe", eine Hingabe und ein Gelübde an die Erde. Es war eine „Blutsschwesterschaft" mit der Erde und so auch mit Mama-Ahanah und letztendlich mit der Göttin. In diesem Augenblick wurde die Transformation vom Mädchen zur jungen Frau vollzogen. Die vollkommene Liebe, die tiefe Annahme von Shelmjanah als der Hebamme der Göttin, war so überwältigend und ging so auf das Mädchen über, daß man ihnen in diesen Tagen gerne die Aufgabe überließ, Samen auszusäen und neue Bäume zu pflanzen, die dann besonders wundervoll gediehen.

Dies waren auch Augenblicke, in denen die werdenden Frauen mit ihren Feen in Kontakt kamen. Denn die Feen spürten diese besondere Kraft, sie „rochen" sie förmlich und wurden zu ihrem Erdenschützling hingezogen. Die Tore zwischen den Welten standen für die Mädchen in dieser Zeit weit offen, und sie konnten in die Realitäten der Realitäten der Realitäten sehen, weit, weit hinaus oder hinein.

Dies war, wie ich schon sagte, eine besonders tiefe Erneuerung der Verbindung zur Göttin.

Auch junge Männer begaben sich zu bestimmten Zeiten hinaus in das Mondlicht. Auch sie benutzten die Magnetkraft der Mondin und ließen ihr Becken vom Licht Shelmjanahs bescheinen. Nicht selten folgte der Erektion eine Ejakulation. In diesem Augenblick hatte auch der Mann das Gefühl, in Verbindung zu kommen. Es war ein Gefühl, als ob die Kraft der Erde durch sein Becken hindurch hinaus in den Raum geschleudert wird. Dies war die „Menstruation" des Mannes, über die heute öfters diskutiert wird.

Danach hatte der Mann das Gefühl von innerer Sauberkeit, Reinheit, der erneuerten Verbindung von Erde und Himmel. Ein Gefühl, alles zu umspannen und alles zu umfassen. In dieser Zeit wollte und konnte der Mann oft nichts essen, so war es eine natürliche Fastenzeit. Er fühlte sich so genährt von der Erde und der Magnetkraft der Mondin.

Im Zusammenhang mit Sexualität und Astrologie gab es eine Reihe von heiligen Handlungen zwischen solchen Wissenden, die als Mann und Frau in Partnerschaft lebten. Eine dieser Riten war, mit Sexualenergie bestimmte Vorgänge im Kosmos auszulösen, insbesondere schöpferische Vorgänge auf anderen Planeten.

Was ich jetzt schreibe, schreibe ich nieder, wie ich es gehört habe.

Der Zwillingsplanet, sozusagen einer der Partnerplaneten zum Gebilde Erde& Lemuria, war der von den Wissenden sehr geliebte Planet Shabra Jeschenet, „die goldenen Flüsse in der Jade der Wälder". Dieser Planet brauchte eine bestimmte Fusion gewisser organischer Substanzen, um Pflanzen zu haben. Tiere waren auf dem Planeten nicht vorgesehen, aber Pflanzen, die ein Bewußtsein hatten und miteinander umgingen wie Menschen. Die Seelen dieser Pflanzen baten einige Wissende, ihre Sexualenergie auf ihren Planeten zu senden, damit sie ihre organischen Substanzen so ordnen könnten, daß ihre Visionen und Bilder sich manifestieren könnten. Sie hatten es in Ansätzen geschafft, brauchten aber eine Initiation, einen Katalysator, ein Medium.

Der Wissende, die hier helfen wollte, ging mit seiner Partnerin bei Mondlicht an eine bestimmte hochliegende Stelle der Lichtstadt, legte sich dort hin, verfiel in Trance und bat die Frau, seinen Penis währenddessen auf einen bestimmten Ort im Kosmos auszurichten, bis er die Verbindung spüren und sie diese sehen konnte. Ein feiner, silbriger Strahl erhob sich von der Spitze des Penis als sichtbares Zeichen einer solchen Verbindung.

Der Wissende ejakulierte nun mit der ganzen Kraft seiner Lenden – dennoch sah man keinen Samen, sondern wirbelnde Lichtfunken, die diese Verbindungswege entlangjagten, eine „stehende Welle" von geistigem Orgasmus, der die Veränderungen auf dem anderen Planeten auslöste.

Danach setzte sich die Frau auf ihren Mann und „erlöste ihn" durch die Vereinigung mit ihm. Die Wonne und Glückseligkeit dieses Paares ist nicht mit Worten zu beschreiben. Dabei wurde – in einem zweiten Schub – auch die Vereinigungsenergie auf den Planeten geschickt.

Wissende Frauen wiederum hatten stabilisierende Aufgaben, die mit der „Erdsonne" und der „Zentralsonne" zu tun hatten. Eine Wissende konnte das gesamte Universum in ihren Uterus aufnehmen. Die Kontraktionen ihres Orgasmus stabilisierte die Magnetkräfte zwischen den Sternen und Planeten. Auch heute stabilisieren wissende Frauen Gegebenheiten auf dem Planeten Erde und in dem uns umgebenden Universum in ihrer Verbindung zur Zentralen Sonne.

Ich schreibe dieses hier auch, weil es konkret wichtig ist für einige Wissende von heute. Dies ist, was die Plejadier unter anderem im Buch von Barbara Marciniak meinen ...

„Der" Mond reflektierte also die Sonne, aber er leuchtete auch aus sich heraus in einem silbrigen Licht. So war er immer in seiner ganzen Gestalt zu sehen. Reflektierte er das Sonnenlicht voll, so leuchtete er als goldene Kugel, war er nur halb zu sehen, sah man dennoch den ganzen Mond, und die Sichel leuchtete um so prächtiger. Es sah so aus, als ob es ein Doppelmond war – also ein Mond, der selbst leuchtete, und ein Mond, der reflektierte. (Tatsächlich waren es wohl zwei Monde, die ineinandersteckten. Daher existierten wohl auch die zwei Namen für den Mond. Der weibliche Mond, Shalumajah, leuchtete aus sich selbst heraus, der männliche Mond Shelmjanah, reflektierte die Sonne. Shalumajah ist offensichtlich nicht in unsere Welt mitgekommen – diese Erkenntnis erhielt ich ganz kurz vor Fertigstellung des Buches.)

Selbst bei Neumond stand die Mondin silbrig leuchtend am Nachthimmel.

Die Phasen des Mondes und deren Einfluß auf das Wachsen der Pflanzen war für jede Pflanzenart verschieden und hing mit dem Symbol der jeweiligen Pflanze zusammen. Sesam war am besten zu ernten und zu säen (pflanzen) bei Neumond, da das Symbol des Quadrates dem Neumond zugeordnet wurde. Die Spirale war der Vollmond, der Halbmond (bis Vollmond) das Dreieck, der zunehmende Mond (bis Halbmond) der Kreis und der abnehmende Mond (bis Halbmond) die Mondsichel.

Die stärkste Magnetkraft erreichte Shelmjanah bei Vollmond, da die Kraft der Sonne die Magnetkraft des Mondes um ein Vielfaches steigerte und zugleich die Spiralkraft der Sonne die Magnetkraft des Mondes zum Wirbeln brachte. Diese wirbelnde Spiralbewegung wirkte auf die Erde als ausdrehende Spirale, und somit wurden alle spiralorientierten Pflanzen, Tiere und Menschen am besten geboren. Alle Lemurianer waren spiralorientiert und fast alle Tiere.

Auch heute ist der Vollmond der, der die ureigene Kraft des Menschen anregt, da er sein Grundsymbol, die Spirale und die Spiralbewegungen der Chakren unterstützt. Es gibt aber Menschen, die, weil sie von anderen Planeten und anderen Systemen stammen, auf andere Kräfte reagieren und daher auf andere Mondphasen.

Die Mondphasen, in ihrer unterschiedlichen Strahlung und Magnetkraft – je nachdem, wieviel Licht der Sonne auf die Erde reflektiert wurde – waren also die Kalibrierungsimpulse, die Kalibrierungsresonanzen für die Reproduktions-organe – beim Menschen, bei den Tieren, den Pflanzen, ja bis hinein in die Mineralien. Auch die Mineralien zeigten zu verschiedenen Phasen des Mondes verschiedene Eigenschaften.

Einen Kristall zu schleifen, gelang in der Neumondphase am besten, weil hier die Eigenschwingung des Kristalls am „willigsten" zur Formung war. Wenn man aber einen Kristall mit starker Wirkung auf den Genitalbereich, aber auch auf jedes Wachstum, schleifen wollte, schliff man ihn im Mondlicht des Vollmondes.

Alle Garten- und Wachstumskristalle wurden bei Vollmond geschliffen. Ihre Grundschwingung war die der Wachstumsförderung. Man verwendete diese Kristalle selbst bei solchen Pflanzen, die eine andere Symbolik hatten als die Spirale und nicht bei Vollmond ausgesät oder gepflanzt wurden. Die Wachstumsresonanz war immer am besten in der Vollmondschwingung.

Bergkristalle, an drei verschiedenen Vollmondnächten ausgelegt, sind wunderbare Heiler für den gesamten Reproduktionsbereich, auch für Tiere und Pflanzen. Sie haben außerdem „magischen" Charakter, wenn sie in Meditationen für schwierige Jugendliche in der Pubertät (die menschliche Vollmondphase) benutzt werden. Diese Jugendlichen sind am besten ansprechbar und am sensibelsten in der Zeit des Vollmondes. Wenn sie niemanden zum Sprechen haben, sind sie dann aber auch am meisten suizidgefährdet.

Die Vollmondphase ist auch die Zeit des ultimativen Heilers, des Todes. Fast alle Menschen auf Lemuria starben in einer Vollmondphase. Auch deshalb, um das Momentum der Spirale zum „Flug" auszunutzen.

Die Unruhe vieler Menschen bei Vollmond – auch wenn diese Schwingung heute so viel schwächer ist – kommt von der starken Saug- und Spiralmagnetik und der Wirkung der Magnetkraft auf die Reproduktionsorgane. Träume werden heftiger, weil die Kreativität des Unterbewußtseins angeregt ist. Menschen mit negativen Mustern im Bereich von Sexualität werden bei Vollmond „umgetrieben". Mondmeditationen bei Vollmond, bei denen man sich dem Mond gegenüber mit Augen und Körper öffnet, wirken Wunder bei Angst vor Schwangerschaft und Geburt, Heilung von Vergewaltigungstraumata und -ängsten, Angst vor der eigenen Sexualität, falschen Sexualmustern, Frigidität. Dazu empfehle ich ein Mondbad bei geöffneten Augen von mindestens 33 Minuten. Dabei kann man dann auch einschlafen. Wichtig ist es aber, den Mond in seinem Herzen mit der lemurianischen Schwingung zu erfüllen.

Die Beschaffenheit des Mondes – als ein „weicher" Planet – ist auch insofern bemerkenswert, als er zusätzlich Eigenschaften von anderen Planeten aufgenommen hat und zu bestimmten Zeiten auch ihre Strahlung zu seiner Strahlung dazumischt. Bei Vollmond ist die Saturnphase des Mondes aktiv, bei Neumond die Phase des Neptun. Der Halbmond in der aufgehenden Mondphase gehörte der Venus, der Halbmond des abnehmenden Mondes dem Uranus. Neumond bis Halbmond dem Jupiter und Halbmond bis Neumond dem Merkur. Aus welchen Gründen auch immer war Mars der einzige Planet, der zu jener Zeit nur einen sehr schwachen Resonanzbereich auf dem Mond hatte. Pluto war den Wissenden als Energie bekannt und spielte bei bestimmten Vorgängen auf hoher Ebene eine Rolle, hatte aber keine Mondresonanz.

Menschen, Tiere und Pflanzen hatten zu unterschiedlichen Zeiten besonders aktive Phasen, wenn ihre Planetenschwingung durch die entsprechende Mondphase verstärkt war. Dies war der Mondrhythmus alles Lebendigen auf der Erde. Ein jupiter-orientierter Mensch war bei Neumond zu Halbmond besonders aktiv, ein saturn-orientierter besonders bei Vollmond.

Durch die Jahrtausende hindurch haben sich Weise und Wissende in immer neuen Arten mit den Mondphasen und Planetenschwingungen beschäftigt. Es

Planetenkommunikation

waren viele Heiler und „Magier" darunter, die mit nichts anderem arbeiteten als mit ihrem Wissen um diese Resonanzen und Magnetkräfte. Sie berechneten nicht, sondern erspürten die exakte Zusammensetzung der Schwingungen und ihren Heilwert auf Organe. Vielleicht ist es mir vergönnt, zu einer anderen Zeit dieses interessante Wissen niederschreiben zu dürfen.

Es gab Wissende, die Schwingungen (die Melodien) der Planeten mischen konnten, wie man Kräuter mischt. Wenigen war vergönnt, dieses wundersame Schauspiel zu betrachten, wenn sie die Planeten, den Mond und die Erde zwischen ihren Handtellern schweben ließen und diese mit ihrer „Aufmerksamkeit" anbliesen, um ihre Resonanzen zu verstärken. Solche „Planetenmixturen" senkten sie dann zu Heilzwecken auf die Körper ihrer Patienten und verteilten sie auf und im Körper.

Die Sonne war für die Lemurianer Sharanjari-Ajah, „die Quelle der Glückseligkeit von Licht und Wärme, geschenkt von der Göttin und von Gott". Man könnte natürlich auch ein ganzes Buch schreiben über die Beziehung der Lemurianer zur Sonne. Sie war Quelle ständigen Entzückens. Man war einfach verliebt in sie. Man spielte mit ihr und ihrem Licht, indem man durch Wassertropfenfontänen Regenbogen erzeugte, mit Kristallen ganze Lichtorgeln entwarf, Kristallmandalas mit einer farbigen Lichtmagnetik baute und sich dem Sonnenschein in jeder denkbaren Art hingab.

Die Brechung des Sonnenlichtes in die verschiedenen Farben hatten es den Lemurianern ganz besonders angetan. Aber auch die Schatten. Sie begriffen die tiefen grünen Schatten des Waldes als besonders hungrige „Sonnenerwarter". Ein verliebtes Mädchen wartete gerne mit klopfendem Herzen im Schatten auf ihren Geliebten, der sie dann in die Sonne führen durfte.

Die Sonne hatte die Schwingung der Farben, die Schwingung des Lichtes. Diese Resonanz des Tages empfanden die Menschen wie ein hohes, surrendes Brausen oder Zwitschern – ganz im Gegensatz zu den mehr ausschwingenden, melodischen Resonanzen der Nacht.

Daher kam den beiden wichtigsten Tagesphasen, der Morgendämmerung und der Abenddämmerung eine besondere Bedeutung zu. Hier erzeugten die beiden Resonanzen, die des Tages und die der Nacht, eine gemeinsame neue Resonanz von wahrhaft magischer Qualität. Es war die Resonanz der „Zwischenwelt", die, neben den verschiedensten sonstigen erstaunlichen Eigenschaften, ein Tor zum Verlassen von „Raum und Zeit" darstellte.

Dies war die Zeit der Feen, die jetzt am schärfsten und klarsten die Dimensionen der Menschen wahrnehmen konnten und umgekehrt. Dies war die magische Zeit der realitätsschöpfenden Träumer, weil sie durch das Schlupfloch der Dämmerung für kurze „Zeit" nach „draußen" gelangen konnten, um bestimmte Aufgaben wahrzunehmen.

Es war die Zeit, in der die Beziehung zu Jashuah besonders spürbar war. Die beste Zeit für Trance. Die beste Zeit für magische, heilende Handlungen.

Die strahlendblauen Funken, die Tore in die „anderen Realitäten", waren dann besonders groß.

Auch heute besuchen uns lemurianische Wissende von jener Zeit durch solche Zeittore.

Meine Verbindung zu Lemuria ist besonders gut in der Abenddämmerung.

Wissende benutzten die Abenddämmerung zur Hinkehr und die Morgendämmerung zur Rückkehr von ihren inneren Reisen.

Zu Saturn, ihrem Planeten, hatten die Lemurianer eine besonders starke Beziehung. Sie kannten alle seine Form, und sie war überall, in Kunstwerken, in der Anlage von Gärten, sogar in der Zubereitung des Essens, zu finden. Sie sahen den Ring um Saturn anders, als unsere Wissenschaftler ihn sehen. Dieser Ring war für sie das Tor zu einem neuen, anderen Universum, dem Universum, wo sich unter anderem der Traum der Göttin von Lemuria befand. Mir fällt es schwer, es in unseren Worten auszudrücken. Saturn, den sie Shamah-Shamah nannten, ist also in Wirklichkeit ein anderes Universum in einer anderen Dimension. Der Ring ist unser gekrümmter Raum an der Schwelle der neuen Dimension, und die Planetenkugel selbst ist nichts weiter als die Form, in der diese andere Dimension in unserem Verständnis erscheint.

Unsere Spektralanalytiker werden sehr an der Nase herumgeführt, wenn sie meinen, daß das Licht des Saturns darauf schließen läßt, woraus er besteht.

Den Ring um Saturn sahen sie als Doppelspirale, das heißt, eine Spirale, die wieder in sich umkehrt. Diese Doppelspirale mit der Kugel innendrin war ein sehr beliebtes Formgebilde für allerlei Kunstwerke. Aber auch die Wassergewinnungsskulpturen, Brunnen, Kopfbedeckungen, Mobiles und Mandalas wurden in dieser Art erstellt.

Saturn war der Lustgarten der Göttin, dort träumte sie, dort schuf sie auch. Alles, was mit Wachsen und Fruchtbarkeit zu tun hatte, kam von Shamah-Shamah.

Kapitel 32

Die Einweihungen

Sieben Einweihungen gab es auf Lemuria. Sie waren wichtig für den Pfad der Seele durch die Inkarnation. Es war die Hinwendung zur Seele und ihren Bedürfnissen, das Wachstum des Ichs nachzuvollziehen, es zu segnen und in tiefer Nähe mitzuerleben. Die Seele verlangt nach Aufmerksamkeit und Artikulation, besonders in einschneidenden Wachstumsperioden. Die Seele hat ihren eigenen Kosmos, in der Zyklen, Initiationen, Rituale, Rätsel, Mysterien und tiefste Empfindung ihren Platz haben. Menschen, die nicht unterstützt werden, ihren Seelen zu bestimmten Zeitabschnitten Raum, Aufmerksamkeit und Stimme zu geben, erleben eine tiefe existenzielle Frustration. Dieses Bedürfnis der Seele hat sich seit Urbeginn, also seit Lemuria, nie gewandelt. Die wichtigste Aufmerksamkeit, die man einer Seele geben kann, ist die feierliche Initiation, die Einweihung.

Die Seele ruft nach mindestens sieben grundsätzlichen Initiationen im Laufe des Lebens:

1. die Initiation der Geburt mit dem Ritual der Namensgebung, der bedeutsamen Geschenke, der ersten Salbung
2. die Initiation der Ethik und Ästhetik, der Werte – diese Einweihung geschieht im Alter von ungefähr sieben Jahren
3. die Initiation der Pubertät, „das erwachende Ich" – mit etwa 14 Jahren
4. die Initiation der Reife, „das große Herz" – mit etwa 21 Jahren.
5. die Initiation der „Mitte des Lebens" – mit etwa 49 Jahren
6. die Initiation der Weisheit – mit etwa 77 Jahren
7. die Initiation der Heimkehr – der Tod

Neben Geburt und Tod galt die Pubertät als der gewaltigste Einschnitt im Leben eines Lemurianers oder einer Lemurianerin. Diese Zeit wurde genannt:

„Die zweite Geburt" und war Anlaß großer Einweihungsrituale. Man ging davon aus, daß sich der Sternenstrahl für diesen Jungen oder dieses Mädchen noch einmal weit öffnet und sich danach wesentlich mehr schließt als nach der Geburt. Deshalb wurde diese Einweihung auch die „Initiation der leichten Verwundung" genannt.

In dieser Zeit, im Alter zwischen zwölf und vierzehn Jahren, wurden die Kinder von den Eltern und Ältesten intensiv beobachtet. Man schenkte ihnen eine erhöhte Aufmerksamkeit, ließ sich Zeit, ihre Fragen zu beantworten, die sich häufig um das Mann- oder Frauwerden drehten.

In dieser Zeit begannen die Jugendlichen auch, über ihren Lebensweg nachzudenken. Nicht selten wurden sie in ihren Träumen von Feen besucht, die mit ihnen darüber sprachen.

In Träumen und Gesichten erschien ihnen ihr Sternenwesen, um Geschenke und Symbole zu bringen, die auf den zu beschreitenden Lebensweg und die Lebensaufgabe hinwiesen.

Mitunter wurden sie von einem Wissenden besucht, der das Kind auf seinen Weg in die Weißen Städte vorbereitete, wenn es dazu ausersehen war.

Es war auch eine Zeit, wo sich bestimmte geistige – man würde heute sagen: Psi-Kräfte – und „übersinnliche" Talente zeigten und offenbarten.

Die Pubertät war eine der verwundbarsten Zeiten des jungen Lemurianers und der jungen Lemurianerin. Nicht selten brachen sie in Tränen aus über Kleinigkeiten. Manche kamen durch Träume in Kontakt mit fernen Zeiten, die ihnen Angst machten und die den Lemurianer nur in dieser Phase heimsuchten. Die Pubertät war dieser kleine Austernschnitt, der die Perle des Erwachsenseins hervorbrachte.

Die Erwachsenen wußten um die Kraft und Verwundbarkeit dieser Zeit und gaben sich alle Mühe, um die Jugendlichen hier mit jeder erdenklichen Fürsorge hindurchzuführen.

Die Initiation der Pubertät selbst war ein großes Familienfest, zu dem das ganze Dorf eingeladen war. Meistens wurden mehrere junge Menschen eingeweiht. Es war ein großes, sich über mehrere Tage hinziehendes Dorffest.

Diese Initiation ging im Wesentlichen so vor sich:

Einen Tag vor der eigentlichen Einweihung fasteten die Probanden und mit ihnen die ganze Familie außer den kleinen Kindern. An diesem Tag tranken sie

Wasser, das im Vollmond aufgeladen war. Es wurde gemischt mit reinigenden Elixieren und Substanzen von den Pflanzen mit dem Symbol der ausdrehenden Spirale.

Der Tag galt insgesamt der inneren und äußeren Reinigung mit Baden unter bestimmten Wasserfällen und in bestimmten Seen oder Meeresbuchten. Dieses Baden und Waschen war verbunden mit einer Reihe von Ritualen, jedes mit bestimmten Bewegungen und Symbolen ausgeführt.

In manchen Gegenden wurde noch ein Schwitzhüttenritual angeschlossen.

Am Abend dieses Reinigungstages gingen die Eltern des Kindes allein mit ihm hinaus in eine Lichtung oder einen Felsen über dem Meer. Es war immer Vollmond, da die Einweihungen immer bei Vollmond abgehalten wurden.

In diesen Abendstunden allein mit den Eltern sprachen die Eltern mit dem Kind darüber, was sie alles an ihm schätzten und liebten: seine Talente, seine Fähigkeiten, aber auch seine äußere Erscheinung wie sein Haar, seine Augenfarbe, seine Fähigkeiten, etwa die besten Pilze zu sammeln, schön zu singen und so weiter – also allgemeine und konkrete Anerkennung.

Das Kind hörte währenddessen nur zu, während es in den Mond schaute. Es hatte auf dem Schoß seinen Kristall, den Begleiter, der dies alles aufzeichnete.

Danach sprachen die Eltern mit dem Kind darüber, was sie dachten und spürten, was Jashuah mit ihm vorhatte. Sie erzählten von den Beobachtungen, die sie über die Zeiten hinweg gemacht hatten, erzählten von der Geburt, von den Weisen, die gekommen waren, von der Zeit des Kleinkindalters und der Kindheit. So lebhaft und auch so humorvoll wie möglich stellten sie die Biographie des Kindes bis zum jetzigen Zeitpunkt dar. Der Fokus dabei war, eine gemeinsame Linie im Leben des Kindes herauszufinden, die auf die Lebensaufgabe hindeutete.

Dann begann das Kind zu sprechen. Es bedankte sich bei den Eltern für die bisherige Kinderzeit, für all die schönen Jahre in der Familie, für die anderen Geschwister, die Feste und was dem Kind sonst noch einfiel.

Danach sangen sie zusammen ein Lied und gingen nach Hause.

Der nächste Tag, der eigentliche Tag der Einweihung, begann mit einem reichhaltigen Frühstück aus Früchten. Der Proband machte, jetzt alleine und selbständig, für die ganze Familie die heiligen Symbole des Dankes und des Segens über das Essen.

Im Anschluß daran wurde das Kind ganz besonders schick herausgeputzt. Extra für diesen Tag war ein Gewand mit den Lieblingsfarben des Kindes gewebt und genäht worden. Meist waren dies die Farben, die auch zur Aura des Kindes am besten paßten.

Von jedem Familienmitglied hing ein kleines Geschenk an dem Gewand, das aufgenäht worden war: beispielsweise ein paar besonders schöne Muscheln, eine Reihe Perlen, eine Kordel aus farbigen geflochtenen Schnüren, silberne und goldene Schmuckstücke und Glückssymbole. Überall in das Gewand wurden Kristalle und Edelsteine eingenäht, die jeweils für eine besondere Eigenschaft des Kindes standen und diese verstärken sollten. Auf der Brust war das große Spiralsymbol der Öffnung angebracht.

Die Haare waren spiralförmig aufgebunden. Die Ohren schmückten triangelförmige Ohrringe. Ketten mit Symbolen aus Gold und Silberdraht wurden umgehängt. Die Haare wurden mit Blüten und Blütengirlanden geschmückt.

Die Füße steckten in hochaufgebundenen Sandalen aus Hanf. Auf den Knien waren die Heilungssymbole der Halbmonde in jede Richtung aufgebracht. Unter dem Gewand, um den Bauch in der Höhe des Nabelchakras, hing eine Kette mit Anhängern der Symbole von Fülle und Harmonie.

So geschmückt zogen die einzuweihenden Kinder an der Spitze eines Festzuges mit den Eltern und der ganzen Familie zu einem heiligen Platz, der ausschließlich für diese Initiation geweiht war. Dies konnte eine Lichtung, ein Hügel, eine Hochebene, sogar eine Grotte oder ein Felsen über dem Meer sein. Wichtig war, daß Wasser in der Form eines Sees, eines Wasserfalles oder der Meerbrandung in der Nähe war.

Alle hatten etwas mitgebracht, um den Probanden zu ehren und zu weihen. Das geschah so:

Am heiligen Platz wurde der energetisch stärkste Bereich ausgemacht und das Kind dorthin geleitet. Dann begannen alle um das Kind lange Linien zu ziehen, so daß es wie eine große Sonne aussah, in deren Mitelpunkt das Kind stand oder – wenn es müde wurde – saß.

Dann begannen alle unter Singen, Wiegen, Tanzen und rhythmischem Klatschen ein großes Sonnenmandala um das Kind aufzubauen. Die Dinge, die sie legten, waren die schönsten Gegenstände aus dem Leben des Kindes, Blumen und Zweige aus seinem Lieblingsgarten, spezielle Kristalle, die auf das Kind paßten und auch solche, die ihm die Zukunft wiesen. Weiterhin legten sie Gegenstände, die die Stationen des Lebens bisher symbolisierten. Dann Geschenke, manche sehr wertvolle Goldschmiedearbeiten, Kleider, kostbar gestickte Mützen und Sandalen aus vielen bunten Schnüren und vieles mehr.

Die Dinge wurden in magisch ästhetischen Beziehungen so zueinander gelegt, daß die Liebe, die Energie und Resonanz in der Mitte immer mehr an Intensität gewannen. Nicht selten begann das Kind in der Mitte zu schwitzen, und einige fächelten ihm dann Kühlung zu. Manchmal verfiel das Kind hier schon in Trance und „spürte" die Kraft des Mandalas, die Richtkraft der Magnetik, die Schönheit und den Reichtum, die Liebe der Menschen in seinem Leben. Es sah Visionen über sein zukünftiges Leben und begegnete seiner Seele, die mit großem Wohlgefallen das Ritual genoß, sich mitwiegte zu den Gesängen und ihre eigenen Lieder mitsang.

Dieses Mandala symbolisierte die zweite Geburt.

Wenn das Mandala zu Ende gelegt war, begannen die Festgäste das Mandala zu besingen. Sie besangen jedes Detail des Mandalas, brachten Mandalateile zum Klingen. Sie riefen Jashuah, das Sternenwesen und die unsichtbaren Freunde und Freundinnen des Kindes an.

Dann wurde es für einige Minuten völlig still. Jeder ließ das Gesehene, Gehörte, Gefühlte in sich nachklingen, und alle schauten gebannt auf das Kind.

Dieses erhob sich langsam und feierlich. Noch immer in Trance und verbunden mit seinen Wesenheiten, beschrieb es eine würdevoll segnende Gebärde in die Runde.

Dann begann es zu singen und zu sprechen. Ein Entzücken überkam es, ein Jubel, eine Ekstase. Dies war seine zweite Geburt. Lachen und Weinen waren eins, Singen, Stammeln, Tanzen in dem Lichtschein einer veränderten, neuen, aufstrahlenden, aufblitzenden, funkelnden Aura.

Dies war die Geburt in den nächsten Zyklus des Lebens.

Dann fielen die Festgäste ein in den Jubel, in die Ekstase. Keiner konnte sich mehr halten, und alle rannten zu dem Kind hin, es wurde von Umarmung zu Umarmung weitergegeben, und jeder fühlte die tiefe Liebe zu dem neuen Menschen in seinem Herzen. Dies war ein sehr bewegender Augenblick.

Die geladenen Lieblingselfen und Lieblingszwerge wurden dabei nicht vergessen, die auch versuchten, auf ihre Weise das Menschenkind zu umarmen und zu küssen – was wirklich süß aussah.

Wenn jemand einmal eine einen Menschen küssende Elfe beobachten sollte, dieses allerlieblichste Lächeln, die erwartungsvoll geschlossenen Augen und die Röte, die süßeste Röte, die danach das kleine Gesichtchen überzieht – er wird diesen Anblick nie vergessen! Außerdem schmeckten die kleinen Lippen der Elfen sehr gut – nach Nektar.

Die Zwerge hatten wie gewöhnlich eine ausführliche Ballade dabei, wobei sie natürlich nicht zum Rezitieren kamen und sich dann damit begnügten, so lange an den Erwachsenen zu ziehen und zu zerren und zornrot hochzuhopsen, bis diese sie hochhoben und sie ihrem Liebling einen dicken Schmatz auf Backen und Stirn geben konnten. Dabei vergossen sie dicke Kullertränen vor Rührung, die sie umständlich abwischten. Es gab keine treueren und liebevolleren Freunde als die Zwerge.

Auch Feen wechselten ausnahmsweise die Realitätsebene und materialisierten sich ein bißchen, nicht zuviel, gerade genug, um von dem Kind gespürt und ein bißchen gesehen zu werden. Ihre Küsse waren wie ein Hauch des Windes.

Auch die Elfen, Zwerge und Feen hatten Geschenke gebracht, die sie jetzt oder schon vorher in das Mandala einbrachten. Die Elfen schenkten kostbare Essenzen aus Blütenblättern, die in kleinen schillernden kristallenen Krügchen aufbewahrt waren. Die Zwerge brachten oft ganz seltene Mineralien an, einen ganz speziellen Kristall – aber auch Körbe von den süßesten Waldbeeren und die köstlichen Trüffel (über die sich Mutter auch sehr freute) entweder frisch, wenn Saison war, oder als konzentrierte Paste oder beides.

Selbst Tiere, die Lieblingstiere, durften bei dem Fest nicht fehlen und standen und saßen auf Ehrenplätzen. Auch sie sangen auf ihre Weise mit und gaben ihre Geschenke durch ihre Liebe.

Die Feen brachten Geschenke in Form von gestalteten Resonanzen. Sie konnten wunderhübsche nichtmaterielle Erscheinungen herstellen, etwa kleine schillernde Flammen, durchsichtige, irisierende, seifenblasenähnliche tanzende Gebilde in vielen Farben und Mustern. Darunter vielleicht eine tiefblaue Kugel, in der sich feuriggoldene Spiralen umeinander drehten, ein silbern transparenter Tetraeder, in dem Sterne und Planeten kreisten; auch schleierartige Gebilde, die sich dauernd tanzend veränderten und miteinander neue Muster schufen, oder überhaupt mehrdimensionale kaleidoskopartige, schwebende Muster, die mit der Vergangenheit, Gegenwart und Zukunft des geliebten Kindes zu tun hatten. Diese Gebilde konnten nur das Kind in seiner

Trance, Feen und spezielle Wissende lesen, aber fast alle Festgäste konnten sie sehen. Diese Geschenke schwebten auch eine Zeitlang auf dem Mandala.

Manchmal besuchten auch Wissende eine Einweihung, besonders wenn das Kind später einmal zu den Lichtstädten aufbrechen sollte. Sie heiligten, segneten und energetisierten das Mandala durch ihre Kraft und ihr Wissen.

Danach stieg das Kind, aus der Trance wachgeküßt, aus dem Mandala, und ein Picknick allerfeinster Sorte begann. Es fing ausnahmweise schon am späten Nachmittag an und dauerte bis spät in die Nacht.

Da wurde gefeiert, gelacht, getanzt. In dieser Zeit wurde auch das Mandala „ausgetanzt" und mit viel Freude auseinandergenommen, und jeder brachte aus dem Mandala dem Kind seine Geschenke und sagte ein paar Segensworte dazu.

In den nächsten Tagen und Wochen war dieser Platz noch sehr gesegnet, und eine wunderbare Energie lag auf ihm. Oft kamen die Festgäste noch einmal dorthin, um die Schwingung zu spüren, zu meditieren und für das Kind zu beten. Auch konnte man das Kind selbst noch öfter in der Mitte des geräumten Mandalas sitzen sehen, wo es dem Erlebten nachspürte. Auch die Eltern besuchten den Platz noch einmal, um der Göttin für die gelungene Einweihung zu danken.

Kapitel 33

Das Träumen

Man kann fast sagen, das Träumen war eine der Lieblingsfreizeitbeschäftigungen der Lemurianer. Sie unterschieden viele Arten von Träumen.

Da war der Traum während des Schlafes, dann der Traum kurz vor dem Aufwachen und der Traum kurz vor dem richtigen Einschlafen. Dies waren die „Schlafträume".

Dann unterschied der Lemurianer eine ganze Anzahl von Wachträumen und Halbwachträumen mit bewußt gelenkten Träumen und mit passiven Träumen.

Die bewußten Träume in der Dämmerung (sogar mit offenen Augen) waren die besonders magischen Träume, in denen man sich mit Wesenheiten wie Delphinen, Wildkatzen, Schlangen, Vögeln, Insekten verbinden konnte … Es waren Träume, in denen man an andere Orte der Insel reisen konnte.

Andere Träume würden wir heute Astralreisen nennen. Nicht jeder Lemurianer beherrschte dies gleich gut. Manche gingen bei Weisen, andere bei Wissenden in die Schule.

Die normalen Schlafträume waren eher Träume der Reinigung, der Heilung, der Regeneration. Diese Schlafträume konnten aber auch zu besonderen Zeiten „umschlagen" in magische Träume (luzide Träume, würden wir vielleicht heute sagen), dies bei Vollmond, bei bestimmten Gestirnkonstellationen oder besonderen atmosphärischen Bedingungen, wie zum Beispiel starken elektromagnetischen Einstrahlungen.

Paare, die auf einem Lager zusammen schliefen, gingen mitunter gemeinsam in den magischen Traum, in dem sie sich begegneten und dies dann auch noch am nächsten Tage wußten. Eine günstige Zeit dafür war immer dann, wenn sich ihre Sterne in einer gemeinsamen Konstellation befanden.

In besonderen Kristallstädten hatten Wissende Traumstationen eingerichtet, die durch ihre Resonanz träumende Lemurianer anzogen. So konnte ein Lemurianer, wenn er darum bat, im Traum eine Kristallstadt besuchen und mit einem Wissenden kommunizieren. Mitunter besuchten auch Wissende ihre lemurianischen Landsleute in diesen Arten von Träumen.

Die magischen Träume waren immer solche, in dem der Träumende nicht mehr das Gefühl hatte, in einem Traum, sondern in einer glasklaren Realität zu sein. Das konnte sogar seine eigene Hütte oder eine Waldlichtung, sein Garten oder der Platz auf einem Felsen sein. Den Unterschied bemerkte der Lemurianer nur daran, daß er plötzlich mit seinem „Körper" machen konnte, was er wollte. Er wußte dann, daß er seinen Körper verlassen hatte, und ein Gefühl der Freude und des Segens kam über ihn.

In dieser Traumsituation konnte ein Ältester einer Gemeinde zum Beispiel bestimmte Aufgaben durchführen. Eine war, die Gärten zu überprüfen. In der magischen Traumzeit waren Kraftfelder, Magnetlinien und auch Störfelder viel besser sichtbar. Man konnte die Kraftlinien wie leuchtende Fäden von Kristall zu Kristall verfolgen und am nächsten Tag den einen oder anderen Kristall verschieben, um eine bessere Magnetik des Gartens zu erreichen.

Die magische Traumzeit war aber auch die eigentliche Zeit für die Begegnung mit Feen. Die Realität der Feen war dieses Zwischenreich, und sie konnten einen Menschen eigentlich erst richtig erkennen, wenn er in diesem Zustand war. Sie hatten keine guten Augen für das Physische. Sie wurden dann auch immer sehr freundlich, gingen aus ihrer Scheu heraus und erzählten dem Träumenden, wenn gefragt, von ihrem Wissen. Weise und Wissende ließen sich von Feen im Traum an bestimmte Plätze führen, wo sie ihnen neue Pflanzen, Kristalle oder besondere Schwingungen zeigten.

Um sich nach dem Aufwachen zu erinnern, was man in der Traumzeit erlebt hatte, benutzte man den persönlichen Kristall. Dieser Kristall begleitete den Träumenden in die Träume und zeichnete auf, was erlebt wurde.

Jeder Lemurianer übte von früh an, Kristalle zu „lesen". Sie waren die eigentlichen Bücher, Aufnahmegeräte, Telefone, Verstärker, Computer etc. Je nach Schliff, Struktur und Kombination mit anderen Kristallen waren sie in der Lage, bestimmte Aufgaben durchzuführen.

Kristalle in ihren vielfältigen Funktionen waren so selbstverständlich in Lemuria wie bei uns Schreibmaschinen, Computer, Telefon, Faxgerät, CD-ROM, CD-Player, Kassettenrekorder, Musiksynthesizer, Sampler, DAT-Rekorder, Videokameras, Fernseher etc. Ich denke, daß sich Lemurianer beim Anblick unserer Geräte sehr wundern würden. Vielleicht würden sie auch lachen, ein herzliches, neugieriges Lachen natürlich.

Die Funktionsweise der Computer, deren Rechner- und Speicherelemente, die Halbleiter-Chips, die vorwiegend aus Kristall sind, würden sie verstehen, aber sie würden sagen: „Wozu alles das drum herum, wie Maus, Tastatur, Drucker etc.?" Auch daß Bildschirme so massiv sein müssen, wäre ihnen unverständlich, produzierten doch ihre Kristalle Bilder „mitten in die Luft." Und Information auf holzartigen Substanzen zu drucken, müssen wir wohl „in Ägypten" gelernt und nie mehr vergessen haben.

Der Ärger vieler Anthroposophen beim Anblick eines heutigen Computers ist verständlich. Ich habe dies deutlich auf einem Vortrag zu spüren bekommen, den ich in Freiburg über Kristalle und Kristallkräfte gehalten habe. Ich hatte einen Computer im Saal aufgestellt, um Bilder und Animationen über Vorgänge im Kristall zu zeigen. Seltsamerweise saßen die sich beschwerenden Anthroposophen alle in der ersten Reihe.

Ich denke, sie verstehen ihren eigenen Ärger nicht. Sie sagen, sie halten den Computer für unnatürlich – in Wirklichkeit sind sie ganz einfach ärgerlich über seine Primitivität, sind aber dennoch höchst neugierig. Rudolf Steiner (Steiner = Kristallwissender) hatte viel Einblick in Lemuria in das Wesen der Kristalle und war dort über viele Inkarnationen hinweg ein äußerst eifriger Forscher und Wissender. Er hat die Kristallmagnetik im Zusammenhang mit der Mondmagnetik intensivst erforscht und viele segensreiche Erfindungen gemacht, insbesondere im Bereich von Kraftfeldern, die Wachstum und Stabilität förderten, aber auch solchen, die Bilder und mentale Inhalte generieren und transportieren konnten. Rechte Winkel sind übrigens der Tod lemurianischer Kraftfelder.

An dieser Stelle ein Wort zur Elektrizität. Sie war in Lemuria durchaus bekannt und da und dort sehr fein und vorsichtig eingesetzt. Unser heutiger massiver Einsatz von Elektrizität wäre den Lemuriern völlig unverständlich gewesen – ähnlich der Vorstellung, daß man eine Flasche an einen Baukran hängen muß, um sich ein Glas Wein einzuschenken. Lemurianer hätten die starken „unmotivierten und künstlichen" elektromagnetischen Felder als äußerst störend, sogar als schmerzhaft empfunden und sicher das Weite gesucht.

Weitere bekannte Organisationen und Menschen, die, wenn auch nicht unbedingt bewußt, Einblick und Sehnsucht nach Lemuria hatten und haben, waren:

die Menschen von Findhorn, Montessori, Leboyer, Janis Joplin, John Lennon, Christian Rosenkreuz, Marilyn Monroe, Elvis Presley, The Beatles, The Doors,

Jimmy Hendrix, John Cage, Cayce und viele andere. Außerdem Philosophen wie Sokrates, Plato, Kierkegaard, Henri Bergson, Fromm. Außerdem große Männer und Frauen wie Hildegard von Bingen, Theoderich, Angelus Silesius, Meister Eckhart, Sebastian Kneipp, Martin Luther, Franziskus von Assisi, Goethe.

Goethes *Dr. Faustus* ist eine der größten Auseinandersetzungen zwischen lemurianischem und atlantischem Erbe. Im 2. Teil des Dr. Faustus kommen die *Lemuren* vor. Ihr Anblick bringt Faust dazu, den Satz auszusprechen, der ihn eigentlich Mephisto ausliefern sollte, aber ihn schließlich in die Erlösung führt: „Verweile doch, du bist so schön." Dies ist der Satz eines Menschen, der voll in der Gegenwart lebt, ein lemurianischer Satz. In diesem Satz hat das atlantinische Ego, das faustische Prinzip, seine Macht verloren.

Dann Künstler und Schriftsteller wie: Michelangelo, Ernst Barlach, Henry Rousseau, die Präraffeliten, Caspar David Friedrich, Bettina von Arnim, Mörike, Saint-Exupéry, Jean Cocteau, Hermann Hesse …

Nationen, Völker wie: Israel (Auszug ins gelobte Land Kanaan, wo Milch und Honig fließt), Finnland, ganz Skandinavien, Hawaii …

Neben dem oben beschriebenen Träumen der Lemurianer gab es die Träumer, die Traumwissenden und Träumeweber, die in den Kristallstädten lebten. Diese waren, könnte man sagen, die professionellen Träumer Lemurias, die eine besondere Aufgabe mit ihrem Träumen hatten.

Diese Träumer träumten in ihrer Lichtstadt oder suchten sich große Kristallgrotten, um dort zu träumen. Vorzugsweise solche aus Amethyst. Es konnte sein, daß sie dort jahrelang lagen und träumten, mit einem minimalen Pulsschlag, einem sehr reduzierten Kreislauf und kaum aktivem Stoffwechsel.

Diese Wissenden, diese Traumwissenden, waren von höchster Weisheit und Integrität und hatten Einblick in die tiefsten Geheimnisse der Göttlichen Schöpfung und ihrer Ziele. Sie ruhten vollständig in der kosmischen Balance und Gesetzmäßigkeit und waren makellos.

Einige dieser Träumer verließen in ihren Träumen das Zeit-Raum-Kontinuum und schufen neue Realitäten aus dem „Nichts". Sie wurden „Realitätsschöpfer" genannt.

Die Träumer konnten auch von einem einzelnen Menschen, einer Familie, einem Dorf, einer Gegend oder den Organisatoren eines Festivals gebeten werden, einen Traum zu träumen, der sich dann manifestierte. Auch die Zwerge, falls es ihr Stolz erlaubte, die Elfen, sogar die Feen bemühten dann und wann einen Träumer. Die Visionäre halfen dann bei der Gestaltung der Manifestation des Traumes.

Träumer konnten auch in Träumen und Meditationen aufgesucht werden und gebeten werden, zu träumen.

Die Träumer beherrschten also das Träumen im Träumen.

Es ist auch heute möglich, in Meditation einen lemurianischen Träumer aufzusuchen und ihn zu bitten, einen Traum zu träumen …

Kapitel 34

Kristalle, Kristallwissen und Kristallwissende

Edelsteine, Halbedelsteine, Kristalle, Mineralien – Körper mit Kristallstruktur waren in Lemuria so vielseitig im Gebrauch, daß man zwei, drei weitere Bücher allein darüber schreiben könnte. Die atlantinische Kristall*technologie* hatte in Lemuria ihre Wurzeln.

In der 60 000-jährigen Geschichte Lemurias wurde die Wissenschaft der Kristalle ausgebaut und verfeinert wie keine andere.

Kristalle waren aus dem öffentlichen und privaten Leben nicht wegzudenken.

Jeder Lemurianer umgab sich mit einer „Schar" von Kristallen in allen Größen und Farben, die er für profane Dinge wie Reinigung oder Feuer machen bis hin zu den höchsten kultischen Handlungen benutzte.

Das Programmieren von Kristallen, das heißt, das Eingeben von Informationen in Speicherkristalle, das Prägen von Arbeits- und Wirkkristallen, das Ausrichten von Heilkristallen bis hin zum Programmieren von Visionskristallen, Kristallen zum Empfang göttlicher Botschaften, Traumreisekristallen war in den lemurianischen Schulen Lehrfach Nummer eins.

Im späten Lemuria gab es programmierte Kristalle, die Gesprochenes und Gesungenes aufnehmen und wiedergeben konnten. Es gab solche, die Bilder aufnehmen und wiedergeben konnten.

Es gab Kristalle, die Musik machten. Darunter gab es ganze Orgeln, ähnlich wie die heutigen Kirchenorgeln, wo verschieden große Kristalle in einer bestimmten Reihenfolge zum Schwingen gebracht wurden, die wiederum von Kristallen gesteuert waren.

Es gab Kristalle, die über weite Entfernungen Botschaften in Wort, Bild und Ton transportierten so wie unsere heutigen Radio- und TV-Empfänger und -sender.

Natürlich wurden auch Feuer mit Kristallen entzündet. Aber diese wurden nicht aneinandergeschlagen, sondern jeder der Kristalle war mit einem anderen Symbol geprägt, zwei gegensätzlichen Feuersymbolen. Wenn man diese Kristalle dann an den Spitzen zusammenbrachte, entstand der Funke.

Jeder Haushalt hatte streng gehütete „Mutterkristalle" mit Prägungen, die schon seit Generationen im Dienst waren. Von diesen wurden zum alltäglichen Gebrauch Kopien hergestellt.

Zum Beispiel gab es einen Mutterkristall im Haushalt mit der Prägung: „Ich bin klares, sauberes und heilsames Wasser". Dieser Mutterkristall wurde dann mit jungfräulichen Kristallen zusammengebracht, die diese Prägung aufnahmen und sie dann, in Wasser gelegt, über Resonanz an das Wasser weitergaben, das sich dann dementsprechend verhielt.

Falls aus irgendeinem Grund der Mutterkristall seine Prägung aufgegeben hatte oder abhanden gekommen war, konnte von einem Weisen oder Kristallwissenden ein entsprechender jungfräulicher Kristall zu einem Mutterkristall programmiert werden.

Diese Programmierung geschah durch eine bestimmte Technik, eine Verbindung zu Akshah, dem Meisterkristall, herzustellen, um die Prägung dort abzurufen und dem Kristall einzugeben.

Je nach Gittersystem, Farbe, Form, Herkunft und Schliff wurde der Kristall mit der passenden Information oder Funktion geladen. Hier gab es Tausende von Kombinationen, die alle in Akshah und seinen Kristallbibliotheken gespeichert und abrufbar waren (und sind!).

Nur um ein Beispiel einer solchen Kombination zu nennen:

Ein Kristall, der einem Ältesten helfen sollte, ein weiser Schlichter in Auseinandersetzungen zu sein, hatte folgende Eigenschaften:

er kam aus einem kubischen System;
er war gelbgrün;
er war nach dem System geschliffen, das heißt, kubisch,
    exakt entlang der Strukturlinien;
er kam aus dem Magischen Gebirge oberhalb des Hochlandes;
Einschlüsse, Phantome etc. waren noch zusätzliche Charakteristika.

Es gab Kristalle, die als optische und akustische Verstärker arbeiteten.

Durch bestimmte Kristalle hindurch konnte man das Leuchten und die Einschlüsse, die Farben und Linien der Aura besser sehen.

Man konnte über sie die Stimmen von Tieren, Pflanzen und Naturgeistern hören bzw. besser hören.

Es gab Kristalle, die einen besonderen Geschmack produzierten, zum Beispiel sauer, bitter, süß oder sogar den Geschmack einer Waldbeere, einer Papaya, eines Kräuteraromas. Sie wurden gerne von Kindern als Leckerei gelutscht, ohne eine materielle Substanz abzugeben. Ihre Schwingung reizte die Geschmacks- und Geruchsnerven, ohne daß sich irgend etwas Biologisch-Chemisches abspielte.

So funktionierten auch die Heilkristalle, die, nach bestimmten Kriterien ausgesucht, geschliffen oder gebrochen, die Prägung gesunder Organe hatten. Ihre gesunde Resonanz adaptierte nach den Resonanzgesetzen die Schwingung des kranken Gewebes und regte den Heilungsprozeß an.

Diese „Kristallresonanzgeräte" waren in großer Anzahl im Gebrauch.

Es gab regelrecht Kristallapotheken, die diese Kristalle herstellten und „verkauften".

Die Heiler programmierten natürlich auch individuelle Heilungskristalle für ihre Patienten. Diese wiederum legten diese Kristalle in Wasser, das sie dann über einen gewissen Zeitraum hinweg tranken.

Warum wir heute diese ausgedehnte und so viel elegantere Kristalltechnologie nicht haben, außer in Computern und anderen elektronischen Geräten, liegt an dem atlantischen Karma (unserer Angst vor der Macht der Kristalle). Darüber zu einer anderen Zeit an anderer Stelle.

Für diejenigen, die jetzt enttäuscht anmerken, sie hätten gehofft, daß die Lemurianer nur mit ungeschliffenen Kristallen gearbeitet hätten:

Die Lemurianer hatten die Kristalltechnologie ebenso respektvoll verfeinert wie alle Eingriffe, die sie in Natur und „Materie" vornahmen. Sie horchten, sie baten das höchste Wissen um Rat, sie fragten den zu schleifenden Stein um Rat und Erlaubnis, sie meditierten sich in den Schleifvorgang.

Lemurianische Kristallsucher und -schleifer waren hochintuitive, hochsensible Menschen mit einer intensiven Ausbildung.

Die Kristallwissenden der Weißen Städte gingen in ihren Kenntnissen und in ihrem Umgang mit Kristallen weit über die „normalen" Lemurianer hinaus.

Zunächst hatten sie die Kraft und Fähigkeit, Mutterkristalle höherer Ordnungen zu programmieren. Sie hatten aber auch die Verbindungen zu den Wesenheiten der Kristalle, zu den Königreichen der Urkristalle, wo das gesamte Wissen, das Urwissen einer jeden Kristallstruktur, Kristallfarbe, Kristalleigenschaft niedergelegt war.

Sie waren in der Lage, zusammen mit dem Urkristallwesen, mit dem sie sich verbinden konnten, neue Kristallreiche und neue Arten von Kristallen zu schaffen und zu materialisieren.

In den letzten Jahrhunderten von Lemuria waren Kristallwissende in der Lage, mit Kristallen zu experimentieren, die schwebten, in allen Farben von innen wie Neonlampen leuchteten, von sich aus Blitze erzeugten, durch bloßen Anblick in neue Bewußtseinszustände führten (inklusive Teleportation), enorme Energien abstrahlten, andere Kristalle und ihre Prägung „aus dem Nichts" reproduzierten, sich materialisierten und dematerialisierten, Materie erschufen und verwandelten.

Ein Teil dieses Wissens war Basis für das atlantinische Kristallwissen und -schaffen, ging aber zum Teil darüber hinaus. Es durfte nicht nach Atlantis mitgenommen werden. Zu rein mußte die Integrität derer sein, die damit hantierten. Dies war auf Atlantis, durch das veränderte Verhaltens- und Machtparadigma, nicht gegeben. Das Wissen dieser höchsten Stufe wurde auch nie an Akshah übergeben, sondern blieb in den Kristallstädten, die nach dem Ende Lemurias hinweggenommen wurden.

Es war die Entscheidung der Kristallwissenden, welche der Informationen sie an Akshah, die Bibliothek, weitergaben oder in ihren eigenen, geheimen Bibliotheken aufbewahrten und aufbewahren, bis die Zeit gekommen ist.

Kapitel 35

Visionäre

Der Unterschied zwischen einem Visionär (Visionswissenden) und einem Träumer (Traumwissenden) war, daß der Visionär in tiefen Meditationen Bilder und Situationen visualisierte, die er über eine bestimmte Technik „in die Realität" schickte, damit sie sich dort manifestierten.

Der Visionär ordnete sozusagen die Rohmaterialien, nach denen sich die Materie im Zeit-Raum-Kontinuum formte.

Er beschrieb die Bedingungen, Umrisse, Zweck und Ausrichtung. Dort hinein legte er die Erwartungen, das Verlangen, die Imagination, er verband es mit dem Glauben, dem Willen, der Entscheidung und der rechten Haltung.

Aus diesen Zutaten formte er die Vision, die er dann über seine Manifestationstechniken in die Realität schickte. Dort suchte sich die visionäre Matrix, angefüllt mit Magnetik, alle Zutaten, damit das Visionierte sich manifestierte – aus den Versatzstücken der physischen Welt.

Visionäre erschufen Visionen auch für andere – für einzelne Personen, Älteste und Weise, für ein ganzes Gebiet oder das ganze Land.

Dies fing an bei Visionen für eine Gartengestaltung, eine Dorfgemeinschaft, eine Partnerschaft, ein neues Haus, die Atmosphäre auf einem Fest, bis hin zu Visionen für die Insel, für die Welt, auch in die fernere Zukunft.

Die Lemurianer begannen schon früh, solche Visionstechniken zu lernen. Alles Größere, was ein Lemurianer begann, sah er zunächst in einem Traum. Dann arbeitete er den Traum in eine Vision um und ließ sich dann von der Magnetik dieser Vision helfen, das Geträumte „in die Realität" umzusetzen.

Lemurianer hatten eine natürliche Vorstellung davon, daß die Außenwelt eine „Illusion" ist, eine Reflexion der Gedanken, Bilder, des inneren Lebens. Und die Vision, so war die Auffassung, war ein Bild und Ton gewordener starker, magnetischer, sinnlicher Gedanke, der sich materialisierte, wenn man ihn durch das Tor der Kausalität in die Illusion senkte.

Der Lemurianer wußte, daß die äußere Form dem inneren Bild folgt und nicht umgekehrt. Dies war die Basis seiner Lebenserfahrung.

Die Visionswissenden aus den Kristallstädten gingen natürlich in der Gestaltung ihrer Visionen weit über die Belange der Insel hinaus. Sie gestalteten Visionen, die sie die Tore der Zukunft nannten und außerhalb des Zeit-Raum-Kontinuums lagerten.

Diese Visionen sind dort noch heute und sickern in unsere Gegenwart. Sie werden empfangen von den neu erwachenden Gehirnpartien des heutigen Menschen, angeregt durch die verstärkte Siriuseinstrahlung. Diese neu erwachte Erinnerung ist übrigens ein Grund psychischer Krisen, in die viele heute plötzlich verfallen. Es wäre wünschenswert, wenn diese Krisen als positiv angesehen und der ihnen innewohnende Schatz gehoben würde. Dieser Schatz hat EINE ANDERE SPRACHE als die Sprache der heutigen Zeit. Daher spielt das von dieser Zeit geprägte Ego verrückt – so lange, bis das Erinnerte irgendwie integriert ist. Solche Menschen, meist hochsensibel, geraten hoffentlich in die Hände von verständnisvollen Partnern und Freunden, die ihnen bei der Integrationsarbeit helfen. Oft ist das leider nicht der Fall. Das Etikett: Psychose oder Schizophrenie wird zu schnell aufgeklebt.

Lemurianisches Erbe heben heißt, bewußt diese Tore zu öffnen, auszuwählen und die Visionen in die Gegenwart zu ziehen.

Die Techniken dazu sind vorhanden.

Kapitel 36

Der Kreislauf des Lebens

Über Geburt und Tod auf Lemuria wurde schon viel gesprochen. Aber auch die einfachen Kreisläufe des menschlichen Lebens erfüllten den Lemurianer mit Freude. So zum Beispiel das Essen, die Verdauung und das Ausscheiden.

Die Ausscheidung empfand der Lemurianer als lustvoll. Er ging dazu in den Wald, unter einen Baum, auf das Feld. Da er wußte, daß die Ausscheidung wertvoller Stoff war, suchte er sich einen Platz in der Natur, den er beschenken wollte, und verrichtete dort sein Geschäft. Es war für ihn ein so heiliges Ritual wie das Essen.

Die Ausscheidung „stank" nicht. Wohl schon deshalb nicht, weil Lemurianer meist vegetarisch lebten und das Essen sehr vernünftig kombinierten, so daß es sehr bekömmlich war und die Verdauung nicht belastete.

Aber ein Grund war auch, daß der Lemurianer keine Schuldgefühle beim Essen hatte. Diese Schuldgefühle sind es ja möglicherweise, die uns entgegenstinken, unsere Vergehen gegen uns selbst und die Natur. Diese halten wohl das Aufgenommene viel zu lange im Darm, bis sich das System durch die verschiedensten Stoffe durchgearbeitet hat.

Der Lemurianer schied schon nach ein, zwei Stunden nach dem Essen aus. Der Prozeß der Verdauung lief viel schneller. Er wäre nie mit einem vollen Darm „ins Bett" gegangen.

Der Lemurianer lebte in Harmonie mit der Natur. Er dankte Tier und Pflanze, daß sie zu seiner Ernährung beitrugen, segnete die Speise und aß dann. So war das Essen in harmonischer Resonanz und bestens verträglich.

Diese Harmonie und den Segen spürten auch der Körper, der Magen, der Darm, und so war alles im Fluß des Segens.

Der Urin war ein heiliger Stoff, galt als äußerst energiereich, und der Urin von Weisen und Wissenden galt als heilend, belebend und sogar mit Jashuah verbindend. Vieles davon ist für die meisten von uns wenig nachvollziehbar, da wir ein völlig verzerrtes und voreingenommenes Bild von unserer Ausscheidung haben.

Sie ekelt uns meistens, und das mit Recht. Denn wir scheiden so viele Gifte mit aus. Darunter auch viele Gedankengifte, Scham und Schuld.

Wie gesagt: daß dieser Bereich beim heutigen Menschen so tabusiert ist, hängt mit seiner Trennung von der Natur zusammen und mit den tiefsitzenden Gefühlen der Trauer und Scham aus dieser Trennung.

Es ist diese Trennung, die krank macht. Sie hätte auch den Lemurianer krank gemacht.

Der Analbereich des lemurianischen Menschen gehörte zu den Zonen, die Kinder und Liebende gegenseitig mit Freude und Lust streichelten, wie die Genitalien, der Mund, die Augen, die Achselhöhlen.

Es ist schwer für uns heutige Menschen, dies zu verstehen. Ich bitte die Leser, sich für einen Moment lang vorzustellen, daß diese Bereiche akzeptiert und geliebt wurden, in völliger Unschuld und naiver Frische. Sie gehörten zu dem Goldenen Licht von Lemuria.

„Dem Reinen ist alles rein …"

Kapitel 37

Kunst und Musik

Von Kunst als etwas Getrenntem und Außergewöhnlichem zu sprechen, wäre auf Lemuria nicht möglich gewesen. Denn wenn Kunst die bewußte ästhetische Kommunikation des inneren Menschen mit der sinnlichen Welt ist – und so würde ich sie zunächst einmal definieren –, dann war auf Lemuria jeder Mensch ein Künstler.

„Alles, was ist" wurde auch in der Beziehung zueinander erlebt. „Alles, was ist" hatte Bedeutung. „Alles, was ist" hatte einen Logos. Dennoch hätte der Lemurianer dies nicht so in Worte fassen können oder wollen.

Er war von der Integrität seines Wesens her bestimmt, und dieses göttliche Wesen, das durch die Augen sah, durch die Ohren hörte, durch die Nase roch, durch den Mund und die Zunge schmeckte und durch den Körper fühlte, dieses Wesen erlebte ganzheitlich, es „sah".

Und dieses „Sehen mit allen Sinnen" war so ausgeprägt, daß der Lemurianer sich völlig *in* seinem Körper fühlte, viel mehr, als es der Mensch von heute vermag. Er fühlte jedes Organ, seine Zähne, Haare bis in die Spitzen, und zugleich war er auch gar nicht in seinem Körper. Er fühlte sich lebendig in allem, was er in seiner Umgebung wahrnahm. Auch dies war Teil seines Körpers, es war Teil seiner selbst. Außen und innen waren eins.

So war er immer bestrebt, die göttlichen Muster in sich nach außen zu bringen bzw. um sich herum zu ordnen, um nach der inneren Magnetik, nach dem inneren Energiemuster „äußere" Entsprechungen zu gestalten.

Ob dies der Platz war, wo er sein Haus baute, ob dies die Art war, wie er einen Raum einrichtete, wie er einen Garten anlegte, wie er ein Mandala legte, ein Essen zusammenstellte, eine Feuerstelle aufbaute oder sich mit anderen gruppierte und zusammensetzte.

Das göttliche Ideal war in ihm, und er vollzog es im „Außen" nach – in völliger Natürlichkeit und Anmut. Er war sich dessen nicht bewußt, im analytischen

Sinn. Wenn ihn etwas störte, arbeitete er so lange daran, bis es „stimmte". Dieses „Stimmen" war die Kunst der Lemurianer, und sie wurde von allen gefühlt, gab allen Lebendigkeit und Kraft, hatte die Ausstrahlung und die Energie der Heilung und Erneuerung. Es gab keine „Kompromisse" auf Lemuria.

Wenn etwas „stimmte", konnte es durchaus individuell ausgeschmückt und verändert werden, solange es „stimmte". Die Kunstwerke, Architekturen und Mandalas der Fischer sahen völlig anders aus als die der Farmer. Und dennoch „stimmten" sie.

Dies war auch die Basis der Mandala-Arbeit. Im Mandala-Prozeß der Lemurianer war das erste Mandala oft das Mandala der Störung, das dann überführt wurde in das Mandala des „göttlichen Musters von Harmonie und Vitalität", das „stimmende" Mandala. Wenn dies geschah, brachen Zuschauer, die einen Mandala-Weg betrachteten – und davon gab es immer genug – in Jubelrufe aus; denn jeder fühlte die Bewegung und das „Stimmen" in seinem eigenen Herzen.

Dieses „Stimmen" empfanden sie als plötzliches Aufflammen von Licht, als Anschalten eines magnetischen Stroms, als harmonischen Klang, als Schwingung, als Resonanz.

Lemurianer konnten ein „stimmendes" Mandala aus anderen Mandalas bei geschlossenen Augen herausfühlen, während sie nur ihre Hand darüber gleiten ließen oder ihr Drittes Auge aktivierten und damit die Schwingung des Gesehenen erfaßten.

Die wenigen blinden Menschen, die es auf Lemuria gab, hatten wenig Probleme „zu sehen". Es fehlte ihnen nur ein Sinn von fünf anderen. Taube Menschen hatten ebenfalls nicht so viele Probleme. Sie hörten über die Augen.

Das „Stimmen" wurde, wie oben schon angedeutet, noch über den „sechsten Sinn" des Lemurianers aufgenommen und bestätigt. Dieser funktionierte über die Energiezentren, das heißt, über seine (12) Chakren, insbesondere über das Dritte Auge. Mit diesen Zentren, die auch als „Beurteiler" dienten, da sie sich öffneten und schlossen je nachdem, was sie „sahen", konnte der Lemurianer das „Stimmen" sehr gut fühlen. Insbesondere durch das achte, neunte und zehnte Chakra, die zusammen sein Drittes Auge ergaben, war er in der Lage, das Licht, die Magnetik und die tiefere Botschaft eines Bildes wahrzunehmen. Aber auch die anderen Chakren waren wertvolle Beurteiler, ihrer jeweiligen Aufgabe entsprechend.

So wurde darauf geachtet, daß (Kunst)werke alle Chakren ansprechen.

Das erste Chakra (Wurzel) mit der Frage: Was ist hier die Verbindung zur Erde?

Das zweite Chakra (Nabel): Was ist hier die Verbindung zur Schöpfung, zum Eros?

Das dritte Chakra (Solarplexus): Was ist hier die Verbindung zum Willen, zur Aufgabe?

Das vierte Chakra (Zwerchfell): Was ist der Raum. Welche Energie hat das Werk?

Das fünfte Chakra (Herz): Wie steht es mit der Liebe? Wie stark strahlt Mama-Ahanah?

Das sechste Chakra (Thymusdrüse): Wie „gottesköstlich" ist es, wo kitzelt es den inneren Jubel, die göttliche Freude?

Das siebte Chakra (Kehle): Was drückt es aus, wie stark ist der Klang, wie vital?

Das achte, neunte und zehnte Chakra (Kopfbereich): Was ist das Licht hier, die Magnetik, die göttliche Botschaft?

Das elfte Chakra (Scheitel): Wie ist es mit Ja- und Shu- verbunden?

Das zwölfte Chakra (Sitz im persönlichen Stern): Wie ist es verbunden mit - ah, mit Allem/Was/Ist, wie ist es verbunden mit meiner Sternenherkunft?

Und die Antwort kam zusammen und wurde gefühlt als EIN KLANG, eine „Supermagnetik".

Wenn der Klang in Disharmonie war, mußte man so lange arbeiten, bis der Klang harmonisch war, bis er „stimmte" und Kraft bekam.

Musik und Gesänge waren aus solchen Klängen entwickelt worden. Deshalb brachen die Lemurianer im Anblick eines Mandalas, das „stimmte", oftmals in jubelnde Gesänge aus, die sie spontan dazu erfanden. Erstaunlich war, in welcher Harmonie sie sangen. Jeder suchte sich einen Teilaspekt des Mandalas heraus und besang ihn, und der Gesamtklang war dann der „Gesang des Mandalas".

So besang man auch, alleine oder mit anderen, spontan einen Sonnenuntergang, einen Regen, das Meer, man sang mit den Sprüngen der Delphine, mit dem Funkeln der Sterne – und manchmal war es verbunden mit spontanen Ausrufen, „sinnlosen" Silben – eine Art „Singen in Zungen" – oder nur ein Gurren, ein Summen, ein Hauchen, kurze helle Schreie, trillernde Tremolos, auch nahm man oftmals die Hände dazu und sang durch die geschlossenen und geöffneten Hände, um neue Klänge zu produzieren … die Lemurianer waren äußerst erfindungsreich, um dem, was sie sahen, möglichst nahe zu kommen.

Viele der Gesänge erheiterten die Menschen, und manchmal mußten sie alle aufhören und sich vor Lachen auf dem Boden kugeln – bis einer vielleicht auf die Idee kam, das Lachen so zu rhythmisieren, daß es wieder in einen Gesang überging.

Das Lachen der Lemurianer war überhaupt eine Sache für sich. Grundsätzlich lachte der ganze Körper mit. Man lachte mit dem Bauch und einem breiten, offenen Mund, aus dem die Zähne blitzten. Oftmals warf sich der Lemurianer auf die Erde und kugelte sich herum im Lachen oder fiel jemandem um den Hals und lachte mit ihm, indem sich beide Körper schüttelten oder man lachend in wildes Tanzen ausbrach.

Man könnte sicher einige Kapitel über das lemurianische Lachen schreiben. Ich sehe aber auch noch ein weiteres Bild. Es gab eine Art göttliches Gelächter, das sich über Stunden und gar Tage hinwegzog, in deren Verlauf Körper zu schweben begannen und lachend über größere Strecken hinweg schweben konnten. Das Lachen schien also die Energiezentren im Körper zu mobilisieren und sie so in Bewegung zu bringen, wobei sich solche Energiestöße aus den Zentren entluden, daß sie den Körper hochhoben.

Ja-Asher hatte Akshah in einem seiner Leben nur so aus der Höhle gebracht, indem er die Männer lachen ließ – indem er wahrscheinlich Witze erzählte – und sie lachten so schallend, und das Lachen brach sich als Echo an den Wänden der Höhle und erzeugte eine solche Energie, daß ihnen der Kristall sozusagen auf den Händen schwebte und sie ihn so hinaustragen konnten. Vielleicht sah es aber auch nur so aus, als lachten sie, und es war eine gemeinsame Rhythmik, die sie erzeugten, die schließlich die Energien in Bewegung brachte.

(Ähnliche Energien habe ich in Jerusalem gespürt im Anblick der rhythmischen Gebete der Chassidim, die ja stundenlang ihren ganzen Körper bewegen.)

Die Antwort auf die Frage, warum Ja-Asher so lange brauchte, bis Akshah an der richtigen Stelle stand, ist, daß der Prozeß zur Bewußtwerdung und Verankerung Akshahs im lemurianischen Menschen notwendig war. Dieses tragende rhythmische Lachen war nur eine Sache, die Ja-Asher während seines mühevollen Abrackerns mit Akshah lernte und dem kollektiven Bewußtsein zur Verfügung stellte. Dies zur Erklärung für die Leser, die sich fragen, warum die Göttin den Kristall nicht einfach genommen und in die Mitte des Landes gestellt hat.

So war Singen und Lachen oft eins. Es gab aber auch Lieder, die disharmonisch waren, um eine „Störung" zu besingen, mitunter einfach auch, um eine

Geschichte zu erzählen, die mit einer „Störung" begann, diese sogar noch entwickelte, um schließlich in die Harmonie einzuschwingen, in der der Gesang und die Musik zu Licht wurden und sich die Magnetik entfaltete.

Die zuhörenden Lemurianer, vorher unruhig dazutrommelnd und manche mit Tränen in den Augen oder mit anderen begleitenden Emotionen, brachen dann in Applaus und Klatschen aus. Ein Gesang ohne solches „Happy End" wäre für den Lemurianer irritierend und krankmachend (kränkend) gewesen. Wer weiß, was für uns heutige Menschen Geschichten und Lieder ohne Happy End bedeuten!

Die Lemurianer liebten diese Geschichten erzählenden Gesänge, weil sie den Weg genauso liebten wie das Ziel.

Die Gesänge wurden oft begleitet.

Zunächst einmal gab es hier das Trommeln oder anders gesagt: ein rhythmisches Zum-Klingen-Bringen. Hier war die Fantasie des Lemurianers grenzenlos. Also alles, was irgendwie ein Geräusch machen konnte, wurde herangezogen bis hin zu den möglichsten und unmöglichsten Körpergeräuschen, die zu wahren Lachsalven hinrissen.

Es gab Menschen, die Künstler darin waren, in jeder denkbaren Tonhöhe zu furzen. Und da der Analbereich völlig unbelastet war, war dies auch ein köstliches Spiel zwischen Kindern und auch Erwachsenen. Man sah ja im Ausscheiden, im Kot überhaupt nichts Negatives. Die Gerüche aus diesen Bereichen wurden nicht als „schlecht" bewertet, es waren ganz einfach bestimmte Aromen.

Alles, was Klang produzierte, wurde möglichst zum Klingen gebracht. Wenn man ein Mandala besang, wurden auch die Gegenstände aus dem Mandala zum Klingen gebracht, indem man mit Stöckchen darauf herumtrommelte.

Aber auch Hölzer und Steine, Muscheln und Korallen, Keramik- und Kupfergeschirr, Schmuckstücke und Mobiles, alles, was irgendwie einen Ton hergab, wurde benutzt.

Dann gab es bestimmte Techniken, mit Händen und Mund zu pfeifen, zu jaulen und auch sehr schöne, klare Töne herzustellen.

Kristalle wurden nie geschlagen und auch nie gegeneinandergeschlagen. Es gab Musikkristalle, die zu Kristallorgeln zusammengestellt waren, die wiederum über andere Kristalle, die in Schwingung gebracht wurden, in Schwingung versetzt wurden. Die Klänge waren einer Windharfe oder einer Glasharfe ähnlich.

Wenn Musiker mit solchen (mobilen) Kristallorgeln auf Festivals kamen, hörten alle andächtig zu, und meist erhob sich dann ein feines Stimmchen, etwa das einer Elfe, und sang seine Botschaft dazu. Elfen liebten die Resonanz der Kristallorgeln und waren die besonderen Freunde der Kristallmusikanten.

In den Magischen Bergen, direkt bei den Hochländern und den Fjorden, hoch über dem Festivalgelände gab es im späten Lemuria riesige Kristallorgeln, die von Kristallwissenden erbaut worden waren. Sie waren fast hundert Meter lang und sechzig bis achtzig Meter hoch und nicht selten aus einer großen Kristallgrotte heraus, die als Resonanzraum diente, aufgebaut worden. Manche standen aber auch frei auf hohen Plateaus. Ihr Resonanzraum waren die umliegenden Berge und Täler mit einem herrlichen weitschwingenden Echo.

In den letzten zweitausend Jahren von Lemuria wurden die Kristallkunde und mit ihr die Kristallmusik enorm verfeinert, und diese Orgeln waren gewaltige und unglaublich vielseitige Instrumente.

Hunderte von Jahren bauten Kristallwissende an solchen Orgeln und erfanden immer wieder neue „Zusatzregister". Man könnte sagen, es waren gewaltige Synthesizer von einer Brillanz, Eleganz und Vielseitigkeit, gegenüber denen unsere elektronischen Keyboards äußerst primitiv aussehen und klingen.

Im Zuge des Ausbaues der Kristalltechnologie waren diese Orgeln sogar in der Lage, sämtliche Geräusche, einschließlich der menschlichen Sprache, wiederzugeben. Manche der eingebauten tönenden Kristalle funktionierten also als „Riesensampler", die auch natürliche Geräusche in jeder Frequenz und jeder Kombination „singen" konnten.

Mit Hilfe des zeitunabhängigen Aksha und der Visionäre hätten diese Orgeln auch sämtliche Orchesterstimmen der heutigen Zeit simulieren können. Sie wären in der Lage gewesen, Bach, Beethoven und die Beatles wiederzugeben, wenn darin ein Sinn gelegen hätte.

„Zukunftswissen" war aber kodiert, so wurde es nicht an die Öffentlichkeit Lemurias gebracht. Zumindest nicht „damals".

Dennoch stand auch eine solche „Orgel" in der Stadt der Visionäre. Hier wurden, besonders im letzten Jahrhundert Lemurias, weitreichende Versuche gemacht. Diese Orgeln konnten nicht nur alle Geräusche, Sprachen, Töne aller Zeiten „empfangen", sie empfingen und projizierten auch die zugehörigen Bilder, wenn die entsprechenden Kodes dazu gefunden und freigegeben waren. Die Wissenden wollten sich auf diese Art auf das vorbereiten, was kommen würde.

Schon allein der Anblick dieser Orgeln war eine Augenweide. Sie waren machtvolle Kunstwerke und funkelten in der Sonne in allen Farben des Lichts. Dieses Farbenspiel veränderte sich je nach Musik.

Die Organisten waren Kristallwissende von höchster Integrität.

Sie spielten die Orgeln mit den Spitzen kleinerer Kristalle, mit ihren mit Kristallmehl eingestäubten Fingern und Händen, oder sie schlossen, in späteren Zeiten, Kristalle an, in die Kompositionen eingegeben waren. Nicht selten war eine ganze Gruppe von Organisten und Organistinnen zugange, die in Synergie miteinander spielten.

Meist war die Musik von diesen Orgeln mit ihren leichten schwebenden Tönen von einer solch überirdischen Schönheit, daß die Menschen in tiefe Versenkung und Meditation verfielen. Die Orgeln galten als die Stimme und das Instrument Jashuahs. Niemand hätte sich erlaubt und nur im Traum daran gedacht, diese Orgeln manipulativ oder gar als Waffe einzusetzen, wie es später auf Atlantis geschehen ist (subliminale Manipulationen, Impuls- und Schockwellengeneratoren, „Gottes Stimme").

Schon im frühen Lemuria gab es eine große Anzahl natürlicher Musikinstrumente. Eines war ein Rohr aus einer Art Bambus, dessen Länge man verschieben konnte. Durch Hineinblasen und Hineinsingen wurde seine Luftsäule zum Schwingen gebracht, so daß weittragende Töne entstanden.

Ein anders Instrument bestand aus silbernen Triangeln, die ineinandergehängt waren.

Es gab auch eine Art Panflöte, die in mehreren Reihen zusammengebundenen Holzröhrchen wurden durch Überblasen, oft in ganzen Gruppen, zum Tönen gebracht.

Die Lungenkraft der Lemurianer war gewaltig. Sie verstanden es, tief zu atmen. Ihre Lungen und die Lungenbewegungen, die bis in den Bauch gingen, waren sehr viel kräftiger als die unsrigen. Insofern konnten sie einen Luftstrom hervorbringen, der den besten Trompeter, Saxophonisten und Opernsänger von heute hätte erblassen lassen.

Kinder spielten Blasespiele, in denen sie Wurzelknäuel über eine ziemlich lange Distanz um die Wette vor sich herbliesen.

Man hörte Lemurianer oft seufzen, wobei dies kein Seufzen war, sondern ein bewußtes Durchpressen der Luft, um dem Gehirn und Kreislauf mehr Energie zuzuführen.

Sexuelle Liebe begann bei den Lemuriern immer mit intensivem gemeinsam kreisförmigen Atmen, um Mama-Ahanah anzulocken.

Die Kinder der Fischer konnten dadurch, daß sie vorher heftig atmeten, acht Minuten und länger unter Wasser bleiben und ihre Freunde im Meer besuchen.

So auch die Kinder, die in Waldseen oder Teichen badeten.

Viel Musik, ganze Konzerte mit Gesang und Instrumenten, wurden zu Ehren Jashuahs gegeben. Und da man sich als Teil Jashuahs fühlte, gab man sich diese Konzerte selbst. Aber darüber dachte man nicht nach.

Gesang, Musik und Tanz waren Ausdruck der Lebensfreude der Lemurier.

Es war, als hätt' der Himmel
die Erde still geküßt,
daß sie im Blütenschimmer
von ihm nun träumen müßt.

Die Luft ging durch die Felder,
die Ähren wogten sacht,
es rauschten leis die Wälder,
so sternklar war die Nacht.

Und meine Seele spannte
weit ihre Flügel aus,
flog durch die stillen Lande,
als flöge sie nach Haus.

Dieses wundervolle Gedicht schrieb im frühen 19. Jahrhundert ein Romantiker mit Namen Joseph von Eichendorff (1788–1857), „der aus dem Dorf unter den Eichen". Ein so ganz und gar lemurianisches Gedicht. Viele der Romantiker, sich der Aufklärung entgegensetzend und das technische Zeitalter schon vorausspürend, hatten eine fast verzweifelte Sehnsucht nach dem Märchenhaften, Gefühlvollen, Naturverbundenen und dem Jenseitig-Inneren. Ihr Symbol war „die blaue Blume". So wurde auf Lemuria auch der Meisterkristall Akshah dann und wann seiner Schönheit und seines blauen Schimmerns wegen genannt.

Aus meinen inneren Gesprächen mit lemurianischen Wissenden entnehme ich, daß die Geschichte seit dem Fall von Atlantis ein Hin- und Herwogen zwischen Lemuria und Atlantis ist, damit die Menschheit das atlantinische Karma auflöst und sich auf die Verschmelzung der beiden ausrichtet in der freien Spiritualität des Neuen Menschen, der ein echter Partner Gottes ist.

Waren Romanik und Gotik eher früh- und spätlemurianisch geprägt, so waren Renaissance und Aufklärung eher atlantinisch. Über die Bewegung des Barocks in die Klassik, die eine Alchemie (ausgedrückt in der Freundschaft von Goethe und Schiller, der Naive und Sentimentalische, Induktion und Deduktion, das Leben und die Idee) versuchte, schlug das Pendel der Kunst- und Kulturgeschichte zur lemurianisch orientierten Romantik aus, pendelte hinüber zu Realismus und Naturalismus, pendelte zurück zum lichtorientierten Impressionismus, kreiselte im verzweifelten Kampf um „Ausdruck und Natürlichkeit" des Expressionismus und des bedeutungsmüden Dadaismus mit „Freiheit und Spiel" hin zum eher atlantinischen Kubismus, Konstruktivismus, zur Sachlichkeit. Das Bauhaus versuchte die Verschmelzung und tat einen weiteren Schritt auf den „Neuen Menschen" zu.

Natürlich war die Heroenkunst des „Dritten Reiches" das Abbild eines Versuchs, das „dritte" Atlantis als „Tausendjähriges Reich" doch noch der Geschichte abzutrotzen.

Seit 1945 ist eine ziemliche Orientierungslosigkeit in der Kunst zu beobachten; man hat die Wahl zwischen Objektivismus, Pop Art, Op Art, Realismus und Fotorealismus, einer Neuauflage des Surrealismus und fantastischen Realismus, Neuem Expressionismus, Objektkunst, Futurismus und esoterisch angehauchten Kunstwerken. Alle möglichen Stile wurden danach abgetastet, ob sie möglicherweise Wegweiser werden könnten. Ähnliches kann man auch in der Baukunst und der Städtearchitektur beobachten sowie in der Musik.

Zur Zeit kann man Tendenzen entweder zu einem neuen Konstruktivismus erkennen, aus dem Bedeutung so gut wie möglich verbannt ist, oder zu einer eher visionären Kunst, die u. a. durch die Möglichkeiten des Computers unterstützt wird. Symbole spielen hier ebenso eine Rolle wie imaginäre Landschaften und dargestellte Seelenzustände. Es gibt aber auch eine Reihe von Künstlern, die beides zu vereinen suchen.

Diese kultur- und kunstgeschichtlichen „Zickzack-Bewegungen" sind der Ausdruck einer Menschheit, die versucht, das Lemurianische und das Atlantinische in sich zu einem neuen Lemuria/Atlantis zu verschmelzen – zu einem Menschen, der freiwillig wählt, Gottes Freund, Partner und Mitschöpfer zu sein und dadurch zu dem zu werden, der er eigentlich ist.

Kapitel 38

Der Abschied von Lemuria

Das letzte lemurianische Jahrhundert war von einer großen Intensität und einer fast nervösen Aktivität geprägt.

Auf den Festivals kamen immer stärkere Botschaften, insbesondere die Elfenbotschaften vermehrten sich. Die Stimmen wurden lauter, überschlugen sich fast.

Die Elfenbotschaften sprachen mehr und mehr von der Gefahr, in der sich der Blaue Planet befinde. Auch Lemuria sei Gast auf diesem Planeten und in den letzten 60 000 Jahren sehr behütet gewesen. In dieser Zeit habe sich der Rest des Planeten nicht nur zum Guten entwickelt. Enorme Trübungen hätten stattgefunden, und Menschen schadeten sich gegenseitig, ohne es wiedergutzumachen. Dies erschütterte viele Lemurianer zutiefst, konnten sie solche Rohheit doch gar nicht begreifen.

In der Tat waren in der übrigen Welt mörderische Kriege entbrannt von einem Ausmaß, die sogar die Kriege des 20. Jahrhunderts übertrafen.

Die Orioner hatten in diesen Zeiten ebenfalls große „Kulturen" mit ausgefeilten Technologien geschaffen, insbesondere Rüstungs- und Zerstörungstechnologien. Inzwischen war zwischen den Ländern und Kontinenten ein so enormer Streit entbrannt, daß es so aussah, als ob die Erde wieder ein Platz des Schreckens werden sollte.

Die Göttin beobachtete dies mit großer Sorge. Sie wollte sich aber an ihr Versprechen halten, niemals wieder die Welt auszulöschen, wie sie es schon einmal getan hatte.

Sie suchte und fand die Lösung. Sie wollte das Schicksal der Erde zum Guten wenden, indem sie einem Volk, das sich noch halbwegs an die kosmischen und göttlichen Gesetze hielt, weitestmögliche spirituelle Macht gab.

Es war eine Kultur, die von Orion-Plejadiern (Regentenschaft) und Orion-Sirianern (die wissenschaftliche Priesterschaft) geführt wurde.

Sie wollte ihnen so viel Macht verleihen, daß sie die Kriege beenden und alle Völker zur Umkehr bewegen könnten.

Dieses Volk hatte sein Reich im Atlantik und hieß Atlantis.

Um diese Macht aber geben zu können, brauchte sie Menschen, die wahre Spiritualität lebten, damit die Macht in der Demut und in Harmonie mit der Göttlichkeit ausgeführt werden würde. Würde die Macht mißbraucht, wären die Konsequenzen noch schlimmer als der jetzige Zustand.

Die Göttin dachte an die Unterstützung der atlantinischen Priester- und Regentenschaft durch die Wissenden, die Magier und Träumer von Lemuria aus der Parallelwelt. Sie erhoffte sich dadurch eine Regeneration der Erde und eine Befriedung aller Kontinente.

Dies war das neue Experiment: den Menschen in die Erkenntnis und Ausübung von spiritueller Macht zu führen.

Diese Macht hatten selbst die Wissenden auf Lemuria nicht. Sie übten ihre Kraft immer im völligen Einssein mit Jashuah aus, sie waren dessen Hände, Kopf, Augen und Nase, dessen Körper.

Nun bekam der Mensch das Bewußtsein, selbst mächtig zu sein. Ein Individuum, selbständig als Partner Gottes – aber selbst gewählt und in der Gefahr, sich gegen Gott zu entscheiden und die Macht zu mißbrauchen.

Ein risikoreiches Spiel. Aber da Jashuah das Risiko liebte und sich selbst herausforderte, erschuf er das neue Spiel, den neuen Akt, das neue Experiment mit dem Menschen.

Solche Botschaften waren für die Lemurianer sehr ungewohnt, hörten sie doch nur selten etwas von der übrigen Welt. Sie waren auch gar nicht interessiert gewesen. Man berief sich auf die Aussagen der Ältesten, Weisen und Wissenden, daß es genug sei, die Insel zu erleben und zu vervollkommnen. Dies war die Welt, es gab sonst nichts.

Aber schon in den letzten Jahrhunderten konnte man Lemurianer sehen, die fast sehnsüchtig auf das Meer hinausblickten und sich fragten, was wohl jenseits des großen Wassers sein mochte.

Es begann auch eine Art Hybris in den letzten Jahren auf Lemuria. Es gab solche, die anfingen, bestimmte Bräuche und Sitten in Frage zu stellen. Da man mit der inneren Unruhe beschäftigt war, war man nicht mehr auf die sofortige Reinigung nach einer Trübung des Herzens bedacht. Auch die Wissenden der Weißen Städte waren von dieser Unruhe erfüllt und lenkten ihren Fokus nicht mehr so sehr auf die Belange des Landes. Viele spürten die neue Zukunft, und es war den Wissenden eine Sorge, daß sie sich auf etwas vorbereiten mußten, was auch ihnen unbekannt war.

Eine Frage, die entbrannte und eine Art Streit hervorrief, war, was mit Akshah geschehen sollte. Wem gehörte er, was sollte mit ihm werden, wenn Lemuria zu Ende ginge. Denn die Botschaften, die sehr viel früher zu den Kristallstädten drangen und die die Träumer empfingen, besagten, daß Lemuria sich auf die ganze Welt ausbreiten würde. Wie, das wußte niemand so genau.

Schon früh versuchte man, von Akshah Kopien herzustellen, indem man nach einem oder mehreren ähnlichen gewaltigen Kristallen forschte. So wurden die Magischen Berge systematisch nach solchen Riesenkristallen von der Art und Schwingung Akshahs abgesucht. Aber es wurde keiner seiner Art gefunden. Man fand viele kleinere in der Art des Bewußtseins von Akshah, die man dann zu seinem Standort mitnahm und dort rings um ihn aufstellte, damit Akshah sein Wissen auf sie übertrage. Auch diese Kristalle waren tonnenschwer, aber sie hatten nicht die Größe und die Macht Akshahs. Akshah wog 77 000 Tonnen, in Erdenmasse gerechnet.

Im letzten Jahrhundert war auch die Rekrutierung von jungen Lemurianern für die Kristallstädte intensiver geworden. Nun waren nicht selten aus jeder Familie mindestens ein Junge oder Mädchen in eine Stadt mitgenommen worden.

Man spürte allgemein eine große Veränderung auf Lemuria zukommen. Die Menschen empfanden es, und sie erzitterten innerlich. Auf alle legte sich eine bisher nicht gekannte Unruhe.

Hinzu kam, daß in der zweiten Hälfte des letzten Jahrhunderts keine Kinder mehr geboren wurden. Dies war ein Anzeichen einer großen Veränderung. Die Göttin präsentierte keine Neuankömmlinge mehr, und die Kunde von dem Ende Lemurias zog ihre Kreise. Immer wieder zogen Abordnungen von Lemurianern in das Magische Land, um die Wissenden vom Fuße der Säulen aus anzurufen. Dies war vorher nie geschehen und sprach für ihre Unsicherheit und Verzweiflung.

Die Wissenden kamen auch herab, um die Abordnungen zu begrüßen und ihre Fragen zu beantworten. Aber meist blieb es dabei, daß versichert wurde, daß Jashuah sie nach wie vor liebe, daß Mama-Ahanah sie nicht verlassen werde. Die Göttin hatte sich vorbehalten, Tag, Stunde und Grund der Hinwegnahme Lemurias zu benennen.

Die Paare, die kinderlos blieben, waren besonders unglücklich. Viele haderten mit der Göttin. Paare trennten sich, da sie sich gegenseitig den Grund für die Kinderlosigkeit zuschoben, und neue Ehen wurden geschlossen. Die Lemurianer waren trotz der langen Tradition göttlichen Vertrauens nicht frei von Zweifel, wenn es darum ging, eine derartige bislang unbekannte Krise zu meistern.

Viele spürten in dieser Zeit so etwas wie die beginnende Verwundung ihrer Seele.

Zugleich aber setzte in dieser Zeit auch eine tiefe Auseinandersetzung mit den traditionellen Werten ein. Man diskutierte, was die Sitten, Gebräuche und Rituale für eine nicht so sichere Zukunft bedeuten würden.

Ein neues Bewußtsein legte sich auf die Insel wie ein frischer, kühler Tag. Wo vormals reines naives Vertrauen war – man machte die Dinge einfach so, wie man sie tat, und hinterfragte nichts – forschte man nun mehr und mehr nach dem Warum. Die Zukunft öffnete ihre Fenster, und der Wind wehte herein – sein Name hieß: Atlantis.

Die Fischer beobachteten die Veränderungen im Meer. Die Aktivitäten der Delphine waren merklich intensiver geworden. Viele von ihnen kamen öfters an den Strand, um dort viele Stunden mit den Naturwissenden zu „sprechen". Einige Wissende gingen bei den Delphinen in die Lehre und lernten die Geheimnisse des Meeres. Sie beherrschten bald deren Sprache und entwickelten das Sehen über den Schall.

Auch die Elfen hatten alle Hände voll zu tun, die Menschen zu beruhigen. Die Liebe der Göttin habe nicht geendet. Alles sei im göttlichen Plan beschlossen.

Dennoch waren auch die Elfen sehr viel aufgeregter, und es gab Kongresse, auf denen die Elfen von weither zusammenkamen und sich berieten. Auch sie fragten sich, was wohl ihre neue Aufgabe sein würde.

So auch die Zwerge. Auch sie berieten sich bei Zusammenkünften, auf denen sich sogar die Felsenzwerge, Erdzwerge und Waldzwerge trafen. Das hatten sie noch nie vorher getan, und sie bedauerten das in ausführlichen Begrüßungsballaden.

Die Feen waren zu diesen Zeiten auch wesentlich aktiver. Sie nahmen anscheinend die dingliche Realität Lemurias mehr wahr. Ihre Dichtigkeit nahm zu. Mitunter materialisierten sie sich bis zur Erdenmasse, um bei bestimmten Problemen hilfreich zur Seite zu stehen.

Zu dieser Zeit geschah es, daß sich jeweils ein Paar der Feen, eine mehr männliche und eine mehr weibliche, einem jeden Lemurianer fest anschloß und bei ihm blieb. Das war die Geburtsstunde der Geistigen Führer, die die Menschen seitdem begleiten.

Auch für sie war der Tag X ein Tag der Entscheidung, ob sie beim Menschen bleiben und in dieser Weise dienen wollten.

Eine Vielzahl der Feen jedoch, vorher eher unabhängig in ihrer eigenen Traumzeit, entschied sich zu dieser Zeit, unmittelbar mit der Göttin zusammenzuarbeiten und ihre Botschafter und Ausführenden zu werden. Sie wurden zu Engeln. So kamen zu den Ur-Engeln viele neue Engel hinzu, die sich je nach Aufgabe materialisieren und dematerialisieren konnten.

Viele Feen blieben aber auch Feen und entschieden sich dafür, wie Lemuria selbst über die ganze Erde ausgebreitet zu werden. Dies war auch die Entscheidung einiger Elfen und Zwerge.

Viele der Wissenden gingen in dieser Zeit von Dorf zu Dorf, um die Menschen zu beruhigen und ihnen von den Durchgaben der Göttin zu berichten.

Schließlich wurde ein Großfestival vereinbart, auf dem sich alle Lemurianer treffen sollten. Auf diesem Festival, so hieß es, würde die Göttin selbst von ihren Plänen erzählen.

Das Festival fand zur letzten Sommersonnenwende von Lemuria statt.

Die Göttin verkündete durch Wissende und Elfen und durch Zeichen am Himmel, daß sie Lemuria vom Blauen Planeten wegnehmen werde.

Sie bestimmte Tag und Stunde, wann dies geschehen würde. Und sie bezeichnete den Tag vor dieser Stunde als Tag der Entscheidung für jeden Lemurianer, auf dem Blauen Planeten zu bleiben oder mit Lemuria weggenommen zu werden und zu seinem Stern zurückzukehren.

Sie sagte, daß sie die Lemurianer für die anderen Kontinente der Erde brauche, da diese nahe am Abgrund stünden und die Hilfe der gottesfürchtigen und gelehrten Lemurianer benötigten.

Viele Lemurianer waren trotz der liebevollen Worte der Göttin tief bestürzt über den Inhalt der Kunde. Viele begannen innerlich mit der Göttin zu hadern, und die Ältesten, die Weisen und die Wissenden hatten viel zu tun, daß sich die Bevölkerung ihre Liebe zur Göttin bewahrte.

Der Tag der Entscheidung und der mögliche Abschied von Lemuria galt für alle Lemurianer einschließlich der Ältesten, Weisen und der Wissenden.

Den Wissenden wurde ebenfalls die Entscheidung überlassen, entweder mit ihrer Weisheit und ihren tiefen Kenntnissen auf den anderen Kontinenten zu wirken oder auch hinweggenommen zu werden und als Meister aus der „unsichtbaren Welt" zu wirken.

Einen Trost aber gebe die Göttin all denen, die auf der Erde blieben: Sie würden ihre geliebte Insel auf der ganzen Erde wiederfinden.

Auch die Wissenden rangen schwer mit der Entscheidung. Manche der Träumer sahen die Zeiten voraus. Sie sahen die Anfechtungen und Schwierigkeiten, die in den neuen Kulturen auf sie zukommen würden, Kulturen, die gar nicht von der Hingabe an Jashuah geprägt waren, sondern voll von Auflehnung, Machtmißbrauch und Rebellion sein würden.

In diesen letzten Tagen sah man die Menschen in kleineren und größeren Gruppen zusammensitzen und über das reden, was kommen würde.

Am Tag der Entscheidung solle jeder, so sagte die Göttin, mit sich zu Rate gehen und für sich entscheiden. Und der Anblick des Meeres und seine Lebewesen würden ihnen bei der Entscheidung helfen.

In dieser Zeit auch begann es, daß sich das Erdenwesen, das sich zu bleiben entschied, von seinem Sternenwesen trennte. Das Sternenwesen, das Höhere Selbst, in der lemurianischen Zeit so voll bewußt und im Einklang mit seiner irdischen Gestalt, ließ die irdische Gestalt allmählich los, nur noch verbunden über die silberngoldene Schnur.

Es war wie Tod und Geburt in einem. Das Höhere Selbst weinte und klagte. Es ging mit seinem Schmerz zur Göttin, und die Göttin beruhigte es.

„Ihr werdet euch wiederfinden, eines Tages, falls es sein sollte, daß ihr euch trennt. Ja, die Gefahr ist da, daß ihr euch eine Zeitlang vergeßt. Aber ihr werdet euch wiederfinden."

Und das Höhere Selbst streute die neuen Inkarnationen hinaus in den Raum wie Blütenknospen. Und sprach: „In einem von diesen Leben wirst du wiederkommen, auch wenn wir uns vergessen haben werden … eines ist darunter … oder zwei …" Und der Raum verstand.

Am Tage der Entscheidung, in der Abenddämmerung, ging jeder Lemurianer und jede Lemurianerin für sich hinaus zu einem Platz, den er, den sie besonders liebte. Solche, die in der Nähe der Küsten wohnten, wählten einen Felsen im Meer oder eine Klippe, andere einen hochgelegenen Ort, wo sie mit dem Himmel, dem Meer und der Weite des Landes und mit Jashuah allein sein konnten.

Jeder rang mit sich im Anblick des Meeres und des Himmels – jeder öffnete der Göttin sein Herz und sprach mit ihr. Manche schrien laut und haderten aus dem Schmerz ihrer Seele. Sie sprachen mit ihrem Höheren Selbst, mit ihrer Fee, mit ihren unsichtbaren Begleitern. Sie sprachen mit den Tieren des Wassers, und die Delphine sprangen ihre weiten Sprünge im Mondlicht und spendeten Trost.

Die Entscheidung war schwer: zurückzubleiben und mit Lemuria hinweggenommen zu werden oder in eine unbekannte Welt zu gehen, sich wieder und wieder zu inkarnieren, um diesem anderen Planeten Erde zu helfen und vielleicht dort eines Tages ein neues Lemuria bauen zu dürfen.

Heiße Tränen wurden vergossen, Bitterkeit und Trauer bekämpft – bis für jeden die Entscheidung klar war und sich zur Morgendämmerung Friede in den Herzen ausgebreitet hatte.

Kapitel 39

Der Weg nach Atlantis

Am Tag nach der Entscheidung standen die Lemurianer früh auf, wenn sie überhaupt geschlafen hatten. Sie versammelten sich noch einmal und nahmen Abschied voneinander. Dann traten die Weisen und Wissenden hinzu, nahmen ihre Kristalle und öffneten den Spalt zwischen den Welten.

Die Lemurianer, die sich entschieden hatten, nach der Hinwegnahme auf der Erde zu bleiben, verabschiedeten sich von denen, die zurückblieben, winkten ihnen noch einmal zu und stiegen durch den Spalt.

Und da waren sie auf der anderen Seite, auf Mu.

Vorbereitet von den Meistern und Wissenden, hatten sich die Menschen von Mu versammelt, um die „aus der Luft Kommenden" zu begrüßen.

Die Lemurianer schauten sich um. Dies hier war schon sehr anders. Die Farben waren matter, alle Dinge fühlten sich schwerer an, und dennoch sahen sie Gras und Bäume und Blumen, die sie kannten, und sie trösteten sich damit, daß es hier zumindest ähnlich wie zu Hause aussehe.

Den Menschen auf Mu erschienen sie wie Heilige, wie Götter. Der Schein, die Festlichkeit, die Schönheit Lemurias, der Glanz auf ihrer Haut, ihre leuchtenden Augen hatten die Lemurianer nicht verlassen. In dieser Welt von Mu sahen sie alle aus wie Könige, selbst die „einfachen" Lemurianer. Ganz zu schweigen von den Ältesten und Weisen.

Und dennoch fühlten sich die Lemurianer ein wenig wie aus dem Paradies ausgestoßen in eine sehr viel dunklere, schwerere, dichtere Welt. Auch sie selbst fühlten sich schwerer, dichter.

Alles war vorbereitet für die Lemurianer, die sich berufen fühlten, die Insel zu verlassen und unter der Führung der Ältesten, Weisen und Wissenden die anderen Kontinente aufzusuchen. Und so machten sich die meisten von ihnen nach kurzer Zeit auf die Reise.

Einige Lemurianer blieben auf Mu und lehrten die Menschen von Mu. Sie wurden dort noch lange Zeit wie Götter und Könige verehrt und bekamen alle Privilegien.

᠁ ᠁ ᠁

Jahrhunderte später erklärte Atlantis Mu den Krieg. Die Priester von Atlantis hatten herausgefunden, daß der sagenhafte Akshah sich auf Mu befinde. Man dachte, man benötige diesen Riesenkristall mit seinem Wissen dringend in der Stadt, und versprach sich durch ihn Hilfe, die Weltmacht endgültig zu erringen. Später fand man heraus, daß Akshah möglicherweise schuld am Verderben von Atlantis war, und die Suche wurde umso verbitterter.

Die ersten Abordnungen, die die Atlantiner nach Mu schickten, erreichten nichts. Selbst durch Folter und andere Arten von „Befragungen" konnte man nicht herausfinden, wo Akshah geblieben war, obwohl die Väter davon berichtet hatten. Die Menschen von Mu deuteten nur immer wieder in die Luft. Manche von ihnen brachten die Atlantiner sogar an eine bestimmte Stelle auf der Insel, die als heiliger Platz galt, und deuteten nach oben. Das machte die Atlantiner rasend, denn sie konnten nichts sehen und fühlten sich verspottet.

So setzte man Streiter und Kriegsgerät auf Schiffen in Bewegung, um Mu anzugreifen und Akshah zu erbeuten.

Die Bewohner von Mu nahmen die Herausforderung zunächst an und rüsteten zur Verteidigung, waren aber hoffnungslos unterlegen. Sie mußten sich mehr und mehr zurückziehen, verteidigten sich dennoch tapfer.

Eine Seeschlacht und danach eine Landschlacht unerhörten Ausmaßes entbrannten. Der Krieg dauerte fast zwanzig Jahre, bis auf Mu fast niemand mehr übrig war. Eine größere Anzahl Menschen von Mu, insbesondere Mädchen und Jungen, wurden im Verlauf des Krieges als Sklaven und für den Lustmarkt nach Atlantis abtransportiert.

In ihrem Eifer und ihrer Wut, nach Akshah zu suchen – denn sie spürten immer noch seine ungebrochene Resonanz – sprengten die Atlantiner danach fast die ganze Insel, denn sie vermuteten ihn unter der Erde oder in den Gebirgen, irgendwo versteckt. Sie nahmen für die Suche und die Sprengungen sogar außerirdische Hilfe in Anspruch.

Als sie Akshah immer noch nicht gefunden hatten, sprengten sie nach und nach alles in die Luft, und die Insel Mu versank mit Ausnahme einiger Atolle, Archipele und ein paar kleinerer Restinseln, auf die sich noch eine Handvoll Menschen retten konnte.

Mu wurde von den Atlantinern „versenkt". Aber sie hatten Akshah nicht gefunden. Wie sollten sie auch!

Er schwebt über Mu, in Lemuria, wo sonst?

Er ist in den Herzen aller, die Lemuria suchen.

Lemuria ist. Es ist jetzt.

Es ist. In all seiner Schönheit und all seinem Frieden.

Und wenn ihr genau hinhört, könnt ihr die Kinder lachen hören – das Glockenklingen ihres Lachens. Sie werden dort immer lachen und bei ihren Spielen jubeln.

ૐ ૐ ૐ

Die Elfen schwirren mit den Kolibris um die Wette, die Zwerge erzählen sich die langen Geschichten tiefgründiger Abenteuer, und die Feen wechseln die Welten wie ein Hauch. Und alles ist gut in Lemuria.

Auch heute abend ist der Fischer Sholoawana ganz versunken in den Sonnenuntergang, während in der Hütte Tramanja ihrer Mutter beim Kochen hilft.

Pakja lernt begeistert von seinem Meister, und Mirja läßt euch grüßen.

Im Magischen Tal leuchten friedlich die Lichter der Kristallstädte, und die Liebe für euch und die Liebe für dich ist in den Herzen der Menschen von Lemuria. Sie ist ewig.

SCHLUSS

Kapitel 40

Überlegungen des Autors

Die Tatsache, daß sowohl in Atlantis als auch in Lemuria ein Kristall im Mittelpunkt des öffentlichen Lebens stand, der vielleicht sogar gütig war, Sicherheit gab und alles wußte, erklärt die verschiedensten Voraussagungen vom „Großen Bruder" und auch den Wunsch nach ihm, dem Riesencomputer in der Verbindung mit der Zahl 666 – auch „das Biest" genannt, von manchen sicher zärtlich gemeint.

Diese 6, dreimal genommen, symbolisiert den hexagonal aufgebauten Kristall, der in einer Frequenz, der atlantinischen, schwingen soll. Zugleich scheint er auch eine versuchte Replik des Akshah-Kristalls zu sein. Und da die Liebe zu Akshah in unserem Unterbewußsein stark verankert ist, werden wir durch die Zahl 666 auch in die Irre geführt, da sie „etwas Gutes" zu sein scheint.

In Wirklichkeit war Akshah von außen zwar ein Sechsflächer, aber er war in der Kristallstruktur ein Oktaeder und schwang in den Zahlen 8, 5 und 23. Diese Zahlen, die Grundzahlen der Harmonie zwischen Mensch und Gott, interferierten mit dem hexagonal schwingenden Kristall Poseidons und machten den Poseidonisten in Atlantis das Leben schwer.

Immer wieder versuchte man Akshah auszuschalten, um ungestört die Sechserschwingung zu erhalten, also nur die Schwingung des Poseidonkristalls. Man wollte den Freihheitsstrahl des Atlantiners, den Strahl der 17 des freien, selbst entscheidenden Menschen, in einen „Poseidonstrahl" umwandeln und das gesamte atlantinische Gehirn in die Sechserschwingung bringen. Man versprach sich dadurch weniger negative Konsequenzen nach Machtmißbrauch. Doch Akshah störte weiterhin und brachte die machthungrigen Atlantiner in Schwierigkeiten.

Als man sich schließlich dazu durchringen konnte, anzunehmen, daß Akshah vielleicht *im Menschen* war, in den tieferen Schichten seines Bewußtseins,

241

versuchte man durch Kristallimplantate, Hypnose und andere tiefe Eingriffe Akshah *im* Menschen abzuschalten. Die abstrusesten, nichtsdestoweniger intelligentesten und erfindungsreichsten Verfahren wurden angewandt. Eines war, dem Menschen einzuhämmern, daß das Innere des Menschen die Unterwelt sei, die Hölle, und man sie durch ein Tor schließen müsse, das für immer versiegelt blieb. Auf diesem Tor brachte man den Fluch an, daß, wer immer dieses Höllentor öffne, für immer verloren sei. Auch dieser Trick half letztendlich nichts, denn als sich die Menschen deshalb nicht mehr ihrer eigenen Integrität zuwandten, wandte sich die Erde stellvertretend ihrer Integrität zu und schuf schreckliche Erdbeben, Unwetter und kosmische Katastrophen, die Atlantis zweimal fast und schießlich ganz vernichteten.

Kapitel 41

Das Neue Lemuria

Wie im Vorwort schon angedeutet: Es geht nicht darum, das alte Lemuria wieder einzurichten auf dieser Welt. Aber es geht sicher darum, der Grundhaltung von Lemuria Raum zu geben in unseren Herzen. Das genügt zunächst schon. Dann werden sich schon die neuen Formen bilden, die der heutigen Zeit angemessen sind. Ich bin sicher, daß die „Heilung durch Prägung", wie sie in der Homöopathie ja schon lange betrieben wird, mehr und mehr Fuß fassen wird. Auch die Heilung mit Kristallen, wenn wir unsere Angst vor diesen liebenswerten Wesen aufgegeben haben und unserer Integrität wieder vertrauen.

Im Bereich der Ernährung wird sich sicher viel tun in den nächsten Jahren: die Art der Zubereitung, die Art des Kochens, die Zusammenstellung der Speisen, all das wird neuen Ausdruck finden. Dessen bin ich sicher. Besonders die Tierhaltung und der Umgang mit Tieren werden sich positiv verändern, wenn wir der Resonanz von Lemuria Raum geben.

Der lemurianische Mensch ist ein sehr besonderer Mensch. Auch der atlantinische. Beide in der Verschmelzung sind der wahre Partner Gottes. Der Lemurianer mit der integrierten, bescheidenen, in sich und in allem ruhenden Haltung und der Atlantiner, der sich seiner Integrität und spirituellen Kraft bewußt ist – nicht mehr in der Haltung, es Gott gleichtun zu wollen, sondern gottgleich zu sein. Gott möchte Freunde, Partner, Mitschöpfer.

Die Verschmelzung von Gold und Kristall, von Fließen und Form, von Gottesbewußtsein und Selbstbewußtsein – wahrlich ein Traum Gottes für uns. Vielleicht ist die Inkarnation, in der wir das, zumindest im Ansatz, schaffen, die Inkarnation, nach der wir heimgehen. Heim zu unserem Stern.

Vielleicht ist der Mensch mit dieser Verschmelzung der „delphinische" Mensch, der Mensch des Neuen Zeitalters, von dem wir so viel sprechen und von dem so viele träumen. Der Mensch, der die Trennungen in sich erlöst hat und wieder zusammenkommt. Denn vor dem Heimgehen zu meinem Stern liegt das Heimkehren zu mir. Vielleicht ist auch beides dasselbe.

Viel Schmerz ist noch in der Welt, viel Kummer, viel Unerlöstes. Und doch ist auch viel Hilfe da. Meine Geistführer, meine unsichtbaren Freunde sprechen von sehr viel Aktivität zugunsten dieses Planeten Erde. Und man freut sich auf unser Kommen.

So viel Tröstliches hat vor einiger Zeit Lazaris in einem der „Intensives" gesagt, die ich besucht habe: „You have already made it, so you might as well enjoy the process". Übersetzt heißt das: „Ihr habt es bereits geschafft! So könnt ihr den Weg dahin ja auch genießen."

Manchmal fällt das schwer. Auch ich bin beim Schreiben dieses Buches manchmal sehr traurig und mutlos gewesen, weil ich mir nicht vorstellen konnte, wie wir das jemals schaffen sollen. Und dann kamen immer wieder auch die lichten, schönen Momente, in denen ich es wußte, daß wir es schaffen. Schaffen – auch im Sinne von Erschaffen.

Das Neue Lemuria-Atlantis, das neue Zeitalter, wie mag es aussehen? Ich glaube, es ist wichtig, daß wir es uns oft vorstellen, so groß und prächtig wie möglich. Dieses Buch soll zu solchen Visionen anregen. „Menschen, die keine (positive) Vision haben, gehen unter", heißt es in den Sprüchen Salomos.

Die Gegenwart wird nicht aus der Vergangenheit gestaltet, sondern aus der Zukunft auf dem Hintergrund der Vergangenheit. Und die Gegenwart wird so sein, wie wir die Zukunft erträumen und die Vergangenheit heilen.

Noch ein Wort zu den Medien. Ich selber bin ein „Medienmann", genieße die Segnungen der Computer, sehe ganz gern fern und manchmal auch einen guten Film im Kino. Dennoch, als ich mich einmal für vierzehn Tage zurückgezogen hatte, um an diesem Buch zu schreiben und in dieser Zeit weder Rundfunk noch Fernsehen hatte, war ich doch erschrocken, als ich wieder „zurückkam" und mir die erste Stunde TV „antat".

Da „däumelte" ich durch die 29 Kabelprogramme und sah, was wir tun. Wir schneiden uns dauernd die Wunden auf, so daß sie nicht heilen. Wir sind dauernd konfrontiert mit Mord und Verbrechen, Kümmernissen, Dingen, die nicht funktionieren. Und das geht 24 Stunden lang durch den Äther. Und ob wir nun fernsehen oder das Dargestellte „nur" über die elektromagnetischen Schwingungen mitbekommen – fest steht, es beeinflußt uns, auf einer bewußten und, viel effektiver, unterschwelligen Ebene.

Abgesehen von einigen lobenswerten Ausnahmen haben viele Fernsehsendungen in ihren Schwingungen die Botschaft: „Der Mensch ist unrettbar verloren".

Großstädte sind für diesen Trommelwirbel auf das Unterbewußtsein geeignet wie der Resonanzraum einer Kesselpauke.

Oben auf der Höhe des Schwarzwaldes habe ich das nicht ganz so gespürt. Aber wie gesagt, als ich nach diesen vierzehn Tagen „herabstieg" („niederfuhr" hätte ich fast gesagt), war ich nach einigen Tagen fix und fertig. Als „guter Esoteriker" weiß ich mich natürlich zu schützen, tat es auch, aber dennoch: Es zehrte an der Substanz.

Stellen wir uns doch einmal vor, daß lemurianische Schwingungen, Bilder von Heilung, positive spirituelle Abenteuer, Schönheit, Beziehung zu Tieren und Natur 24 Stunden lang durch den Äther rauschen.

„Wo Licht ist, ist auch Schatten", sagt man. Und damit meint man meist, wenn gute Dinge passieren, müssen auch Negatives passieren, zum Ausgleich. Und viele sagen es, und sie erlauben sich nicht, in das Licht zu gehen aus Angst vor dem Dunkel, das ja dann zwangsläufig kommt. Und haben deshalb auch Angst vor dem Licht.

Das ist ganz und gar altatlantinisch. Das ist das Erbe von Atlantis, das wir überwinden müssen. In Atlantis begann der Dualismus mit seinen Segnungen, aber auch mit seinem Fluch.

Die Schatten auf Lemuria waren sehr schön. Sie waren samtviolett und unterstrichen die Prächtigkeit der Landes, machten sie plastischer.

Das andere, was uns ängstigt vor dem Licht, dem Licht der Wahrheit, ist, daß wir unsere eigenen Schatten sehen. Das ist ein ernstzunehmendes „Problem", wenn wir uns nicht reinigen wollen, weil wir nach dem Schatten süchtig sind.

Wie mir gesagt wurde, steigt die „Wahrheitsenergie" des Sirius, sein wahrhaftiges Licht, seine wahrhaftige Schwingung in den Jahren um und auch nach 2000 noch sehr an.

Das passiert nicht, um uns zu bestrafen oder uns zu bedeuten, was für schlechte, nichtsnutzige Kreaturen wir sind. Es geschieht deshalb, weil uns geholfen werden soll, leichter zu werden. Leichter für die neue Welt, die kommt. Leicht für den vielbeschworenen „Quantensprung" in der Evolution des Menschen.

Dieser Quantensprung ist ein Sprung nach vorne, in eine Welt neuer Paradigmen. Kein Sprung nach hinten. Der Aufwind für den Sprung sind Schwingungen – die Schwingungen neuer Visionen, die, mit dem verbunden, wer wir eigentlich sind, große Kraft haben. Und Lemuria ist das Land, in dem wir lebten, was wir sind.

Noch etwas zur heutigen Zeit: Ich erlebe immer wieder, daß Menschen fast darauf bestehen, daß das Leben schmerzhaft sei, daß man mit Krankheiten, Trauer, Angst und Depression einfach rechnen müsse und sie zum Leben gehörten. Viele lehnen „die Leichtigkeit des Seins" bewußt oder unbewußt ab. Mag das daran liegen, daß wir denken, wir müßten „da durch"? Daß wir so überzeugt sind von unserer Schuld und unserem Karma? Dabei ist uns vergeben, und wir können uns vergeben.

Wohlgemerkt, oft sind es die Besten unter uns, die es sich am schwersten machen und immer und immer wieder das Kreuz auf sich nehmen. Christus sah das, und es ist wahr, daß er das Kreuz auf sich nahm, um uns die Auferstehung zu bringen. Denn er war ein Fürbitter. Er wußte um die Krux der Schuld, des vermeintlichen Karmas.

Karma gibt es nur so lange, wie wir uns nicht in der Tiefe vergeben haben oder wollen. Und wenn man im Prozeß des Vergebens ist, kommen die wahren Gefühle hinter der Schuld heraus: Trauer, Enttäuschung und Wut über sich selbst und andere.

Aber Selbstvergebung scheint so schwerzufallen. Oft auch deshalb, weil wir denken, daß uns Gott nicht vergeben kann nach all dem Furchtbaren, was wir angerichtet haben. Viele, die den letzten Krieg mitgemacht haben, glauben, daß sie Furchtbares erlaubt haben, Furchtbares getan haben. Auch wenn sie sich dessen nicht bewußt sind. Und sie haben es an ihre Kinder und Enkel weitergegeben, besonders in Deutschland. Meine lemurianischen Freunde sagten mir, daß es sehr wichtig sei, daß der deutsche Mensch sich vergebe, nachdem er erkenne, was er erlaubt habe. Und Lemuria als Schwingung hilft erkennen, was wir erlaubt haben und immer noch erlauben. Das kann mitunter schmerzhaft sein.

Sich nicht selbst vergeben zu wollen heißt, nicht anzuerkennen, was geschehen ist und geschieht. Dies ist atlantische Arroganz. Möge es so sein, daß wir uns von dieser Arroganz befreien, zumindest wir Kinder und Enkel. Christus wollte nicht, daß das Kreuz ewig sein Sinnbild ist, sondern er wollte die Auferstehung. Es war ja Joshua, der Sohn Jehovas (JHW), Jashuah in anderer Form. Christos der Gesalbte.

Diejenigen unter uns, die Ayn Rand, die amerikanische Bestseller-Schriftstellerin, kennen, und besonders ihren Roman „Atlas shrugged", haben da und dort beim Lesen dieses Buches vielleicht an das mit „Magnetstrahlung" abgeschirmte „Valley" gedacht, in dem John Galt seine neue Welt aufbaut. Die erste ethische Haltung Lemurias ist die Formel, die John Galt aussprechen mußte, um das Allerheiligste zu öffnen, um den Kode zu knacken. Nur dann hatte er Zugang zu einem neuen Paradigma der Wissenschaft in Form seiner Erfindung des Ionen-Motors als Sinnbild für den neuen Antrieb der Welt.

Atlas, der Sohn Poseidons, der seit Atlantis die Welt auf seinen Schultern trägt, „shrugges". Er zuckt mit den Schultern. Er wirft die Welt ab, die Welt voller Schuld, die er sich in einem eigenen Schuldverständnis aufgeladen hat. Er ist der Beste – voll Integrität und Hingabe – und er spielt das alte Spiel auf einmal nicht mehr mit. Dieses Buch soll durchaus auch Hinweise auf diesen Vorgang geben. Und ich weiß, daß ich einigen aus der Seele spreche. „And remember: The Secondhanders always want the Firsthanders to believe, that they are guilty. So, be alert."

Ich denke, Ayn Rand hat einiges über Lemuria innerlich gesehen und auch gelesen. Auch die anderen Titel und Inhalte ihrer Bücher sprechen davon: „Das romantische Manifest", „Der ewige Quell", „Wir, die Lebenden". Ich glaube nicht in jeder Hinsicht an die Schwarz-Weiß-Zeichnung der Welt Ayn Rands. Aber ich bin mir der generellen Wahrheit dieses Paradigmas bewußt.

Der Ruf Lemurias ist der Ruf nach der Authentizität des Menschen. Denen, die gewählt haben, aus zweiter Hand zu leben, möchte ich zurufen, sich an ihren Ursprung zu erinnern. Positives Rebellentum ist angesagt.

Der Mensch ist immer seine Integrität, ob er es weiß oder nicht, lebt oder nicht. Er beurteilt immer alles, was er tut, im Lichte dieser ihm innewohnenden Integrität („das Gewissen") und erfährt die Konsequenzen seines Tuns, positiv oder negativ, meist sehr schnell. Das Problem hierbei ist, daß dies selbst dann gilt, wenn er sich dessen nicht bewußt ist.

Das gilt auch für die Familie, die Stadt, das Land, den Kontinent, die Welt.

Das gilt für die großen Dinge des Lebens und für die kleinen wie arbeiten, schlafen, essen.

Wenn der Mensch etwas ißt, prüft seine Integrität immer folgendes:

Wer hat das Essen zubereitet mit welchen Gedanken oder Gefühlen, welche Schwingung haben das Wasser, das Gemüse und das Fleisch. Diese Informationen, aufgedeckt durch die Integrität des Menschen, gehen in das Bewußtsein und das Unterbewußte, das wiederum die Reaktionen auf diesen Input steuert.

Von dem Fleisch sagt die innere Integrität z.B.: „Ich nehme die Schwingung wahr. Und die Schwingung ist Todesangst, Verzweiflung und Ohnmacht", weil dies das Tier im Augenblick der Schlachtung erlebt hat. Dann bekommt das Unterbewußtsein diese Botschaft – und es wird darauf reagieren, wenn es diese Botschaft mehrmals bekommt. Wenn wir diese Art Fleisch dann weiterhin essen, ohne die Schwingung zu verändern, werden wir mit Unwohlsein und Krankheit darauf reagieren. Menschen, die beim Metzger am Samstag Schlange stehen, kommen mir manchmal so vor, als ob sie auf ihre eigene Hinrichtung warten.

Wenn wir aber das Essen im lemurianischen Sinne mit Gebet segnen und – sogar im Nachhinein – dem Tier die Angst nehmen und das Fleisch heiligen, wird unsere Integrität auch dies wahrnehmen und den Bewußtseinsschichten vermelden. Du wirst nie, nie, nie in der Lage sein, deine Integrität zu betrügen, denn sie ist dein Licht, das Licht Gottes. Du kannst aber sehr wohl die Belastung der Integrität als Dunkelheit erleben – selbst wenn du an der Belastung nicht direkt schuld bist.

Das gilt nicht nur für Tiere und Essen, das gilt für alles, was wir tun.

Die Lemurianer waren sich, wie gesagt, bei der Essenszubereitung sehr klar darüber, wie wichtig es ist, bewußt und liebevoll zu sein, weil diese Schwingungen direkt auf den übergehen, der das Essen zu sich nimmt.

Es wird nicht mehr lange dauern, da werden Restaurants aufmachen, die besonders viel Wert auf die Zubereitungsart des Essens legen und damit auch Werbung machen, etwa so: nach numerologischen Gesichtspunkten gekocht! oder: bei guten Schwingungen gekocht! oder: im Magnetfeld von Rosenquarz gekocht! Es wird nicht mehr so wichtig sein, ob es *vegetarisch* oder besonders *ökologisch* ist oder nicht, sondern mit welchem Bewußtsein es gekocht ist. Dies werden andere spüren und diese Restaurants aufsuchen. Natürlich auch dann, wenn sie *keine* Werbung damit machen.

Und es genügt, bewußt mit Liebe zu kochen, nicht wahr?

Irgendwo in Frankreich gibt es ein Restaurant, das weit und breit bekannt ist für ein bestimmtes Omelett. Es steht auf der Karte als „Mamas Omelett". Es ist berühmt wegen seiner Fluffigkeit und seines wunderbaren Geschmacks, aber auch deshalb, weil man sich danach so gut fühlt – gesättigt, aber nicht voll.

Das von Generation zu Generation weitergegebene Rezept beinhaltet neben den Zutaten folgende Aufforderung, an die sich Mama immer gehalten hat: „Man rühre die Eier 33 mal mit fröhlichem Herzen und singe dabei ein lustiges Lied."

Wir wissen bei weitem nicht alles, was es zu wissen gibt. Laßt uns das benützen, was wir wissen. Und den Mut haben, immer wieder einen Schritt in das Unbekannte zu tun. Dort, wo die wahren Schätze lagern und darauf warten, gehoben zu werden.

Die späten Lemurianer befanden sich bei der täglichen Arbeit grundsätzlich im Alpha-Zustand (7-14 Hz), was ihre Gehirnschwingungen anging. Beschrieben wird dieser Zustand von heutigen Wissenschaftlern als „entspannte Konzentration, ruhiges gelassenes Denken. Fähigkeit, große Mengen von Information aufzunehmen und zu verarbeiten (ganzheitliches Denken und Handeln)". Aber selbst der heute so erwünschte Alpha-Zustand war ein Zustand der späten Lemurianer, also in den letzten zehntausend Jahren ihrer Kultur, als bereits der Poseidonkristall seine Schwingungen aussandte. Vorher befand sich die Gehirnresonanz der Lemurianer hauptsächlich im Bereich zwischen 8 und 4 Hz, also etwa der Theta-Bereich, beschrieben als: „Meditativer Zustand mit einem plastischen Erinnerungsvermögen", und sehr häufig waren sie sogar im Delta-Bereich, das heißt, im Bereich von 3 Hz, dem Bereich von „Trance und außersinnlichen Wahrnehmungen".

Die Alpha-und Beta-Schwingung – beide über 9 Herz – entstanden also aus der Interferenz mit dem Poseidonkristall, der mit wesentlich höherer Frequenz schwang und so eine allmähliche Steigerung der Hirnschwingung bis auf die heutigen 30 Hz (Beta-Schwingung) erzeugte.

Die schnelleren Gehirnschwingungen (Beta-Schwingungen 14-30 Hz) des heutigen Menschen haben also ihren Ursprung in den Interferenzen mit dem Poseidonkristall von Atlantis. Daher ist es sehr wichtig für die Menschen, die „Lemuria" in sich zu suchen, durch Meditation und Entspannungsübungen in diesen Alphazustand und tiefer zu gehen. Der Großteil dieses Buches konnte nur in diesem Zustand geschrieben werden.

Es ist ja interessant, daß, je höher die Gehirnschwingungen sind, Kontrolle und mental-lineare Aktivitäten und auch die Trennung von der „inneren" Realität zunehmen. Somit kann man davon ausgehen, daß unser Gehirn das sinnliche Umfeld schafft. Je höher seine Schwingungsrate, umso stärker seine eigene Interpretation von dem, „was ist", umso höher seine Filterwirkung zwischen „innen" und „außen" und umso höher seine Betonung des „außen", der „Trennung", der Spaltung.

Kinder sind sehr gerne im niedrigen Alpha- und höheren Theta-Zustand von 7-12 Hz, beim Spielen, beim Lesen, auch beim Lernen. Dies ist ein Zustand, der den leichten und fließenden Austausch zwischen den Bewußtseinsebenen des Menschen ermöglicht. Die meisten Schulen dagegen unterstützen den schnellen Übergang zu den Beta-Schwingungen (Betonung der linearen Erfassung der Wirklichkeit, Zahlen und Fakten), was die Lernfähigkeit der Schüler beeinträchtigt. Entspannungsphasen während des Schulunterrichts sind äußerst notwendig. Beste Lernfähigkeit ist bei 12 Hz. Die hohen Beta-Schwingungen erschöpfen Körper und Geist schnell, da sie viel Energie verbrauchen bei einem Bruchteil von Leistung.

Negatives Denken ist ein Produkt der Interferenz, ein Produkt der Beta-Schwingung und noch schnelleren Schwingungen des Gehirns. Ein sonst oft negativ denkender Mensch, der aber grundsätzlich positiv ist, kann in der Theta- und Delta-Schwingung nicht negativ sein, da er mit seinem inneren Wesen in Berührung ist. Lemurianer konnten traurig, verstimmt oder irritiert sein, aber sie konnten nicht negativ denken. Positives Denken heißt ja nicht, daß man nie traurig oder ärgerlich ist. Positives Denken heißt, daß das, was man denkt und tut, auf das Positive, auf Lösung und Glück ausrichtet und die Welt positiv beeinflußt. Fehler, Schwierigkeiten und Rückschläge können in dieser grundsätzlichen Ausrichtung so viel leichter verkraftet, ja sogar positiv umgewandelt werden. Alle echten Emotionen und Gefühle des Menschen sind im Grundsatz positiv und können segensreich eingesetzt werden.

Zu den einzigen Emotionen oder Gefühlen, die nie positiv sind, zählen: ohnmächtige Angst, Schuld und Selbstmitleid. Diese sind manipulierte, künstliche Gefühle aus der Atlantiszeit.

Daher gab es diese „Gefühle" auf Lemuria nicht. Und diese Gefühle vergehen auch, wenn sich der Mensch in den lemurianischen Zustand begibt. Ein Weg dorthin ist die Alpha-Schwingung.

Kapitel 42

Botschaften der Lemurianer an uns

Einige Wissende in den Kristallstädten kennen uns und unsere Zeit. Sie schauen jetzt, in diesem Moment, wo du dieses Buch liest – die Finger mit geschlossenen Augen auf den Kristall legend und sich in diese Zeit träumend – dir vielleicht beim Lesen dieses Buches zu.

Sehr wenige sind es, die Erfolg bei dem Versuch hatten, zu verstehen, was mit der Menschheit über die Jahrtausende geschieht, zu verstehen, was Jashuahs Plan war.

Sie sind mutig genug, auch in Kriege und Katastrophen hineinzuschauen, in das, was Menschen Menschen antun, und sie sind in der Tiefe ihrer Seele erschüttert.

Ein Funke Jashuahs, ein Wissender, war so erschüttert, daß er „vor der Zeit" kam, um das Lemurianische Zeitalter einzuleiten und die atlantischen Schmerzen hinwegzunehmen. Er wollte es. Es war seine freie Entscheidung. Er rang mit sich, ob er als Frau oder Mann auf die Welt kommen wollte – beides wäre „Jashuah", seinem „Vater", recht gewesen. Aber er kannte die Welt, in die er hineingeboren werden würde, und wußte, daß eine „Frau" in dieser Welt kaum einen Einfluß gewinnen könnte.

So kam er als Mann. Lemurianische Feen, jetzt Engel, bereiteten seinen Weg in die Herzen der Menschen von Israel. Dort wollte er geboren werden, denn das Volk Israel hatte das Atlantis-Karma in einer besonderen Weise auf seine Schultern genommen. Diesem Volk wollte er die Freude verkünden von einem neuen Gottesverständnis – dem Neuen Bund – dem Bund mit Jashuah, Gott/Göttin und all dem, was ist.

Die Helfer in der unsichtbaren und sichtbaren Welt bereiteten die Geburt so lemurianisch wie möglich vor. Sie suchten ein Mädchen von reinem Geist und hohen Werten, das Joshuah, Jesus, zur Welt bringen sollte.

Eine Meistergeburt (Jungfrauengeburt) wurde vorbereitet, und der Wissende Joshuah in Lemuria machte sich bereit, durch das Tor der Zeiten und Welten hindurch in diesem Mädchen geboren zu werden.

Er holte sich Kraft bei Sirius und fuhr auf seinem Strahl, verstärkt durch Saturn und Jupiter, auf seinem Vortex hinab in diese kleine Hütte bei Bethlehem. Die Tiere waren anwesend, Heu und Stroh waren da, die Weisen kamen – es war eine lemurianische Geburt.

Joshuah, Jesus, wollte als einfacher Mensch auf die Welt kommen. Er hatte die reine Ausstrahlung eines Lemurianers mit dessen Empfindsamkeit, mit den „Röntgenaugen" und dem weiten, liebenden Herzen. Völlig eins mit seinem „Vater", Jashuah. Ruhend in der Integrität Lemurias und sich durchaus bewußt der Kraft von Atlantis. Ganz und gar Sirianer, „geboren" von einer Plejadierin, dem weiblichen Ausgleich seiner Resonanz (Marja).

Er starb am Kreuz, um das Zeichen zu setzen für das Märtyrerbewußtsein der Generationen nach ihm. Nach dem Fall von Atlantis wurde das Märtyrerbewußtsein ein Teil des kollektiven Bewußtseins als notwendiges Muster zur Verarbeitung und Rechtfertigung des Falles von Atlantis. Der tiefe Einbruch des spirituellen Selbstbewußtseins des Menschen verlangte nach einer irgendwie gearteten Notfallmaßnahme, um die Spezies – jenseits und diesseits – überhaupt am Leben zu erhalten. Die kollektive Menschenseele mußte Gott zum Schuldigen oder zum machtlosen Narren (griechische Götterwelt), zum unerreichbaren, gesetzgebenden (Islam) oder zum harten, strafenden Gott machen (der israelische Gott des Alten Testaments), um irgendwie die tiefe kollektive spirituelle Scham zu überleben.

Um den lemurianischen Faden zu knüpfen und mit einem starken Symbol am Leben zu erhalten, wählte Jesus Christus (Joshuah Ha Maschiach, der Gesalbte des „Herrn") das stärkste Märtyrersymbol seiner Zeit, das Folterinstrument der Römer, das Kreuz, als Symbol. Da die Menschen Israels zu jener Zeit – noch mehr als heute – vollkommen im Märtyrerbewußtsein versunken waren, war dies das Symbol und das mit ihm verbundene Märtyrerleiden und -sterben, das sich am tiefsten verankerte.

Er tat dies bewußt. Er mußte es nicht tun. Es war seine Verankerung, die Verankerung seines Geistes in Israel und den Völkern, die später christlich wurden. Das Märtyrertum ist die Resonanz, die bis heute alles Wissen, alle Lebensformen, alles spirituelle, psychische, politische Wachstum trägt. Es ist die

Grundschwingung. Jeder Mensch in der christlich-jüdischen Welt kommt in seiner Grundschwingung als Märtyrer zur Welt. Märtyrertum ist der Vater des Chauvinismus, aller Kriege und Unruhen.

Dieses „Paradigma der Scham" bricht in diesen letzten zehn Jahren vor der Jahrtausendwende mehr und mehr auf und bereitet sich auf einen Wechsel vor. Durch die verstärkte Einstrahlung der Schöpferenergie, der Siriusenergie, kann man zunehmend von einer Krise des Märtyrertums sprechen. Die Hinwendung zu der Einsicht, daß „ich das ja alles verursache, was passiert", wird immer stärker.

Diese Hinwendung zur Selbstverantwortung ist nicht freiwillig, denn durch diese Hinwendung fallen eine ganze Reihe Entschuldigungen weg, vor allem diese: „Wie kann Gott nur all das Böse in der Welt zulassen…?" Zugleich kommt der Mensch in Berührung mit dem Bösen, das *er* in der Welt zuläßt und auch über die Inkarnationen hinweg zugelassen oder aktiv betrieben hat. Auch Atlantis mit seinen noch unverarbeiteten Mustern des Machtmißbrauchs und des Versagens kommt durch den Geist der Verantwortung und Wahrheit, der jetzt über den Planeten ausgegossen wird, in die Menschen zurück und schafft für viele unvorhergesehene Bewegungen in ihrer Seele. Depressionen haben diejenigen, die jetzt in Schuld gehen, Aggressionen diejenigen, die weiterhin die Ursachen leugnen. Jede Variante aus beidem kommt im kollektiven Unbewußten hoch und treibt seine Blüten im täglichen Leben der Menschen, der Familien, der Städte und Dörfer, der Nationen und sogar über den Planeten hinaus.

Diese Bewegung ist durchaus positiv, wenn sie sich auch negativ anfühlt. Da die Menschheit sich zu einem neuen Lemuria und einem neuen Atlantis und ihrer Verschmelzung ausrichtet (der Zyklus des ersten Wachstums ist zu Ende), müssen die in diesem Zyklus nicht verarbeiteten Dinge „noch schnell bearbeitet, aufgeräumt oder wenigstens herausgereinigt" werden. Dies wird von den Egos der Menschen und Völker mit Rebellion oder Depression oder beidem beantwortet. Dies geht bis zur Selbstdestruktion oder Todessehnsucht mit dem Satz: „Ich hätte lieber, daß die Welt untergeht, als daß ich da durch muß".

Aber die gute Nachricht ist: Am Ende dieses Tunnels ist das Licht. Die Entscheidung liegt natürlich bei jedem einzelnen. Jeder kann sich entscheiden, nicht an dieser Wanderung zum Licht teilzunehmen.

Generell ist die Entscheidung bereits gefallen. Wir werden es schaffen, wenn wir wollen, jeder von uns. Zwischen den Jahren 1970 und 1990 waren die in so vielen Schriften erwähnten 144 000 Menschen tatsächlich aktiv, die in intensiver Arbeit an sich selbst, durch Beten und Fasten, durch aktive Meditation und ungebrochene Wahrheitssuche die Entscheidung herbeigeführt haben. Diese Menschen, getrieben von einem unbändigen Willen und mit vielen Helfern in der sichtbaren und unsichtbaren Welt, haben die Veränderung im kollektiven Unterbewußtsein herbeigeführt und den neuen Menschen mit seinem neuen Bewußtsein in seinen Ansätzen geschaffen. Christus kommt wieder in vielen und besonders auch in solchen, die sich ganz und gar nicht als „Christen" sehen. Sie sind übrigens nicht diejenigen, die sich darum streiten, ob sie dazugehören.

Diese 144 000 Menschen arbeiteten und arbeiten im Hintergrund. Es sind nicht die, die es öffentlich proklamieren. Es sind nicht die, die in ihrer Arroganz behaupten, sie würden am Schluß alleine übrigbleiben.

Viele von den wahrhaftigen 144 000 sind sehr, sehr kraftvoll, und daher blieben sie im Hintergrund. Es war für sie wichtiger, zu sein als groß zu erscheinen. Sie halten jetzt die Resonanz. Die meisten von ihnen gehen normalen Berufen nach. Manche wissen nicht einmal, daß sie dazugehören. Ein paar von ihnen lesen dieses Buch. Sie sollen wissen, daß es in Ordnung ist, weiterhin im Hintergrund zu arbeiten. Es hat einen Sinn.

Es sind nicht die großen Gurus dieser Welt. Diese waren vielleicht die Helfer dieser Menschen. Aber sie gehören nicht unbedingt zu diesen Menschen. Einige der 144 000 wollten sehr gerne Gurus oder spirituelle Berühmtheiten werden und sind immer wieder „zurückgestoßen" worden. Einige sind frustriert und denken, sie haben ihr Lebensziel nicht geschafft. Auch denen möchten die Lemurianer sagen, daß sie auf dem richtigen Wege sind und sie sich keine Vorwürfe machen sollen.

Ganz wenige der 144 000 haben einen „großen" Namen. Das sind solche, deren Integrität und Bescheidenheit groß genug war, diese Position einzunehmen, ohne Schaden zu erleiden. Aber es sind sehr wenige – und nicht notwendigerweise die kraftvollsten. Alle 144 000 gingen und gehen durch teilweise schwere Zeiten, da sie „Fürbitter" sind. Sie arbeiten Muster der kollektiven Psyche, des Unter- und Unbewußten der Menschheit, durch – mit großer Barmherzigkeit und Liebe. Viele der „dunklen" Dinge, die ihnen in ihrem Leben begegnen, gehören zu dieser Arbeit und sind nicht Resultat von eigenen Fehlern oder Sünden. Auch das ist wichtig, zu wissen und in schwierigen Zeiten darüber im klaren zu sein. Viele von ihnen haben stellvertretend für viele an den Mustern von Schmerz und Scham, von Seelenspaltung und Verwirrung gearbeitet. Sie haben mit enormem Mut und großem Pioniergeist als „Mapmaker", als spirituelle Wegbereiter, neue Realitäten geschaffen, die der ganzen Menschheit zugutekommen. Sie haben dadurch Stürme gebändigt und Erdbeben gemildert. Und sie haben es selbst dann getan, wenn wohlmeinende „spirituelle" Freunde sie entmutigten, sie von Partnern und Familien verlassen oder ausgestoßen wurden, sie Geld und Jobs verloren. Gerade sie hat man dann gerne als Märtyrer beschimpft. Aber zwischen Märtyrer und Fürbitter ist ein großer Unterschied.

Diese 144 000 sollen auch wissen, daß ihre gemeinsame und individuelle tägliche Meditation für einen weichen Übergang in die neue Zeit sehr wichtig ist. Es ist nicht so wichtig, für den „Weltfrieden" zu meditieren, denn der Unfriede in der Welt dieser Tage ist eine Tatsache und resultiert aus der Polarität der Interessen von Geist und Ego.

Wichtig aber ist, dafür zu beten und zu meditieren, daß die Veränderung in die Neue Zeit mit möglichst wenig Opfern und Zerstörung einhergeht. Insbesondere der internationale Terrorismus mit seinen verschiedenen häßlichen Gesichtern will sein monströses feiges Tun ausleben. Was ist feiger und jämmerlicher, als eine Bombe in einem Papierkorb in der Mitte des olympischen Parks hochgehen zu lassen. Die Folgen für den/die Täter sind bei weitem schrecklicher als für die Opfer. Der innere Tod, das innere unerlösbare „Heulen und Zähneklappern", die totale Leere ist das Schrecklichste, was es gibt, und viel schrecklicher als physische Verletzung oder Vernichtung. Der Mensch wird bloßes Gefäß ohne Inhalt – und es ist nur der tiefen Barmherzigkeit der Göttin und anderer Fürbitter zu verdanken, wenn diese Menschen, diese Seelen noch einmal eine Chance bekommen. Aber die Leiden dazwischen sind unaussprechlich.

Die Zahl der jungen Menschen, die dadurch getötet werden, daß man sie in den Krieg schickt, sie zu Terrorismus und Fanatismus anstachelt, sie durch Ideologisierung zu Folterern, Vergewaltigern und Massenmördern umfunktioniert, direkt oder indirekt, geht sicher in die Hunderte von Millionen. Ganz abgesehen davon, daß wir mit jeder Übertretung unserer Integrität eine Lichtfaser in uns abknicken und einen Teil unserer Seele in das Tal des Jammers schicken, wo wir sie irgendwann wieder finden, sie wieder aufnehmen und heilen müssen.

Das negative Welt-Ego, das dieser Tage um seine Macht kämpft, ist feige wie jedes negative Ego. Es ist der Urheber der Waffen, die wir heute als so selbstverständlich ansehen. Waffen, die ein kleines Kind bedienen kann und die auf weite Entfernungen wirken, ohne daß der Betroffene irgend etwas dagegen tun kann.

Dies ist eine Errungenschaft, die mit der Aufklärung und der Prämisse „der Mensch ist das Maß aller Dinge" einherging. Es wäre gut, wenn wir alle versuchten, diese Vergangenheit zu heilen – die des Stolzes, der die feigsten Aspekte im Menschen hervorbrachte: Giftgas, Landminen, Gewehre, Kanonen und den ominösen roten Knopf, mit dem man die Welt in die Luft sprengen kann.

Dies alles wurde von Menschen erfunden, deren Rebellion so tief war, daß sie ihre lemurianische Seele dafür opferten und nun um die nackte Existenz ihres Macht-Egos fürchten. Menschen, die diese Waffen bedienen, erfinden, einsetzen lassen und einsetzen, sind bereits tot oder sterben innerlich. Wie viele Soldaten in den Kriegen innerlich, seelisch gestorben sind, überwiegt bei weitem die Zahl derer, die körperlich gestorben sind.

Wie viele Menschen, die nach dem Zweiten Weltkrieg geboren sind, „tote" Mütter und „tote" Väter zu ihren Eltern hatten, ist nur zu ahnen. Die Kinder, die nach dem 8. Mai 1945 auf die Welt kamen, die erste Welle der neuen Generation, senkten sich mit ungeheurer Barmherzigkeit in die Körper ihrer so sehr verwundeten und zum Teil toten Mütter und in die Herzen ihrer so sehr verwundeten und zum Teil toten Väter.

Sie wollten Auferstehung bringen, Heilung – und es ist zum großen Teil gelungen.

Den Wiederaufbau nach dem Kriege haben die Deutschen ihren starken Kindern zu verdanken, die für ihre Eltern einstanden, ihre Seelen aktivierten und zu heilen versuchten.

Viele der 144 000 kamen direkt nach dem Krieg. Viele hatten eine Inkarnation im Krieg, fielen, wurden getötet, starben in Konzentrationslagern und kamen sofort wieder. Denn sie wußten um die ungeheure Gefahr für die menschliche Weltseele, daß sie vielleicht wieder und diesmal endgültig zusammenbrechen könnte und die Macht vollständig an das Welt-Ego fiele, das in seiner Dummheit innerhalb kurzer Zeit den Planeten zerstört hätte. Es ist die gleiche Dummheit, die die Insel Mu gesprengt hat, um Aksha zu finden. Negatives Ego wird nie glauben, daß die Seele und der Geist unzerstörbar sind und das

Ego im Grunde selbst von Seele und Geist abhängt und nicht umgekehrt. So „beißt" das negativ gewordene Ego beständig in die Hand, die es füttert und nährt – und diese Hand scheint eine unerschöpfliche Geduld zu haben.

Ein Beispiel für die Dummheit des Welt-Egos ist die jüngste Geschichte Tibets. Tibet ist die Mitte des Kronenchakras der Welt, und wenn Tibet fällt, wenn der Energievortex Tibet (Tjabet in Lemuria) zusammenstürzt, ist das das Ende des Planeten und auch das Ende des Welt-Egos. Wenn die Welt klug wäre, würde sie die Tibet-Frage zum Problem Nummer eins erklären und alles dafür tun, daß Tibet ein freies Zentrum von Meditation und Gebet wird. Wie anders würde die Welt aussehen, wenn dies geschähe!

Wenn die Chinesen Tibet vollends zerstören sollten, würde das ihren eigenen Untergang bedeuten. Und dies ist nur *ein* Beispiel dafür, daß das Ego spirituelle Gegebenheiten und Konsequenzen überhaupt nicht erkennen kann. Es ist der Fürbitte der 144 000 und den Meistern Laotse und Kwan Yin zu verdanken, daß diese Katastrophe nicht geschieht. Und das Welt-Ego wird es ihnen nicht danken – es ist zu dumm.

Wenn ihr wüßtet, was ihr durch eure Arbeit tatsächlich bewirkt, würdet ihr in der Glückseligkeit sein. Selbst euer täglicher Versagensfrust und dessen Bewußtwerdung und Bearbeitung gehört mit zu eurer Arbeit. Manche von euch sollten aber wenigstens von Zeit zu Zeit „Urlaub machen". Ein wenig Urlaub kann dieses Buch sein. Eine ayurvedische Kur und ähnliches wäre auch gut, denn zum Teil wird der Körper durch diese Arbeit sehr mitgenommen. Denkt immer wieder daran, euch zu regenerieren.

Die Entscheidung gegen den Untergang der Welt konnte von Nostradamus, Johannes und anderen nicht gesehen werden. Diese hatten keinen Zugang zu dem „Neuen Menschen", sie konnten nur in der Seele des „Alten Menschen" lesen – und dort sahen sie nur Gericht und Zerstörung.

Nachwort des Autors

Dieses Buch handelt von einem „Paradies". Es ist das Paradies, das die meisten von uns erlebt haben und das die meisten von uns kennen – und ganz sicher die Leser dieses Buches, sonst könnten sie überhaupt nichts mit diesen Seiten anfangen – würden das Buch vielleicht nicht einmal im Bücherregal entdecken.

Die Schreiber des Alten Testaments, der Genesis, konnten nur wenig davon sehen – und das, was sie sahen, verbanden sie mit ihrem Bewußtsein der Schuld aus dem atlantinischen Karma.

Alles lag in Gottes Plan, die Schlange, die trügerische, Poseidon und die Erkenntnis über die Trennung auch. Es war nicht so, daß Gott den Menschen dafür aus dem Paradies warf. Es war so, daß der Mensch einwilligte, das Paradies zu verlassen, um in eine neue Phase, die der spirituellen Verantwortung, Atlantis, mit seiner „Erkenntnis von Gut und Böse" einzutreten.

Aber wie die Menschen nun einmal sind, später sieht es eben so aus, als sei man hinausgeworfen worden, „weil man verführt wurde".

Diese Verzerrung von Ursache und Wirkung war damals so populär wie heute – mildert sie doch die Trauer um den wirklichen Sachverhalt und die wirklichen Konsequenzen und gibt Gott die Schuld.

Die Wahrheit ist, daß die Menschen von Lemuria aus eigener Entscheidung Lemuria verließen, um in die Welt zu gehen.

Die Schwingung Lemurias jetzt zu verstärken ist wichtig, um die gewaltigen Kämpfe in der kollektiven Menschenseele und im Menschenbewußtsein zum Ende des 90 000-Jahre-Zyklus abzumildern und das warme, goldene Licht dieses schönsten aller Kontinente in unsere Seele einzulassen.

Lemuria ist die Urerde. Sie ist die Mutter alles Seins. Und wir sind alle verliebt in sie.

Viele von uns sehnen sich nach der Reinheit und der Heiligkeit, die wir eigentlich sind. Das Paradoxe daran ist, wir sind es und wir sind es noch nicht. In vieler Weise aber sind wir Heimkehrende. Wir gingen aus von der Reinheit und Heiligkeit des Herzens und werden dahin zurückkehren.

Warum wir den Weg dazwischen auf uns genommen haben – in all den Freuden und Schmerzen – ist und bleibt ein Mysterium.

Ich danke dir, lieber Leser und liebe Leserin, daß du dazu beiträgst, die Freude und Schönheit, die Werte und die Integrität, die Energie von Lemuria zu verstärken.

Dies ist der Weg nach Hause.

Gott, Göttin, Jashuah – wie immer dein Name für sie ist ... segne euch alle und segne dich.

ANHANG

Ein lemurianisches Wasserrezept

Das Wasser, das die Lemurianer zum Waschen, Kochen und Trinken verwendeten, gab es in Hunderten von Varianten, vergleichbar mit einem modernen
Getränkeshop, wo man unter 300 Sorten verschiedener Getränke auswählen
kann.

Es gab darunter viele Arten von kristallbehandeltem Wasser – und je nach
Kristall schmeckte dieses Wasser für den lemurianischen Gaumen sehr verschieden. Es hatte auch eine unterschiedliche Wirkung. Es gab also regelrecht Kri-
stallimonaden. Wir würden heute den geschmacklichen Unterschied kaum
merken. Aber die Wirkung ist auch für uns unterschiedlich und daher möchte
ich ein Kristallwasser-Rezept Lemurias hier wiedergeben, natürlich übersetzt in
unsere Sprache und unsere Gewohnheiten.

Rosenquarzwasser

Verwende einen geschliffenen oder ungeschliffenen Rosenquarz, Größe uner-
heblich. Kleinere ungeschliffene Rosenquarze gibt es sehr billig (unter 6 €) in
Steinläden und Mineralienhandlungen. Keinen Ring oder sonstwie gefaßten
Stein verwenden!

Konzentriere dich auf den Kristall, der in deiner linken Hand liegt. Danke
ihm, daß er dein Wasserkristall wird. Beschreibe mit der rechten Hand dreimal
das Symbol der ausdrehenden Spirale, von innen nach außen, gegen den Uhrzeigersinn. Ziehe die Drehung nicht zu dir hin, sondern an dir vorbei. Der Kristall
ist nun geöffnet. Habe keine Angst, du brauchst es *nicht* perfekt zu machen.

Spüle ihn nun unter fließendem Wasser etwa 30 Sekunden lang ab, kann
auch länger sein. Trockne ihn liebevoll mit einem frischen Tuch ab, konzentriere
dich wieder auf ihn und sprich ein Gebet etwa der folgenden Art:

„Im Namen von Jashuah, Gott, Göttin und allem, was ist, bist du, Rosen-quarz, nun mein Wasserkristall. Du bist geheiligt und rein. Mit der Hilfe Jashuahs, deines und meines Höheren Selbst ist nun deine reinigende und herz-belebende Schwingung aktiv und segnet das Wasser. Und ich danke dir, daß du uns damit dienen willst."

Dabei kannst du statt „Jashuah" auch deinen eigenen Gottesnamen einfügen.

Während du das Gebet sprichst, visualisiere dabei, daß es zusammen mit einem Lichtstrahl aus deinem Dritten Auge (die Stelle kurz über der Nasenwur-zel) in den Stein einsickert.

Danach beschreibe über dem Kristall dreimal die versiegelnde, nach innen drehende Spirale mit der Vorstellung, daß dieses Symbol den Kristall auch wirk-lich versiegelt.

Die ganze Zeit blieb der Kristall in deiner linken Hand (wenn du Linkshän-der bist, in deiner rechten!), du legst ihn nie aus der Hand.

Danach sollte der Kristall sofort in das Gefäß mit dem vorbereiteten Wasser gegeben werden und von da an immer zumindest etwas mit Wasser bedeckt sein (also nicht länger als drei Minuten ohne Wasser liegen lassen, nicht trocknen lassen – ansonsten Zeremonie wiederholen).

Dieses Kristallwasser kann getrunken und zum Kochen verwendet werden. Der Kristall gibt seine Schwingung sehr schnell an das Wasser weiter, also schon nach wenigen Minuten.

Ein gut gefiltertes Wasser entlastet den Kristall, muß aber nicht sein.

Nach drei Monaten wiederholen – mit demselben Kristall. Nach einiger Übung spürt man es aber auch dem Wasser und dem Stein an, wenn es matt geworden ist. Pendler und Kinesiologen u.a. haben Methoden, um die Kraft zu messen.

Ein lemurianisches Kochrezept

Kein Rezept kann die Speisen von Lemuria genau wiedergeben. Aber das folgende kommt nahe heran.

Grundsätzlich folgendes:

Möglichst kein Eisen, Stahl oder Silber verwenden. In Lemuria wurde nur gedrückt, zerpflückt oder gerieben, wenn man etwas klein haben wollte. Essen wurde nie geschnitten.

Zum Kochen und Rösten möglichst Keramik oder Porzellangeschirr oder – was auch möglich ist – keramikbeschichtete Pfannen oder Kupfertiegel benutzen.

Zutaten vom Naturkostladen oder Reformhaus – muß aber nicht unbedingt sein.

Für die Wasserzutaten:

Möglichst gefiltertes oder destilliertes Wasser verwenden. Je nach Rezept: Bergkristallwasser oder Rosenquarzwasser, das man schon vorbereiten kann.

Wenn du einen lemurianischen Kristall zu Hause entdeckst – oder in einem Kristalladen findest, dann nimm ihn, um das Salz zu behandeln. Salz nimmt die Schwingung eines Kristalls sehr schnell und intensiv auf.

Fenchelgemüse „Magisches Tal"
für zwei Personen

Zutaten

3 Holzlöffel gutes Distelöl
3 Holzlöffel geschälter, ungerösteter weißer Sesam
    (der üblich angebotene geröstete Sesam geht auch, ist aber nicht so gut)
3 Knoblauchzehen
1/4 Teelöffel Honig
3 Fenchelknollen mit dem Grün
1 Handvoll frische Melisse
    (falls nicht vorhanden: 1 Teelöffel Zitronensaft + Petersilie)
Meersalz
Rosenquarzwasser

Gib die drei Löffel Distelöl in eine Kupfer-, Keramik- oder keramikbeschichtete Pfanne.

Laß es heiß werden. Gib den Sesam dazu und rühre spiralförmig, so gut es geht: dreimal von innen nach außen im Uhrzeigersinn, dreimal von außen nach innen gegen den Uhrzeigersinn. Nicht zu heiß werden lassen, der Sesam könnte springen.

Gib die gedrückten und zerpflückten Knoblauchzehen dazu.

Gib, wenn es süßlich schmecken sollte, 1/2 Teelöffel Honig dazu (Sonnenblumenhonig).

Rühre wieder auf obige Weise, bis alles leicht angeröstet ist.

Gib nun den zerkleinerten Fenchel dazu.

Rühre wieder, bis es leicht angeröstet ist.

Gib nun 1/2 Tasse Wasser dazu (Rosenquarzwasser).

Decke die Pfanne ab und laß das Ganze ca. 20 Minuten auf kleiner Flamme garen. Dazwischen nicht öffnen.

Dann nimm den Deckel ab. Gib das feingepflückte Fenchelgrün dazu und rühre wieder ein paarmal in beide Richtungen, decke wieder ab und lasse das Ganze weitere 5 Minuten garen.

Nimm den Deckel ab, erhöhe die Temperatur, gib eine Prise Salz dazu und rühre und röste ca. eine Minute wieder wie am Anfang. Gib dann ca. für eine weitere Minute die frisch zerpflückte Melisse oder Zitronensaft/Petersilie dazu, rühre weiter —- und nimm die Pfanne plötzlich vom Feuer. Serviere sofort, wenn möglich.

Am Schluß, um es herzhafter zu machen, kann mit Koriander- und Cuminpulver abgeschmeckt werden.

Dazu wilden Reis oder Süßkartoffeln (keine Kartoffeln).

Garniervorschlag:

Wilder Reis wie die Berge um das Magische Tal, das Fenchelgemüse in die Mitte.

Guten Appetit!

🐸 🐸 🐸

Von Dietrich von Oppeln-Bronikowski sind im ch.-falk-verlag erschienen:

Musik auf CD „Die Gesänge Lemurias"

Pazifik Ekstase . Jenseits der Zeiten . Lemuria, mein Land . Die Kristallorgel . Tanz der Mücken . Tramins Liebe . Ein Tag in Lemuria . Die Botschaft des Träumers . Morjuk-Shamans Leidenschaft . 74 Minuten Gesamtspielzeit . ISBN 3-89568-041-9

„Die Kristallstädte von Lemuria"

Was geschah in den machtvollen Kristallstädten des Magischen Tales? Wer war Aksha wirklich? Wie erlernte Pakja die Wissenschaft der Seher und Visionäre? Wer spielte die Kristallorgeln, und was war das Geheimnis der Hirten des Hochlands von Tjabeth? Wie erlebten die Lemurianer die vielschichtige und zauberhafte Wirklichkeit der Tiere, Pflanzen und Naturwesen, und wie ging es weiter mit Mirja und ihrer Liebe zu Pakja?

Wir begegnen vielen Menschen und Wesenheiten des ersten Buches wieder. Aber auch ganz neue überraschende Einsichten und Erlebnisse im „Land des goldenen Lichts" werden den Leser faszinieren. ISBN 3-89568-042-7

„Lemuria-Ashamah – die Aluah-Trance Massage aus Lemuria"
unter Mitwirkung von Dr. med. Sylke Neumann

Das dritte Buch über Lemuria - diesmal ganz praktisch. Eine lemurianische Körper- und Seelenberührung, die sich an den sieben Lebens- und Seelenphasen des Menschen orientiert. ISBN 3-89568-061-3

„Lemuria-Ashamah" – Musik-CD
Musik zur Aluah-Trance Massage. ISBN 3-89568-113-X

Die „Diana-2000-Edition" herausgegeben von Christa Falk. ISBN 3-89568-083-4

„Green Hills - Gespräche mit der Königin der Herzen" – Buch
Von Lady Di empfangene Worte. ISBN 3-89568-070-2

„How much I love you" – Musik-CD
Von Lady Di inspirierte Musik. ISBN 3-89568-074-5

„Botschaft der Liebe – mit der Prinzessin von Wales am Herz-Chakra der Erde"
Video – zusammen mit Christa Falk.
Deutsch: ISBN 3-89568-071-0 – Englisch: ISBN 3-89568-075-3

und das gleich nach ihrem Tod erschienene Büchlein:
„Diana – Ich möchte euch so gerne noch etwas sagen"
ISBN 3-89568-044-3. Englische Fassung: ISBN 3-89568-045-1

Dietrich von Oppeln ist zu erreichen unter seiner Homepage www.lemuria.de und der Adresse: Box 1222, 56588 Waldbreitbach – Tel. 07000-LEMURIA
Email: info@lemuria.de